数道

解码数字化转型之路

张　立◎主编

人民邮电出版社
北京

图书在版编目（CIP）数据

数道：解码数字化转型之路 / 张立主编. -- 北京：人民邮电出版社，2022.8
ISBN 978-7-115-58725-1

Ⅰ. ①数… Ⅱ. ①张… Ⅲ. ①制造工业—数字化—研究—中国 Ⅳ. ①F426.4-39

中国版本图书馆CIP数据核字(2022)第029904号

内容提要

本书围绕制造强国和网络强国建设，重点论述缔造制造业数字竞争力的背景、理论和实践。具体来看，本书在“数字浪潮”篇章中论述数字化时代的历史趋势、国际竞争和产业形态，在“数字引擎”篇章中论述新一代信息技术产业对缔造制造业数字竞争力的支撑作用，在“数字源头”篇章中论述工业设备上云解决方案，在“数字能力”篇章中论述制造业新模式、新业态解决方案，在“数字转型”篇章中论述重点行业数字化转型解决方案。本书适合研究数字化转型理论的政府官员、企业管理者、行业从业者，以及数字化信息技术相关专业的高校学生阅读。

◆ 主　　编　张　立
　责任编辑　赵　娟
　责任印制　马振武
◆ 人民邮电出版社出版发行　　北京市丰台区成寿寺路 11 号
　邮编　100164　　电子邮件　315@ptpress.com.cn
　网址　https://www.ptpress.com.cn
　涿州市京南印刷厂印刷
◆ 开本：720×960　1/16
　印张：15　　　　　　2022 年 8 月第 1 版
　字数：224 千字　　　2022 年 8 月河北第 1 次印刷

定价：79.90 元

读者服务热线：(010)81055493　印装质量热线：(010)81055316
反盗版热线：(010)81055315
广告经营许可证：京东市监广登字 20170147 号

编委会

前言

FOREWORD

数字化发展迈向新征程

近年来，在党中央、国务院的正确领导下，我国围绕互联网、大数据、人工智能等新一代信息技术密集出台产业政策指导意见，持续推进数字产业化和产业数字化，引领发展方式转变、产业结构优化、发展动力转换，全面赋能实体经济高质量发展，取得了一系列成效。站在“十四五”时期新的历史性关口，对于制造业而言，数字化转型已不是“选择题”，而是关乎生存和长远发展的“必修课”。在政策不断完善、技术不断创新、意识不断增强的背景下，各类企业转型步伐明显加快，工业互联网平台体系建设进入快车道，新技术加速群体式创新和融合性应用，以国内大循环为主体、国内国际双循环相互促进的新发展生态正在形成。

一、新起点：国内外经贸形势进入变动重塑期

从国际看，世界面临百年未有之大变局，国际环境日趋错综复杂，全球贸易保护主义抬头。国际形势的不稳定性和不确定性明显增加，新冠肺炎疫情的影响和后果广泛深远，经济全球化遭遇逆流，国际经济、科技、文化、安全、政治等格局都在发生深刻复杂的变化，给我国产业发展提出了新的挑战。

从国内看，我国自 2021 年起进入新发展阶段。这是在全面建成小康社会、实现第一个百年奋斗目标之后，全面建设社会主义现代化国家，向第二个百年奋斗目标进军的发展阶段。经济社会的发展重心将逐步从重视经济规模的“高增速”转到提高效率和质量上来。高质量发展落到制造业，就是要加速数字化转型，

打造新时代产业核心竞争力。特别是新冠肺炎疫情期间，疫情大数据、健康宝等新一代信息技术应用对疫情防控、复工复产等起到了重要的支撑作用，进一步统一了企业的思想认识，有利于营造全产业开展数字化转型的良好氛围。

二、新载体：工业互联网平台提升数据驱动力

工业互联网平台能够为新兴技术在工业领域迁移落地提供基础工具、数据支撑与安全保障，有利于推动形成技术突破与应用落地相互促进、相互迭代的融合创新体系，进一步释放技术集群发展的叠加效应、联动效应和溢出效应，加快培育数字化管理、平台化设计、智能化制造、网络化协同、个性化定制、服务化延伸等新模式，壮大零工经济、共享制造、现代供应链、工业电子商务、产业链金融等新业态，加速培育经济新增长点。

数据在本轮数字经济发展浪潮中为至关重要的新型生产要素，渗透生产生活的各环节、各领域。工业互联网平台向下连接海量的工业设备，向上对接面向各类工业场景的工业App，承载着工业经验与知识模型，是支撑资源的泛在连接、弹性供给和高效配置的工业数据枢纽，有利于企业不断挖掘数据的潜在价值，优化资源配置，形成“描述—诊断—预测—决策”的数据流通闭环。

三、新技术：新一代信息技术加速融合创新

目前，我国已形成较为完整的产业技术体系，特别是在互联网、大数据、人工智能、5G等新一代信息技术产业发展方面已经走向世界前列，甚至实现局部引领。在新一代信息技术的推动下，我国制造业保持快速增长态势，于2010年超越美国，成为全球制造业第一大国。人工智能、5G通信技术和工业互联网等新兴技术的出现，助力制造业领域实现革命性突破。基于大数据和算法的人工智能与制造业生产过程相融合，通过机器学习和人机交互等先进技术，优化生产流程，大幅提升生产效率。5G实现了跨车间、跨企业、跨区域甚至跨国的高性能实时连接。

同时，新型基础设施将通过新兴科技的快速突破和落地应用，带动国家经济发展新旧动能的转换。先进的智能科技跟产业深度融合，新基建将加速金融、

制造、能源等传统行业的智能化变革，还能够拉动基础产业尤其是信息技术产业的升级发展，既带动产业本身扩大规模，也能促进产业链上下游发展壮大。特别是在疫情防控和复工复产中，人工智能、大数据、云计算得到深度应用，更是显露出服务社会与经济的重要价值。

四、新生态：国内外协同市场氛围正在形成

一方面，以国内需求为主的市场需求不断释放。多年来，消费互联网的充分发展为我国数字技术的创新、数字企业的成长及数字产业的蓬勃发展提供了重要机遇。高技术制造业增加值占规模以上工业增加值的比重，由2000年的7.7%提高到2020年的15.1%。近年来，越来越多的企业实施智能制造试点示范项目，建设具有较高水平的数字化车间或智能工厂，有效提升了生产效率。数据显示，这些示范项目改造后平均生产效率提升37.6%、能源利用率提升16.1%、运营成本降低21.2%。

另一方面，我国高端产业的国际影响持续深化。随着经济全球化进程不断加快，由跨国公司推动的全球生产网络逐渐形成，全球制造业产业链、价值链不断调整优化，国家之间的合作不断深入。20世纪80年代以来，我国高技术产业从无到有、从小到大，实现了跨越式发展。我国已经成为世界最大的高技术产品生产国和出口国。计算机、手机、电视机、集成电路、疫苗等产品产量位居世界第一。工业机器人、新能源汽车、无人机、3D打印等新兴产业加速成长，对国际产业的影响力持续增强。

目录

CONTENTS

背景篇

数 字 浪 潮

技术篇

数 字 引 擎

设备篇

数 字 源 头

背景篇

数字浪潮

当前，新一代信息技术作为新一轮科技革命中研发投入最集中、创新最活跃、应用最广泛、辐射带动作用最大的技术创新领域，在生活和消费领域的应用日益广泛，电子商务、远程医疗、在线教育、互联网金融等新模式、新业态不断涌现，网络化、平台化、智能化现代服务业广泛兴起，平台经济、无人经济、共享经济等新模式、新业态蓬勃发展，推动形成新的消费理念、商业模式和产业形态，数字化浪潮正在全球范围内蓬勃兴起，为世界各国带来了生产制造模式和生产组织方式的变革，同时也为经济发展提供了新动能。

第一章
时代选择：数字化转型发展是大势所趋

时光荏苒、日月如梭。转眼间，距离中国发出第一封电子邮件已经过去三十多年。随着互联网、大数据、人工智能等新一代信息技术加速与实体经济融合，互联网的基础性、战略性作用充分显现，数据资源正在成为新型生产要素，通过信息流对技术流、资金流、人才流、物资流的带动作用持续增强，人们的日常生活在不知不觉间发生了翻天覆地的变化，在线支付、网上购物、共享单车等新兴消费习惯层出不穷。实体经济特别是制造业数字化转型步伐明显加快，数字时代悄然而至。

历史方位：人类社会正步入第四次工业革命新时期

纵观人类历史进程，如何实现生产力的提升是不变的命题之一。历经第一次工业革命（蒸汽时代）、第二次工业革命（电气时代）和第三次工业革命（信息时代），人类社会正步入第四次工业革命（数字时代），生产力再次实现跨越式提升，生产关系加速变革。可以说，数字化转型是历史发展的大势所趋，与几次工业革命的发展核心一脉相承。数据作为新型生产要素，将在本轮数字化转型过程中发挥至关重要的作用。

一、蒸汽时代：第一次工业革命

《伏尔加河上的纤夫》是俄国（如今的俄罗斯）批判现实主义画家列宾的成名之作，它详细描绘了第一次工业革命之前，劳动人民依托人力驱动船只前进的场景。油画《伏尔加河上的纤夫》如图 1-1 所示。随着蒸汽机、汽轮机等机器的诞生和广泛应用，人们通过机械获得动力，蒸汽火车、蒸汽轮船等运输工具的发明扩大了人们的生活半径，让人们的生活节奏大幅加快。

图 1-1　油画　《伏尔加河上的纤夫》

18 世纪 60 年代，英国发起了一场颠覆世界的技术革命，它以广泛使用蒸汽机作为动力机为标志，开创了以机器代替手工劳动的时代，并引发了一系列深刻的社会变革。本次技术革命和与之相关的社会关系的变革，被称为第一次工业革命或者产业革命。第一次工业革命相关事件见表 1-1。

表 1-1　第一次工业革命相关事件表

时间	事件
1733年	英国人约翰•凯伊发明了飞梭
1765年	英国织工哈格里夫斯发明了“珍妮纺织机”
1785年	英国发明家瓦特制成的改良型蒸汽机投入使用
1807年	美国人富尔顿制成的以蒸汽为动力的汽船试航成功
1814年	英国人史蒂芬孙发明了“蒸汽机车”
1840年前后	英国的大机器生产基本上取代了传统的工厂手工业
18世纪末	工业革命逐渐从英国向西欧大陆和北美传播
19世纪中期前后	工业革命加速向世界其他地区扩展，俄国、日本等也陆续开始了工业革命

第一次工业革命首先带来的是动力变革，它使制造业的动力来源从大型动物、奴隶和底层劳动力，变成了不知疲倦的机器，不仅提高了生产效率，还开

创了以机器代替手工劳动的时代。纺织、采矿、运输等部分行业的改造完成度相对较高，逐渐成为西方国家经济的支柱性产业。

纺织业市场需求大、企业竞争强度大，同时受旧传统的约束较少，作为重复性强、易标准化的劳动密集型产业，有利于普及机械化大规模生产，加速技术迭代革新，因此在第一次工业革命中纺织业首先实现了突破。在前期纺织工具“飞梭”的基础上，水力纺纱机、珍妮纺纱机等机器陆续出现，不仅提高了员工的工作效率，还催生了后续相关的一系列机器的发明，从而揭开了英国第一次工业革命的序幕。同时，机器的大量使用催生了以工厂为代表的组织形式创新，企业通过统一建造厂房、大量安置机器、集中管理员工开展生产，改善了作坊制管理效率低下的问题。

采矿业是第一次工业革命期间另一个迅速发展的典型行业。第一次工业革命开始前，由于需求量不大，所以煤炭等采矿业规模始终较小。同时，交通不便利、矿井建造难、井下排水难等因素也制约着开采业的发展规模。蒸汽机的出现对采矿业具有举足轻重的作用。一方面，蒸汽机的首要燃料是煤炭。伴随着蒸汽机的大量应用，煤炭开始被大规模开采和利用，采矿业亟须提高生产效率。另一方面，蒸汽机的应用也促进了采矿业的发展，并在采掘、运输和矿井的汲水方面得到广泛使用，煤炭的供给得到提升。

运输业的发展不仅决定着货物流转的周期，也直接决定着企业获利的速度和质量。蒸汽火车、蒸汽轮船等交通工具的发明，不仅带动了铁路等基础设施的迅速发展，还为人们的生产和生活带来了极大的便利，扩展了人们的生活半径，让人们快速到达目的地，开展贸易、旅游、会议等活动。虽然这些工具也普遍存在设备笨重、速度不快、效率较低、噪声较大等缺点，但可以说人类的行动能力通过第一次工业革命获得了质的飞跃。

二、电气时代：第二次工业革命

“他是这个世界上为人类造福最多、最成功的人之一……如果将他的发明从我们的生活中抽走，工厂车间将停止运转，电车和汽车将停运，我们的城市将陷入黑暗。”1943 年 1 月，87 岁的特斯拉去世，纽约市长在电台中播发了上述讣告。

第二次工业革命中，电力和内燃机的应用为人们带来了全新的体验，我们可以将本地发的电输送到千里之外，点亮灯泡、启动生产；可以通过电话交流沟通，千里传音；可以乘坐汽车旅行，大大方便了人们的生活。特斯拉与电流试验如图 1-2 所示。

图 1-2　特斯拉与电流试验

19 世纪中期，美国、德国等资本主义国家几乎同时开展了新一轮技术革命，即第二次工业革命。在此期间，电力的广泛应用促进生产力飞跃式发展，电气、化学、石油等新兴工业部门相继出现，内燃机、发电机、电话、电报等发明不断涌现，对人类社会的经济、政治、文化、军事、科技产生了深远的影响，并推动社会面貌发生了翻天覆地的变化。

电力的使用改变了制造业，并使制造业逐渐向自动化方向发展，大量生产技术得到规范化应用，生产效率得到质的提升，推动产业结构发生巨大的变化。重工业比重逐渐超过轻工业，成为经济的核心。同时，企业组织形式更加精细化，福特汽车公司发明完善了流水线大批量生产模式，进一步提升了生产管理效率。

电话、电报的发明革新了通信业。这些发明提高了信息传递的效率，提供了远距离精准表达语义的方式，转变了时间和空间的概念，缩短了世界不同地区间的距离，使世界的经济、文化和政治更加紧密地联系在一起。

运输业则被内燃机的发明彻底改变，汽车、轮船、飞机等工具快速发展，逐步进入寻常百姓的生活，使人们的生活质量得到有效提升。到 1930 年，汽车已进入 60% 的美国家庭，美国由此成为“装在轮子上的国家”。

第二次工业革命使帝国主义争夺市场经济和争夺世界霸权的斗争更加激烈，促进了世界殖民体系的形成，使资本主义世界体系最终确立。

三、信息时代：第三次工业革命

由中国发出的第一封电子邮件如图 1-3 所示。

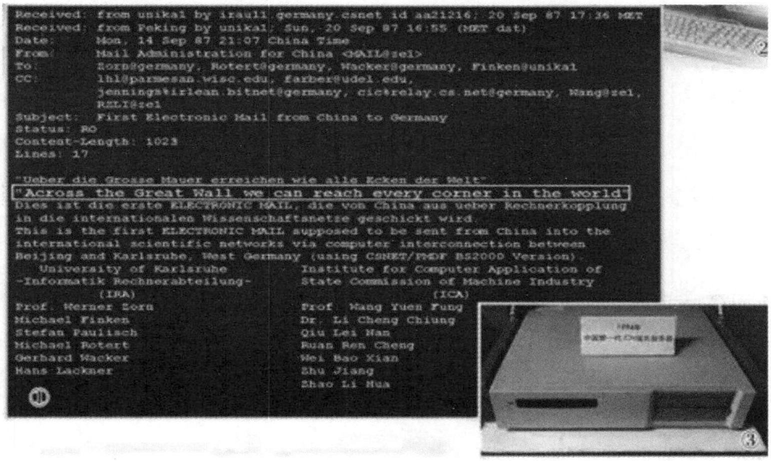

图 1-3　由中国发出的第一封电子邮件

“越过长城，走向世界”。1987 年 9 月，措恩教授在北京出席科技研讨会，他将北京的计算机应用技术研究所和德国的卡尔斯鲁厄大学计算机中心的计算机网络连在一起后，起草了上述电子邮件，与王运丰教授一起署名后发出，邮件成功地传送到卡尔斯鲁厄大学的计算机上，这标志着中国第一封电子邮件的成功传输。互联网的大规模使用标志着全球距离的缩短，人类共居“地球村”的现代化社会正式到来。

20 世纪 40 年代，以美国为代表的资本主义国家开始推动以原子能、电子计算机、空间技术、生物工程的发明和应用为主要标志的第三次工业革命。这是涉及信息技术、新能源技术、新材料技术、生物技术、空间技术和海洋技术等诸多领域的一场信息技术革命。电子计算机的广泛应用，促进了生产自动化和管理现代化，以互联网为标志的“信息高速公路”逐渐实现全球覆盖。

第三次工业革命奠定了全球产业链分工的基础框架。在经济全球化大背景下，美国、德国等西方国家的龙头制造企业纷纷将低端服务外包，看似制造业向外有所流失，实则始终处于产业链的高端，通过核心技术控制全球相关产业，赚取高额利润。同时，第三次工业革命导致国家之间的贫富差距持续扩大，发展不平衡现象日益严峻。

四、数字时代：第四次工业革命

“AlphaGo[1]太完美，看不到任何胜利的希望。我只能猜出 AlphaGo 一半的棋，另一半我猜不到，这就是差距，我和它差距实在太大。”2017 年 5 月，中国围棋九段棋手柯洁和“AlphaGo”的第三场对决在浙江省桐乡市乌镇举行。在本次“人机大战”三番棋决战中，柯洁以 0 比 3 的总比分不敌“AlphaGo”。作为新时期技术的典型代表，人工智能加速发展和利用，标志着数字时代正逐步进入百姓生活。

第四次工业革命实质上是以数字制造技术、互联网技术和再生性能源技术的重大创新与融合为代表，使工业、制造业乃至社会发生重大变革的新一轮科技变革。这一过程不仅推动了一批新兴产业诞生，还导致了社会生产方式、制造模式甚至生产组织方式等方面的重要变革，最终有望实现生态和谐、绿色低碳、可持续的社会发展。四次工业革命比较见表 1-2。

表 1-2　四次工业革命比较

	第一次工业革命	第二次工业革命	第三次工业革命	第四次工业革命
核心国家	英国	德国、美国	美国	—
核心技术	蒸汽机	发电机、内燃机	集成电路、互联网	数据+算法+算力
基础设施	公路、桥梁、路口	高速公路、铁路、电网、管道	交通网、能源网、通信基站、互联网	5G基站、数据中心、数据中台
重点行业	纺织、冶铁	电力、钢铁、石化	信息通信、软件服务	数据服务、智能服务
典型企业	阿克莱特纺织厂	福特汽车公司	谷歌、苹果、亚马逊	—

1　AlphaGo（阿尔法狗）是由谷歌公司开发的一款人工智能围棋软件，AlphaGo 利用“价值网络”去计算局面，用“策略网络”去选择下子。

第四次工业革命的重点是网络化、信息化与智能化的深度融合。在这场技术革命中，人、机、物将密切连接在一起，构造数据自动流动的闭环，使越来越多的技术系统或产品能够在无人监管的情况下自主执行、自主优化、自主迭代。具体而言，人们的生产生活将发生以下深刻变化。

一是设备层面向智能化设备应用转化。目前，设备正在向智能网联设备方向转化，基于平台实时采集设备、环境等数据，实现设备全面、动态、精确的状态感知。同时，基于知识库和自学习机制建立故障智能诊断模型，分析预测设备关键部件变化趋势、产品寿命和潜在风险。

二是生产层面向柔性化、个性化生产转变。随着客户提出的个性化需求越来越苛刻，以及参与产品研发的愿望越来越强，以企业为主导的传统定制模式也逐渐暴露出许多不足，原来的单一产品大规模制造方式将逐渐被柔性化生产方式取代，使企业以较低的价格、较短的时间为客户提供所需要的个性化产品和服务，也能使客户在更广的范围内以更深的定制程度进行个性化定制，实现覆盖客户需求获取、产品设计、准备、制造、检测、物流配送、售后服务、报废回收等全流程的管控。

三是业务层面向“制造＋服务”模式拓展。服务化是制造业转型升级的重要方向，是企业实现差异化竞争、创造新增长点的重要手段。在大数据、云计算等技术的推动下，企业基于平台实现由卖产品向卖服务拓展，有效延伸价值链条，扩宽利润空间。我们可以看到，基于制造业的服务化延伸已经成为越来越多的制造企业产生销售收入和利润的重要基础。

社会巨变：数字经济正迈向从量变到质变的新阶段

当前，数字经济已经成为我国经济高质量发展的重要引擎。特别是2020年新冠肺炎疫情期间，大数据、远程医疗、电子商务、移动支付等在疫情防控和复工复产中发挥了巨大的作用，“云办公”“健康宝”“在线教育”等概念越来越广泛地被人们接受，这让我们更加认识到数字经济的巨大效益。本节主要围绕规模、结构、作用等维度，剖析数字经济从量变转向质变的发展现状。

一、数字经济市场规模持续扩大

2021 年 10 月 18 日，中共中央政治局就推动我国数字经济健康发展进行第三十四次集体学习。习近平总书记在主持学习时强调，“发展数字经济是把握新一轮科技革命和产业变革新机遇的战略选择”，要“充分发挥海量数据和丰富应用场景优势，促进数字技术与实体经济深度融合，赋能传统产业转型升级，催生新产业新业态新模式，不断做强做优做大我国数字经济”。近年来，以大数据、人工智能为代表的新一代信息技术迅猛发展，数字经济已经成为引领全球经济社会变革、推动我国经济高质量发展的重要引擎。

近年来，以信息技术和数据作为关键要素的数字经济蓬勃发展，其增加值占国内生产总值（Gross Domestic Product，GDP）比重始终保持在三分之一以上并持续增加，成为推动我国经济增长的重要力量。2020 年，我国数字经济规模再创新高，达到 26.6 万亿元，同比增长 9.6%，增长速度位居全球第一，占 GDP 的比重约为 26.2%。工业互联网在 40 个国民经济大类得到重点应用，高质量外网实现全国 374 个地级行政区覆盖。在电子商务领域，我国实物商品网上零售额 9.76 万亿元，同比增长 14.8%。在移动支付领域，我国移动支付业务，业务数量达到 1232.20 亿笔，金额为 432.16 万亿元，同比分别增长 21.48% 和 24.5%，在线教育、在线医疗、远程办公等数字服务的用户规模分别达到 3.42 亿、2.15 亿、3.46 亿。

数字经济的蓬勃发展，极大地促进了我国消费端统一大市场的形成和零售业的现代化。我国已成为世界上最大的电子商务市场，社会消费品零售总额位居世界前列。这为构建以国内大循环为主体、国内国际双循环相互促进的新发展格局奠定了坚实基础。2022 年我国 5G 通信产业规模将接近 2 万亿元，大数据产业规模有望突破 1 万亿元，人工智能产业规模也将接近 1000 亿元。

二、数字经济优化经济现有结构

数字经济是经济高质量发展的重要部分，它在与实体经济融合的过程中，通过人机协作，创造新的生产方式，并通过优化三产结构，缓解供需矛盾，畅通内外循环，不断优化经济发展结构，促进整体经济的高质量发展。

一是缓解供需矛盾。数字经济作为一种新兴的经济形态，将有效调动供给侧长期以来积累的海量数据资源，挖掘数据价值，构建循环往复的数据价值链，通过建立数据平台和数据生态，促进供给侧资源整合和优化配置，同时整体提升供给侧创新能力和水平。产业数字化有利于加速释放经济增长潜力，推动各产业向更加合理、高效、可持续的发展模式转变，有效化解企业供给过剩问题，降低供给成本，进一步激发企业更大的生产和创新活力。

二是优化存量比例。一方面，在线教育、互联网医疗、线上办公等数字经济催生出的实体经济新业态在激活消费市场、带动就业等方面发挥了重要作用，有利于摆脱传统生产要素束缚，培育经济发展新动能。另一方面，数字基础社会、数字服务、数字产品作为数字经济的重要组成，其发展在一定程度上决定了制造业、服务业等领域的比例，有利于深化供给侧结构性改革。

三是畅通内外循环。数字经济在优化资源配置、确保供应链安全、加快资源流转、提高经济运行效率、促进生产消费、拉动经济增长等方面发挥着重要作用，能够有效打通国民经济各个环节的堵点，助力畅通国内国际双循环。一方面，数字经济有利于深挖国内市场潜力，为做大做强国内市场开辟“线上经济”“定制消费”的新消费业态；另一方面，数字经济有利于推动数字贸易发展，推动“一带一路”沿线国家在技术交流、数据共享、市场贸易、信息消费等方面的合作。

三、数字经济引领产业创新发展

数字技术催生直播经济、跨境电商、互联网金融等新互联网模式，以及在线教育、互联网医疗、线上办公等新业态纷纷涌现，由此培育出大量新个体和微经济，开辟了就业新空间，产生了相应的新岗位，提供了更多便利的数字产品和服务。同时，用户习惯向线上迁移，社会运转方式和群体行为模式发生了深刻的改变，激发了互联网应用的创新赋能效应。

一是促进创新融合。数字技术具有天然的渗透性，可以有效推动不同产业之间的融合创新，例如，数字技术与教育、医疗、城市管理等融合创新发展等。

数字化、智能化水平的提高对推动其他产业转型升级也起到了重要作用。数字经济的创新发展有利于深化数字技术和传统行业融合，将新的生产力要素嵌入农业、工业、服务业等领域，促进生产效率的提高。数字经济作为依托互联网发展的一种新的经济形态，正在日益成为推动经济实现快速增长、包容性增长和可持续增长的强大驱动力量，呈现出前所未有的创造力。

二是强化创新驱动。创新是引领发展的第一驱动力。数字经济的发展包含技术创新、产品创新和商业模式创新等，是实施创新驱动发展战略的重要载体，也是新发展动能的主要来源。数字经济渗透到各行各业，开辟了线上线下联动的新场景和商业模式，包括电子信息制造、软件和信息技术服务、互联网、大数据、云计算等数字技术的产业化发展对经济的促进作用持续增强。加快推动数字经济创新发展，有利于促进数据新要素价值的释放，开启数据驱动发展新方式，形成经济增长新动能。

三是夯实创新基础。数字经济主要以互联网、物联网、大数据、云计算等先进的信息技术为基础，有利于带动数字基础设施的快速发展，为产业数字化创新奠定良好的基础。在供给端，截至目前，我国企业数字化研发设计工具普及率和关键工序数控化率分别为 74.7% 和 54.2%，重点行业骨干企业“双创”平台普及率超过 85%，企业降本增效作用持续提升，领先企业劳动生产率增幅可达 20%。国家工业互联网大数据中心体系建设有序推进，已累计建成开通 5G 基站超过 142.5 万个，通用芯片、智能传感、工业云操作系统等关键技术攻关持续推进，形成一批以高铁列车控制系统、高档数控系统为代表的关键应用软件与行业解决方案，为产业创新发展提供了有力的支撑。

数据浪潮：数据要素构建产业高质量发展的新图景

《中共中央 国务院关于构建更加完善的要素市场化配置体制机制的意见》中，明确将“数据”作为未来要素改革的重要领域，并明确了完善要素市场化配置的具体举措。未来，数据将进一步发挥在生产、交换、分配、消费等环节的引领作用，成为企业最核心的生产要素之一，为提高企业生产力发挥关键作用。

不同经济发展阶段的生产要素构成见表 1-3。

表 1-3　不同经济发展阶段的生产要素构成

历史阶段	生产要素	代表人物/事件
农业经济时代	土地、劳动	威廉·配第、庞巴维克
工业经济时代	土地、劳动、资本	亚当·斯密、萨伊、约翰·穆勒
	土地、劳动、资本、企业家才能	马歇尔
数字经济时代	土地、劳动、资本、企业家才能、数据	中共十九届四中全会《中共中央 国务院关于构建更加完善的要素市场化配置体制机制的意见》

一、从生产环节看，数据集成促进生产方式变革

数据在本轮数字化转型发展浪潮中作为至关重要的新型生产要素，渗透生产生活的各个环节、各个领域。工业互联网平台等载体向下可连接海量的工业设备，向上可对接面向各类工业场景的工业 App，有利于基于数据承载工业经验与知识模型，支撑资源的泛在连接、弹性供给和高效配置，推动企业不断挖掘数据的潜在价值，优化资源配置，实现生产装备和生产过程的透明化、智能化运行。

智能工厂具有高度灵活性、高度自动化等特征，是企业生产方式变革的主要方向。数据是生产方式变革的“燃料”，是智能工厂的基础。结合数控机床、工业机器人等自动生产设备的使用，建设并应用工业互联网平台等载体，有利于开展多维度的信息集成，建立贯通生产全系统的数据流，有利于加强对制造生产全过程的自动化控制和智能化控制，提升企业整体的生产效率，降低劳动力投入，有效管理并优化各种资源的流转与消耗，有效提高精准制造、高端制造、敏捷制造的能力。

二、从交换环节看，数据平台承载产品服务交互

交换是指通过提供某种东西作为回报，从别人那里取得物品的行为。网络平台已经成为常见的交换载体，使供给方和需求方能够跨越空间、时间的限制，便捷地开展商品交易。数据规模越大、维度越多，数据边际价值将成倍增加，这能够打破传统要素有限供给的束缚，为制造业高质量发展提供充分的要素支持。

根据梅特卡夫法则，网络的价值等于其所有网络终端数量的平方，使用网络平台的用户数越多，这个网络平台对每个用户的价值就越大。

“数据＋平台”的本质是建立一种高效、自由、便捷的资源配置机制，从而降低整个数字经济社会的运行成本。产品服务只有自由地流动起来，才能实现最优的配置效率，更好地服务于经济和生活。数据具有可复制性强、迭代速度快、复用价值高、无限增长和供给等禀赋。在流通性上，数据要素相对虚拟，自由流通的边际成本近乎为零，本身还具有易复制、易共享的特点，有利于数据流带动技术流、资金流、人才流、物资流，不断突破地域、组织、技术边界，承载产品服务交换的功能。

三、从分配环节看，数据流动优化生产要素分配

分配是资源配置过程，主要是指劳动力、资金或资本、生产资料等资源的分配。数据通过对技术、资本、人才等生产要素进行数字化、智能化改造和整合，推动形成泛在连接、弹性供给的工业互联网、“双创”、电子商务等资源要素共享平台，促进资源配置从单点优化向多点优化演进，从局部优化到全局优化演进，从静态优化向动态优化演进，全面提升全要素的流通效率和水平。

数据延伸了数字生态的广度，有利于实现经济社会领域的全面数字化。数据在社会领域的广泛应用，将带来巨大的社会价值。数据不仅带来了劳动、资本、技术等单一要素的倍增效应，还提高了劳动、资本、技术、土地这些传统要素之间的资源配置效率，两两之间资源配置优化效率的提高，使数据要素的价值被逐步释放。

四、从消费环节看，数据产品带动消费习惯转变

随着数字产品和数字服务的不断普及和应用，以数据为支撑的数字经济极大地提升了消费者的消费层次和生活质量，改变了消费者的消费习惯。从消费的产品来看，传统的功能型产品消费转变为数字产品消费，人们开始习惯为数字产品买单；从消费的时间周期来看，传统的“一锤子买卖”转变为产品全生命周期的持续消费；从消费主体来看，传统的个人消费者转变为以网络直播带货、自

制视频上传者推广（UP 主推广）、兴趣社团团购为代表的社群型消费者。

同时，数据产品加快了消费习惯的重塑。一方面，企业通过分析数据可以量化消费者行为，依托大数据分析平台描绘消费者画像，利用智能推荐算法引导消费者行为习惯。可以说，消费者的行为习惯在一定程度上被巩固加强了，数据的拥有者将比消费者自身更了解其消费行为趋势和消费驱动因素。另一方面，在线支付等数据产品带来了新的生活方式，不仅方便了人们的日常生活，而且为其他数字化工具和产品的应用培育了市场。

第二章
大国战略：数字化转型成为国家竞争新焦点

数字时代的到来，为不同国家提升核心竞争力提供了新的历史性机遇。全球主要国家均以数字化转型为重要抓手，围绕新一代信息技术的应用进行战略布局。可以说，数字化转型已经成为国际竞争的新焦点。发达国家凭借信息技术和信息资源的优势，不断加强对全球产业发展和经济秩序的控制，试图以新技术应用来维持传统竞争优势。发展中国家将数字化转型视为一条与发达国家处在同一起跑线的新赛道，意图实现“换道超车”。

美国：先进制造业

美国在经济、科技、工业等领域处于领先地位。特别是其《国家先进制造业战略规划》的提出，更显示了美国在全工业领域确保领先地位和维持国家经济繁荣方面的意愿。

2018 年 10 月，美国发布《先进制造业美国领导力战略》报告，提出了三大目标，展示了未来 4 年内的行动计划。美国既关注发展新兴产业，又重视对传统制造业的改造。在实践中，美国比较重视两类先进制造业的发展：一是融合信息技术、自动化、计算、软件、传感网络等领域的制造业；二是基于物理和生物科学且使用新材料和新技术（例如纳米技术、化学和生物学）的制造业。美国还针对每个战略目标指定了负责参与实施的主要联邦政府机构。总体来说，美国先进制造业战略包括三大目标，针对每个目标，《先进制造业美国领导力战略》报告又进一步确定了若干个战略目标，以及一系列需要优先发展的任务。

一是提升新一代信息技术应用能力。这一目标旨在把大数据分析和先进传感控制技术应用于大规模制造活动，加速制造业的数字化转型。通过推进经济高效的加工和分离技术，促进新技术的研发和新标准的制定，引导企业更加广泛地采用机器人、5G、人工智能、增强现实 / 虚拟现实（Augmented Reality/Virtual Reality，AR/VR）等技术。美国先进制造业优先发展的重点技术见表 2-1。

表 2-1　美国先进制造业优先发展的重点技术

分类	主要内容
先进传感、控制和制造平台技术	环绕式机器—工厂—企业—供应链方面的传感、仪表、监测、控制和优化，以及相关硬件和软件平台的制造业自动化技术
可视化、信息化和数字化的制造技术	借助先进的信息技术系统和工具，可视化、信息化和数字化的制造（Visualization，Informatics and Digital Manufacturing，VIDM）技术可以通过提升“端到端”供应链效率、生产柔性化、最优能源管理等方式，实现个性化定制生产的零次品率
先进制造材料	包括高结构复合材料、生物制造和关键材料再加工等，其进一步发展的着力点是材料可靠性资质认证，促进供应链的透明化，构建制造相关的材料数据库，评估合成材料对环境的影响及关键材料的恢复等

二是提升制造业劳动力支撑水平。针对制造业人才相对短缺的问题，美国投资建设多样化的平台为人们提供自主学习和实践的机会。通过举办更多的宣传推广活动，统一行业认识、提高社会共识，营造鼓励创新的氛围，激励更多创新者加入制造业队伍。同时，美国从国家层面协同推进劳动力发展政策和实践，大力支持职业技术教育。

三是提升美国国内制造供应链能力。美国颁布“购买美国货、雇佣美国人”（Buy American and Hire American）的行政命令，通过财政支持的方式，保证美国国内重点企业具有一定的市场份额，保障重要行业供应链企业的发展。

德国：工业4.0

德国在制造业领域积累深厚，西门子、奔驰、宝马、拜耳、汉高、阿迪达斯等品牌享誉全球，“德国制造”更是高品质产品的代名词。作为最早提出“工业 4.0”

的国家，德国政府早在 2013 年就将“工业 4.0”纳入其“高科技战略”的框架之下，并制定了一系列相关措施。“工业 4.0” 发展脉络见表 2-2。

表 2-2　“工业 4.0”发展脉络

	工业1.0	工业2.0	工业3.0	工业4.0
时间阶段	18世纪60年代～19世纪中期	19世纪70年代～20世纪初	20世纪70年代至今	2013年德国首次提出
典型特征	机械化	电气化	自动化	智能化
劳动工具	蒸汽机	电动机	计算机	工业互联网平台
劳动者	体力劳动者	技工	工程师	开发者
典型生产要素	劳动+土地	能源	信息	数据
生产方式	蒸汽机驱动的单点生产	电力驱动的流水线生产	计算机控制驱动的自动化生产	数据驱动的网络化生产
基础设施	蒸汽机械	电力设施	互联网技术（Internet Technology，IT）+运营技术（Operational Technology，OT）设施	工业互联网
典型动力	蒸汽动力	电力	信息生产力	数据生产力

2015 年，德国联邦教育和研究部发起了“工业 4.0”行动。“工业 4.0”智能制造的焦点是建立智能工厂，制定统一的规范和标准用以指导技术的系统开发、集成和操作，使参与企业都在“工业 4.0”标准规则运作下沟通，降低信息传递成本。项目均由多家企业、高校与研究机构共同参与，主要集中在信息物理系统（Cyber-Physical System，CPS）、通信和信息技术等领域。“工业 4.0”的核心是“虚拟网络—信息物理系统”，通过嵌入式的处理器、存储器、传感器和通信模块，把设备、产品、原材料、软件联系在一起，使产品和不同的生产设备能够互联互通并交换命令，让物理设备具有计算、通信、控制、远程协调和自治等智能功能，并将资源、信息、物体、人紧密地联系在一起，从而创造物联网及相关服务。

日本：互联工业

日本具有国土面积较小、劳动资源较少、技术积累较多等特点，针对产业现代化发展需要，日本在新时期提出的制造业战略主要就是“互联工业”。

2017年，日本经济产业省提出“互联工业”战略。“互联工业”战略的目标是基于日本老龄化、少子化这一社会现象，建设超智能社会，即“社会5.0”，这是继狩猎社会、农耕社会、工业社会、信息社会之后的新型社会，具有网络空间与物理空间高度融合的特点。在日本，推进物联网（Internet of Things，IoT）发展的组织有3个，分别是机器人革命倡议协议会、物联网推进实验室和工业价值链计划。具体而言，“互联工业”具有以下3个核心内容。

一是打造人与设备、系统全面交互的新型数字社会。针对日本人口老龄化、少子化现象严重、缺乏有效劳动力等现状，丰田等日本企业高度重视机器对人的辅助作用，通过推动设备上云、打造智能化设备、加强人机协同等方式，有效减少工人的劳动强度。

二是通过合作与协调应对工业新挑战。具体来讲，日本“互联工业”的框架分为管理视角、资源视角和行为视角。从管理视角看，其框架包括质量、成本、执行、环境等要素。从资源视角看，其框架包括人、过程、产品、工厂等因素。从行为视角看，其框架包括计划、执行、检查、行动等动作，并组成一个自我迭代、不断升级的闭环。

三是积极推动培养适应数字技术的高级人才。日本坚持复合型人才培养从基础做起的原则，在丰田技术产业纪念馆、日本未来科学馆等设施中均设置了儿童体验区，在潜移默化中向下一代灌输制造业知识和以制造业为荣的理念。在名古屋，大量青少年以进入丰田工作和从事制造业为荣。

中国：工业互联网

2017年11月，国务院印发《关于深化“互联网＋先进制造业”发展工业互联网的指导意见》，提出增强工业互联网产业供给能力，持续提升我国工业互联网发展水平，深入推进“互联网 +”，形成实体经济与网络相互促进、同步提升的良好格局，并分别提出2025年、2035年和21世纪中叶的目标。同时，明确了建设和发展工业互联网的主要任务，特别提出加大关键共性技术攻关力度，提升产品与解决方案供给能力。

工业互联网的本质是通过开放的、全球化的工业级网络平台把设备、生产线、工厂、供应商、产品和客户紧密地连接和融合起来，高效共享工业经济中的各种要素资源，通过自动化、智能化的生产方式降低成本、提高效率，帮助制造业延长产业链，推动制造业转型发展。工业互联网通过工业经济全要素、全产业链、全价值链的连接，支撑构建新型生产制造和服务模式，优化工业资源配置效率，助力工业经济高质量发展，是第四次工业革命的突破口。一般来说，我国工业互联网的发展主要分为网络、平台、安全三大部分。

网络是基础。工业互联网的网络体系可以分为三级两层：三级指现场级、车间级、工厂级；两层指OT层和IT层。现场级包括生产设备、控制系统；车间级主要包括人机交互界面、数据采集和监控，以及总线和网关等；前两级主要围绕工厂内的生产部分，分布在OT层。而工厂级主要分布在IT层，主要是IT网络的信息化模块，包括软件配置管理（Software Configuration Management，SCM）、企业资源计划（Enterprise Resource Planning，ERP）、客户关系管理（Customer Relationship Management，CRM）、制造执行系统（Manufacturing Execution System，MES）。

平台是核心。工业互联网平台是工业互联网的核心，是构建数字化生态的基础。工业互联网平台承载了数以亿计的设备、系统、工业参数、软件工具、企业业务需求和制造能力，是工业资源汇聚共享的载体，是网络协同优化的关键，催生了制造业众包众创、协同制造、智能服务等一系列互联网新模式、新业态，发挥了工业互联网平台的集聚效应。

安全是保障。工业互联网的安全涉及采集、传输、存储和分析数据的制造生产流程的整个环节。在工业互联网环境中，机器和设备的操作系统一旦连接了网络，就可能会遭受攻击，生产过程会受到破坏和干扰。企业对数据安全的顾虑，严重影响了其上云上平台的积极性，因此，工业互联网亟须提升安全保障能力。

发展工业互联网不仅是企业转型升级的需要，是产业重构的关键，也是持续创造新经济增长点的重要支撑。当前，我国工业互联网平台的发展已从概念普及走向实践深耕阶段，建设推广取得积极成效，正处在发展的关键期。截至目前，“综合型 + 特色型 + 专业型”平台体系基本形成，遴选了 15 个跨行业、跨领域的工业互联网平台，具有一定行业和区域影响力的工业互联网平台超过 100 个，连接工业设备总数超过 7600 万台（套）。数字化转型解决方案供给能力持续提升，应用领域覆盖近 40 个国民经济重点行业，工业互联网平台发展生态持续繁荣。

第三章
产业蝶变：数据要素重塑制造业新形态

制造业是国民经济的主体，是经济发展的压舱石，是数字化转型的主战场，是数据发挥生产要素价值、支撑经济高质量发展的战略要地。在制造业数字化转型过程中，数据要素是不可或缺的重要基础，贯穿各个场景、各个环节、各个阶段，正在深刻重塑制造业的发展形态。数据要素重塑制造业新形态如图 3-1 所示。

图 3-1 数据要素重塑制造业新形态

技术底座：以工业互联网为核心的新基建

随着新一代信息技术的快速发展，数字新基建加速发展，成为产业数字化转型的重要支撑。2020 年 4 月 20 日，国家发展和改革委员会首次明确新型基础设施的范围。新型基础设施是以新发展理念为引领，以技术创新为驱动，以信息网络为基础，面向高质量发展需要，提供数字化转型、智能升级、融合创新等服务的基础设施体系。工业互联网作为新一代信息技术与制造业深度融合的产物，是新基建的核心部分，以5G、人工智能、云计算、大数据等技术为重要支撑，通过构建海量数据采集、汇聚、分析的综合服务体系，实现制造资源的泛在连接、弹性供给和高效配置。新基建部分信息基础设施一览见表3-1。

表3-1　新基建部分信息基础设施一览

代表技术	特征	场景
工业互联网	发展工业互联网，有助于推动制造能力软件化、模块化和平台化，加快制造资源的泛在连接、弹性供给和高效配置；有助于带动产业链条向产业协同网络转变，提高资源配置效率	一是实现设备的状态精准感知、故障预测预警、远程智能运维；二是实现企业内不同部门之间的高效协同；三是支撑数字化管理、平台化设计、智能化制造、网络化协同、个性化定制和服务化延伸等新模式、新业态
5G	与Wi-Fi、光纤、蓝牙等连接形式相比，5G网络具有低时延、高可靠性、高带宽、大连接等特性，能更加有效地满足工业场景高精度、高稳定、高速率的应用需求，为融合创新应用提供重要的网络支撑	一是强化边缘感知，基于5G技术支持，加强工业互联网边缘侧数据采集能力；二是远程辅助控制，包括基于5G的远程监控、装配辅助、运维和巡检辅助等；三是人机协同作业，包括基于eMBB[1]和移动性场景的AGV[2]、云化机器人等
人工智能	人工智能具有自感知、自学习、自执行、自决策、自适应等特征，其在工业领域应用的本质是通过打造状态感知、实时分析、精准执行、科学决策的数据自动流动闭环，以应对工业场景的不确定性和复杂性	深度学习和知识图谱是人工智能在工业领域应用的两种主要技术形式。其中，深度学习主要解决了工业场景中的识别、监控、推理、预测等问题；知识图谱主要解决了工业要素的挖掘、分析、建模、可视化等问题
区块链	区块链具有分布式数据库、对等传输、权限隐私保护、记录不可逆等特点，有利于增强研发、制造、管理、运维等环节物流、商流、信息流和资金流的透明可信度，从而提高整个生产过程的组织运转效率	在边缘层，区块链可应用于可信身份、可信传输、可信边缘智能等可信工业数据采集场景。在IaaS[3]层，区块链主要应用于分布式工业大数据存储；在PaaS[4]层，区块链可应用于可信数据管理、工业分布式账本、状态溯源等；在工业应用层，区块链主要面向销售、租赁、回收等场景

1　eMBB（enhanced Mobile Broadband，增强移动宽带）。

2　AGV（Automated Guided Vehicle，自动引导车）。

3　IaaS（Infrastructure as a Service，基础设施即服务）。

4　PaaS（Platform as a Service，平台即服务）。

（续表）

代表技术	特征	场景
数据中心	随着物联网、云计算及多种传感器的广泛应用，贯穿制造业生产全流程、全产业链、全产品生命周期的数字化描述与大数据分析成为可能，以多模态、强关联、高通量为特征的工业大数据逐渐成为支撑制造业数字化转型的关键战略资源	一是打造边缘数据中心，构建“云计算+边缘计算”的新型数据处理模式；二是实现企业内部各类数据资源的汇聚、处理、分析、共享和应用，支撑生产要素优化配置，促进制造业升级和生产性服务业发展
边缘计算	边缘计算具有超低时延、高带宽、高实时性计算能力、高安全可靠等特征，有利于使反馈更加迅速，同时也可改善用户体验，降低网络在其他部分中可能发生的拥塞，适用于实时性、精准性要求高的业务	一是车联网/自动驾驶，在高速运动的基础上实现高可靠性；二是工业物联网，利用边缘计算通过数据分析使机器、计算机和人员开展智能化的工业操作；三是AR/VR，将AR/VR的计算任务卸载到边缘服务器或移动设备，降低平均处理时延，提升画质和流畅感
数字孪生	数字孪生是综合运用感知、计算、建模、控制等信息技术，通过要素数据化、数据模型化、模型软件化，对物理空间进行描述、诊断、预测、决策，进而实现物理空间与赛博空间交互映射的通用使能技术	一是单元级数字孪生，通过对物理实体进行建模和描述，在赛博空间映射形成一个不可分割的最小数字孪生单元，例如设备状态监测等；二是组合级数字孪生，包括智能生产线、智能车间等；三是系统级数字孪生，在全局范围内实现信息全面感知、深度分析、科学决策和精准执行，包括智能供应链等

载体升级：以设备上云为重点的要素改造

工业设备是工业经济中重要的生产工具，深入参与国民经济各项生产活动，与其相关联的设备状态数据、产品数据、环境数据等都是数字经济中数据要素的重要基础来源。这些海量数据的规模效应、协同效应，将有效支撑设备智能运维、生产能力共享等新型应用服务的模型算法，优化各类资源配置方式和效率，驱动企业转型升级、行业提质增效、实体经济蓬勃发展。当前，工业设备上云是生产要素改造的重要形式，上云范围主要覆盖高耗能设备、高通用设备、高价值设备和新能源设备，通过管理模式优化、生产方式转变等典型应用场景，带动经济社会全要素的数字化改造和网络化集成。重点工业设备上云应用场景见表 3-2。

表 3-2　重点工业设备上云应用场景

设备类型	重点设备	痛点问题	应用场景	解决方案服务商
高耗能设备	炼铁高炉	• 设备管理低效 • 环保管理粗放 • 工艺知识高度隐性 • 设备互联水平低	• 高炉故障诊断 • 高炉绿色生产 • 生产工艺优化 • 产线协同管控	东方国信、北京智冶互联、宝信软件等
	工业锅炉	• 能效管理粗放 • 燃烧状态不透明 • 安全隐患高 • 水质波动大	• 锅炉能效管理 • 锅炉燃烧管控 • 锅炉健康管理 • 水处理优化	东方国信、阿里巴巴、和利时、方快锅炉等
	石油化工设备	• 设备能耗高 • 安全风险高 • 停机损失大 • 运维难度大	• 设备节能降耗 • 设备安全预警 • 设备预测维护 • 设备操作模拟	阿里云、蓝卓、恒力石化、石化盈科等
高通用设备	柴油发动机	• 产品研发周期长 • 设备服役工况复杂 • 设备故障率较高	• 智能研发 • 在线管理 • 预测性维护	博华科技、爱夫卡科技、云内动力等
	大中型电机	• 设备利用效率低 • 设备维护成本高 • 设备安全风险大 • 设备能耗成本高	• 电机设备托管 • 电机状态监测 • 电机故障预警 • 电机智能运维 • 电机能效优化	上海电机系统节能工程技术研究中心、上海电科电机科技有限公司、山东产研智能电机研究院、中科森尼瑞、紫光云引擎等
	大型空压机	• 运行监控及时性弱 • 设备能耗管理粗放 • 运营服务效率不高 • 产业协同有待提升	• 运维管控 • 设备节能优化 • 后服务市场运维 • 产业链协同	东方国信、蘑菇物联、树根互联、奥立信等
高价值设备	工程机械	• 设备故障情况多发 • 施工效率低 • 设备管理体系粗放 • 金融体系不完善	• 设备远程运维 • 智慧施工 • 在线管控 • 融资租赁	徐工信息、树根互联、中联重科等

（续表）

设备类型	重点设备	痛点问题	应用场景	解决方案服务商
高价值设备	数控机床	• 设备运维成本较高 • 设备利用效率较低 • 生产管理及时性差 • 设备改造升级困难	• 健康管理 • 智能运维 • 刀具管理 • 生产能力共享 • 备件管理	树根互联、浙江陀曼、浪潮云、工业富联、智能云科、美林数据、精雕软件等
新能源设备	风电设备	• 风电数据质量不一 • 设备运维成本高昂 • 风场综合管理困难	• 虚拟风场设计 • 设备预测维护 • 风场管理优化	金风科技、远景能源、中国海装等
	光伏设备	• 设备运维效率低 • 能源利用率不稳定 • 运行监控困难	• 全景式监控 • 智能化分析 • 智能运维	国网电商、阿里巴巴、华为、紫光云引擎等

重点场景：以动能培育为重点的模式创新

在获取工业设备数据和业务系统数据的基础上，企业可以打通贯穿生产制造全过程、产品全生命周期的数据流通渠道，推动各类数据的平台化汇聚和集成，以数据流带动人才流、物资流、资金流和技术流，实现跨部门、跨企业、跨区域信息的实时精准对接，创新生产要素组合和作用机制，深化企业内各部门之间的互联互通，并与科技金融部门、政府管理部门等外部主体加强数据联通共享，深度挖掘跨界融合创新业务，积极培育数字化管理、平台化设计、智能化制造、网络化协同、个性化定制和服务化延伸等新型制造模式，加速制造业“双创”、共享制造、现代供应链、工业电子商务、产业链金融等制造业新业态蓬勃发展，深刻重塑工业生产制造和服务体系，培育制造业高质量发展新动能。制造业新模式、新业态应用场景见表 3-3。

表 3-3　制造业新模式、新业态应用场景全景图

新模式新业态	典型特征	典型场景	典型企业
数字化管理	• 数据：从附属产物到生产要素 • 管理：从业务驱动到数据驱动 • 组织：从刚性架构到液态架构	• 资产管理 • 运营管理 • 组织管理	海尔、富士康、树根互联等

（续表）

新模式新业态	典型特征	典型场景	典型企业
平台化设计	• 数据：从单环节到研产一体化 • 业务：从线性到并行 • 主体：从独立到生态	• 众包式设计 • 贯通式设计 • 反馈式设计	商飞、云道智造、橙色云等
智能化制造	• 设备智能化 • 生产柔性化 • 优化动态化	• 智能设备 • 智能产线 • 智能服务	富士康、徐工、商飞、阿里巴巴、上汽等
网络化协同	• 数据：从局部孤岛到连通体系 • 资源：从价值链条到价值网络 • 业务：从串行推进向并行协同 • 能力：从局部优化到全局优化	• 协同设计 • 协同制造 • 协同运维 • 供应链协同	航天云网、商飞、石化盈科等
个性化定制	• 用户中心化 • 数据贯通化 • 生产柔性化	• 大批量、少品种定制 • 小批量、多品种定制 • “小作坊式”单件定制	海尔、航天云网、酷特智能等
服务化延伸	• 企业定位：从制造商向服务商转变 • 产品形态：从产品向产品服务系统转变 • 商业模式：从短期交易到长期服务转变	• 产品效能提升服务 • 产业链条增值服务 • 综合解决方案服务	三一重工、中联重科、徐工、海尔等
零工经济	• 雇佣关系：从合同关系向合作关系转变 • 交易内容：从体力交易为主向知识交易为主转变 • 商业模式：从要素驱动体系到创新驱动生态转变	• 面向第三方开发者的开源社区 • 面向创客的制造业“双创”孵化平台 • 面向中小企业的协同外包服务平台	东方国信、华为、阿里巴巴、生意帮等
共享制造	• 能力可计量 • 能力可协同 • 能力可交易	• 制造能力共享 • 创新能力共享 • 服务能力共享	智能云科、航天云网、海尔、荣事达等
现代供应链	• 供应方式：从刚性供给向柔性供给转变 • 供应深度：从进度管控向质量管控转变	• 供应链协同 • 柔性供应链 • 智慧物流	徐工、南京钢铁等

（续表）

新模式新业态	典型特征	典型场景	典型企业
现代供应链	• 供应范围：从固定供应链向社会化供应链转变	• 供应链协同 • 柔性供应链 • 智慧物流	徐工、南京钢铁等
工业电子商务	• 交易对象：从实体产品向制造能力迁移 • 商业模式：从产品交易向用户交互迁移 • 经济范式：从规模经济向范围经济迁移	• 集采集销 • 垂直行业电商 • 工厂直销	三一集团、欧冶云商、中航工业等
产业链金融	• 服务主体：从金融机构到平台企业转变 • 服务渠道：从线下业务到线上服务转变 • 服务对象：从单一企业到链群企业转变	• 融资租赁 • 互联网信贷 • 精准投保	久隆保险、中联重科、天正工业等

行业转型：以提质增效为重点的转型升级

当前，我国经济发展迫切需要加快重点行业的数字化转型，深刻变革实体经济发展的根本动力和内生活力。从国际视角看，我国制造业的低成本优势正在消失，面临发达国家制造业回流和发展中国家制造业追赶的双重压力。从国内视角看，我国经济已由高速增长阶段转向高质量发展阶段，正处在转变发展方式、优化经济结构、转换增长动力的重要攻关期。制造业作为实体经济的重要支柱，亟须找准行业痛点问题，把握未来的发展趋势，加快覆盖研发设计、生产制造、运营管理等产品全生命周期的数字化转型升级，由追求速度和规模的粗放式增长转变为注重质量和内涵的集约式发展，为工业经济迈向数字经济提供重要产业支撑。重点行业数字化转型应用场景见表3-4。

表 3-4　重点行业数字化转型应用场景

行业	行业特点	数字化转型趋势	典型应用场景
钢铁	• 生产流程长 • 生产工艺复杂 • 供应链冗长	• 设备管理由传统维护向智能维护转变 • 生产工艺由“黑箱”化向透明化转变 • 供应链体系由局部协同向全局协同转变 • 环保管理由粗放型向清洁型转变	• 设备全生命周期管理 • 智能化生产 • 供应链协同 • 绿色化生产
石化	• 设备价值高 • 工艺复杂 • 产业链长 • 危险性高 • 环保压力大	• 设备管理从黑箱管理向健康管理转变 • 知识管理从纸质封存向模型封存转变 • 供应链管理从企业内向企业间协同转变 • 安全管理从人工巡检向智能巡检转变	• 设备健康管理 • 智能炼化生产 • 供应链协同 • 安全监控
煤炭	• 工艺流程复杂 • 风险故障频发 • 资本设备密集 • 生产条件多变	• 煤炭开采由以人工为主向无人开采转变 • 矿山管理由分布管理向集团总控转变 • 煤炭销运由被动排队向智慧运输转变 • 生态保护由宏观设计向精准计量转变	• 智能安全开采 • 矿山综合管理 • 煤炭智慧运输 • 生态资源保护
航空航天	• 研发周期长 • 产品种类多、规模小 • 产业链特别长	• 研发设计由串行异构到并行协同转变 • 生产制造由以数映物到数物融合转变 • 生产管理由单点对接到动态调整转变 • 运维服务由定期维护到视情维护转变	• 基于MBD[1]的研发设计 • 基于CPS的智能制造 • 基于大数据分析的供应链管理 • 基于PHM[2]的运营维护
船舶	• 零件数量级大 • 生命周期长 • 资本投入大 • 技术要求高等	• 研发设计由串行异构向并行协同转变 • 生产制造由数字化向智能化转变 • 供应链管理由重经验向重需求转变 • 盈利模式由卖产品向卖服务转变	• 基于三维模型的协同设计 • 基于CPS的智能制造 • 供应链协同 • 服务化延伸
汽车	• 产品精密复杂 • 生产工艺复杂 • 技术门槛高 • 供应链分散	• 研发设计由独立分散向网络协同转变 • 生产制造由大批量生产向规模化定制生产转变 • 产供销管理由信息孤岛向全局协同转变 • 盈利模式由单一销售向全方位服务转变	• 研发设计协同 • 规模化定制生产 • 产供销协同 • 服务化延伸

1　MBD（Model Based Design，基于模型的设计）。

2　PHM（Prognostics and Health Management，故障预测与健康管理）。

（续表）

行业	行业特点	数字化转型趋势	典型应用场景
轨道交通	• 集约化管理 • 系统相对封闭 • 运量大、要求高	• 研发设计数字化 • 生产制造柔性化 • 产业链管理一体化 • 车辆运维智能化	• 研发仿真 • 协同制造 • 产业链管理 • 设备健康管理
工程机械	• 设备产品多样化 • 生产过程离散化 • 供应链复杂	• 设备维护按需化 • 备件管理精益化 • 产融结合在线化 • 解决方案服务化	• 设备预测性维护 • 备品备件管理 • 智慧施工 • 互联网金融
家电	• 技术更新速度快 • 产品研发周期短 • 产品同质化程度高	• 生产方式由规模化生产向规模化定制方向转变 • 经营方式由生产型经营向平台型经营转变 • 盈利模式由卖产品向卖服务转变	• 柔性化生产 • 供应链协同 • 智能家居解决方案
电子	• 产品附加值高 • 技术迭代快 • 产品质量要求高	• 设备管理由粗放管理向健康管理转变 • 生产制造从劳动密集向人机协同转变 • 产品质量由人工检测向机器视觉检测转变	• 设备健康管理 • 智能化生产 • 产品质量检测 • 供应链协同
风电	• 地理位置偏僻 • 资本技术密集 • 发电波动性大	• 数据采集由底层互联向全面感知转变 • 设备维护由人工调试向智能运维转变 • 风场管理由单场单管向虚拟集成转变	• 虚拟风场设计 • 设备预测维护 • 智慧风场管理 • 精准柔性供电

技术篇

数字引擎

从工业革命发展史来看，人类经历的机械化、电气化、自动化，以及正在经历的第四次工业革命，从本质上来讲都是技术驱动的工业变革。这种变革随着物联网、人工智能、数字孪生、数字平台等新一代信息技术加速发展，不断向工业领域渗透融合，为工业领域注入新的动能，不断培育出具有前沿性、丰富性和颠覆性的应用场景，将世界图景装点得五彩斑斓。

第四章
万物互联：洞察数字之源

随着物联网技术的兴起，万物互联已是大势所趋，通过构建海量设备之间的相互连接关系而形成庞大、细致、复杂的网络系统，直至囊括现实物理空间和赛博空间的万事万物。万物互联通过感知设备构建起物理世界和信息世界的桥梁，提取现实物体的数据信息，将原子和比特相连接，奠定数据起点，经过数据的汇聚、分析和应用，促进产业结构及商业活动的方式和方法发生剧烈的变化。具体到工业领域，万物互联就像一只网络“大手”，伸入各类设备、通信网络、软件系统等，以“普遍联接”促进工业生产发生本质上的重构和变革，推动工业进入智能化时代。

发展脉络

物联网的基本思想出现于20世纪90年代末，作为一个新兴的信息技术领域，物联网引起了各国政府、学者及相关企业的极大关注。国内外纷纷出台物联网发展计划，进行相关技术和产业的前瞻布局。

一、万物互联的起源

自20世纪70年代以来，“连接设备”的概念已经出现在嵌入式互联网和普及计算的发展之中。但是针对物联网的起源，业界有不同的说法，1990年施乐公司推出一种在线可乐售卖机，1991年英国剑桥大学推出“特洛伊咖啡壶”，它们是已知最早的物联网设备。后来，比尔•盖茨在其出版的《未来之路》一书中对物联网进行了明确的文字描述，“当袖珍个人计算机普及之后，困扰着机场终端、剧院及其他需要排队出示身份证或票据等地方的瓶颈路段就可以被废除了。比如，当你走进机场大门时，你的袖珍个人计算机与机场的计算机相连就会证实你已经购买了机票。开门时你也不需要钥匙或磁卡，你的袖珍个人计算机会向控制锁的计算机证实你的身份”。比尔·盖茨通过描述未来机场身份认证场景向人们展现了一种基于物联网的美好生活愿景，只是当时受限于无线网络、硬件及传感设备的发展，并未引起人们的重视。

二、万物互联的发展历程

无线标签、传感器、微机电系统（Micro Electro Mechanical System，MEMS）等技术的成熟促进了物联网技术的发展，物联网逐渐被应用到人们的生活中并产生了潜移默化的影响。物联网也因此有了更多“物联”的表现形式，凸显着自己的生命力。万物互联的种子开始生根发芽，发展壮大。

1. 万物互联概念的发展

1999 年，美国在召开的移动计算和网络国际会议上提出了“传感网是下一个世纪人类面临的又一个发展机遇”。美国麻省理工学院建立了自动识别中心，提出“万物皆可通过网络互联”，阐明了物联网的基本含义。2003 年，美国《技术评论》提出传感网络技术将是未来改变人们生活的十大技术之首。2005 年，国际电信联盟（International Telecommunication Union，ITU）发布的《ITU 互联网报告 2005：物联网》中正式提出了“物联网”概念，该报告指出，世界上的所有物体，从轮胎到牙刷、从房屋到纸巾都可以通过互联网主动进行交换。2013 年，思科系统公司准确把握时代趋势，认为我们目前正在经历物联网时代，在这个庞大的网络中，数百万的新设备将定时连接到互联网。随着这些“物品”新增了情境感知能力、增强处理能力和能源自给能力等，并且越来越多的人和新的信息类型连接到互联网，我们将快速步入万物互联时代，静默的物品将被赋予声音。

万物互联的概念随着技术的迭代、社会的发展、科研人员的探索在不断完善，但是其根本核心始终不变，都是基于“物联”而打造新型能力、创新高端场景应用、促进产业经济变革。万物互联概念的发展见表 4-1。

表 4-1　万物互联概念的发展

时间	提出者	概念
1999年	凯文•阿什顿	结合物品编码、射频识别（Radio Frequency Indentification，RFID）技术和互联网技术的解决方案：基于互联网、RFID技术、EPC标准，在互联网的基础上，利用RFID技术、无线数据通信技术等，构造了一个实现全球物品信息实时共享的实物互联网，简称为物联网
2005年	《ITU互联网报告2005：物联网》	全域信息通信的发展已经开始使物联网进入更深刻的阶段，从短距离的移动收发器扩展到长距离的器件和日常用品。人和物之间、物和物之间的新通信形式诞生了。信息技术和通信技术的世界加入新的维度：过去是任何人之间在任何时间、任何地点的信息交换，现在则加入了任何物体这一维度。各种连接会因此翻倍增加，并创造出一个全新的、动态的网络——物联网。物联网既非科幻小说，也非商业骗局。它是建立在坚实的技术优势和广受认可的全域网络基础之上的
2009年	欧盟委员会	物联网是未来互联网的综合部分之一，可以被定义为一个动态的全球网络基础。基于标准的和互操作的通信协议，无论物理的还是虚拟的“物”均有身份、物理属性和虚拟特质，具备自配置能力且使用智能接口，可以无缝集成到信息网络中
2013年	思科系统公司	万物互联：聚合人、流程、数据和物品，使网络连接比以往更具有相关性和价值，将信息转化为行动，打造新的能力，提供丰富的体验，给企业、个人和国家带来前所未有的经济机遇

2. 万物互联技术的发展

早期的物联网设备主要是手机、台式计算机和笔记本电脑，之后逐渐渗透到冰箱、自动售货机等众多日常设备，烟雾报警器、电子设备、平板电脑和扬声器等智能家居设备也都接入了互联网。如今，新一代信息技术融合突破，标识体系促进物联网产业规模化发展，5G 技术快速发展提供优质的网络支撑，各种传感设备层出不穷，奠定了硬件基础，带来剧烈的技术变革，推动社会加速进入万物互联时代。物联网技术的发展历程见表 4-2。

表 4-2　物联网技术的发展历程

时间	关键技术的发展
1969年	阿帕网由美国国防高级研究计划局开发并投入使用，奠定了物联网的基础

（续表）

时间	关键技术的发展
1982年	可口可乐自动售货机接入互联网，客户在购买前可以查看机器中是否有冷饮，这提供了早期物联网的应用
1995年	美国政府运营的第一个版本的全球定位系统（Global Positioning System，GPS）项目完成，为物联网设备提供了定位基础功能
2007年	第一部iPhone问世，提供了一种与世界互动的新方式
2010年	Nest发布了一款智能恒温器，可以了解用户的生活习惯，自动调节房间的温度
2013年	谷歌智能眼镜发布，标志着物联网和可穿戴技术的革命性进步
2014年	亚马逊发布Echo智能音箱，依托物联网技术进军智能家居市场
2017—2020年	物联网与人工智能、区块链等技术发生群体性突破，应用场景日益丰富

标识体系是实现物联网万物互联的基础，是实现数据可追溯的关键，在过去10年受到政府、企业的高度重视。2015年，GB/T 31866—2015《物联网标识体系　物品编码Ecode》正式发布，截至2019年，平台标识注册量超792亿个，主要用于工业、制造业、农业、零售业、城市建设等方面。在消费电子方面，标识体系主要用于智能家居领域，相关方通过使用统一的标识体系实现不同家电设备、数据采集终端和软件服务平台的数据互通、解析和管理，从而产生更多的智慧家居使用场景。在工业领域，工业互联网标识体系为传统制造设备、产品和零部件添加可追溯的标识，为工业智能化和跨企业的数据互通与共享提供可能。

5G技术是物联网产业发展的新一轮驱动力，主要应用于增强移动宽带、大规模机器类通信和超可靠低时延通信3类场景。5G技术为4K、8K超高清视频直播传输提供了大带宽保障，适用于AR/VR等应用场景，可以满足高速图像传输和处理需求，大幅提升用户体验。5G技术为自动驾驶等车联网应用场景提供了应用条件，今后5G将为万物互联带来重大的发展机遇，物联网通过5G技术将迎来爆发式发展。

边缘计算正在催生百万级物联网设备，作为云计算的深化，它极大地补充了云计算在实时性、智能性、安全管控上的不足。云计算和边缘计算的进一步融合，为物联网中连接的设备带来了稳定性，并通过处理更接近源头的数据解决了时延问题。同时，云计算与5G协同发展也为物联网的发展带来了广阔的空间。5G商用为边缘计算的快速发展提供了新的机遇；5G的快速处理、低时延等特点可以在迅速响应方面提供一个新的途径，能够对端、边缘、云进行联合优化。边缘计算可以从用户体验、功耗、计算负载、性能、成本等方面在物联网设备、边缘设备和云设备之间智能配置资源，为联合优化提供一种新的途径。未来，边缘计算将推动更多新的平台和案例出现，超过百万的物联网设备和海量的数据将通过云连接和交互。

3. **世界各国的战略布局**

2008年以后，为了促进科技发展并寻找新的经济增长点，多个国家将目光放在物联网上，并将物联网作为下一代的技术规划。一夜之间，物联网成为炙手可热的新名词。

欧盟是世界上第一个系统地提出物联网发展和管理计划的机构。2009年6月，欧盟委员会向欧盟议会、理事会、欧洲经济和社会委员会及地区委员会递交了《欧盟物联网行动计划》，以确保欧洲在构建物联网的过程中起主导作用。2009年10月，欧盟委员会以政策文件的形式对外发布了“物联网战略”，提出要让欧洲在基于互联网的智能基础设施发展上领先全球，除了为信息通信技术研发计划投资4亿欧元，启动90多个研发项目提高网络智能化水平外，欧盟委员会还将于2011—2013年每年新增2亿欧元用来加强研发力度，同时，拿出3亿欧元专款支持物联网相关公司合作开展短期项目建设。

美国国防部在2005年把“智能微尘”列为重点研发项目。美国国家科学基金会的全球网络环境研究项目把在下一代互联网上组建传感器子网作为其中重要一项内容。2009年2月17日，由时任美国总统奥巴马签署生效的《2009美国复苏与再投资法案》提出，对智能电网、卫生医疗信息技术应用和教育信息技术进行大量投资，这些投资建设与物联网技术直接相关。物联网与新能源一道，成为美国摆脱金融危机与振兴经济的两大核心项目。

日本是第一个提出“泛在战略”的国家。2004年，日本信息通信产业的主管机关总务省提出“U-Japan战略”。2009年7月，日本IT战略本部提出“I-Japan战略2015”，其目标是实现以国民为中心的数字安心与活力社会。“I-Japan战略”

强化了物联网在交通、医疗、教育、环境监测等领域的应用。

2006 年，韩国提出了为期 10 年的“U-Korea 战略”。作为 U-Korea 战略的先导战略的 U-IT839 计划，确定了 8 项需要重点推进的业务，其中物联网是 U-Home（泛在家庭网络）、Telematics/Location Based（汽车通信平台 / 基于位置的服务）等业务的实施重点。2009 年 10 月，韩国放送通信委员会通过了《物联网基础设施构建基本规划》，将物联网市场确定为新增长动力，确定了构建物联网基础设施、发展物联网服务、研发物联网技术、营造物联网扩散环境四大领域、12 项详细课题。

我国对物联网的发展也给予了高度的重视，2009 年 8 月，“感知中国”的概念把我国物联网领域的研究和应用开发推向了高潮，无锡市率先建立了“感知中国”研究中心，中国科学院、相关运营商及多所大学相继在无锡建立了物联网研究机构虚拟运营商。2017 年，工业和信息化部提出“牢牢把握物联网新一轮生态布局的战略机遇，大力发展物联网技术和应用”；2021 年，进一步提出“打造支持固移融合、宽窄结合的物联网接入能力，加速推进全面感知、泛在连接和安全可信的物联网新型基础设施建设”，推动物联网全面发展。物联网相关政策见表 4-3。

表 4-3　物联网相关政策

时间	主要国家	概念
2009年	欧盟委员会	《欧盟物联网行动计划》
2009年	美国	《2009年美国恢复与再投资法案》
2009年	日本	I-Japan战略2015
2009年	韩国	《物联网基础设施构建基本规划》
2009年	中国	“感知中国”
2017年	中国	《信息通信行业发展规划物联网分册》
2021年	中国	《物联网新型基础设施建设三年行动计划（2021—2023年）》

显而易见，物联网已经成为世界各国竞争的新领域，迎来广阔的市场空间。

三、万物互联的未来展望

2022 年，全球物联网技术支出将达 1.2 万亿美元，2017—2022 年复合增长率为 13.6%。在不久的将来，这项技术就能实现，届时我们的城市将变得更智能、更洁净、更安全。我们所依赖的不同设施将能够相互沟通、提高效率，并帮助我们最大限度地减少现代城市生活的危害，例如，拥堵、犯罪、污染和过度能源消耗。万物互联将给我们提供更清晰的画面、更广阔的前景，让我们能够基于更准确的现实做出决策。它不仅能方便我们的生活，还能在科学研究中起到重要的作用，提高社会的智能化、自动化水平，实现原来不能实现或者难以实现的功能。

技术架构

物联网的核心和基础仍然是互联网，是在互联网基础上的延伸和扩展的网络，其用户端延伸和扩展到在任何物品与物品之间进行信息交换和通信的程度。因此，物联网的定义是通过 RFID、红外感应器、GPS、激光扫描器等信息传感设备，按约定的协议，把任何物品与互联网相连接，进行信息交换和通信，以实现对物品的智能化识别、定位、跟踪、监控和管理的一种网络。物联网技术架构如图 4-1 所示。

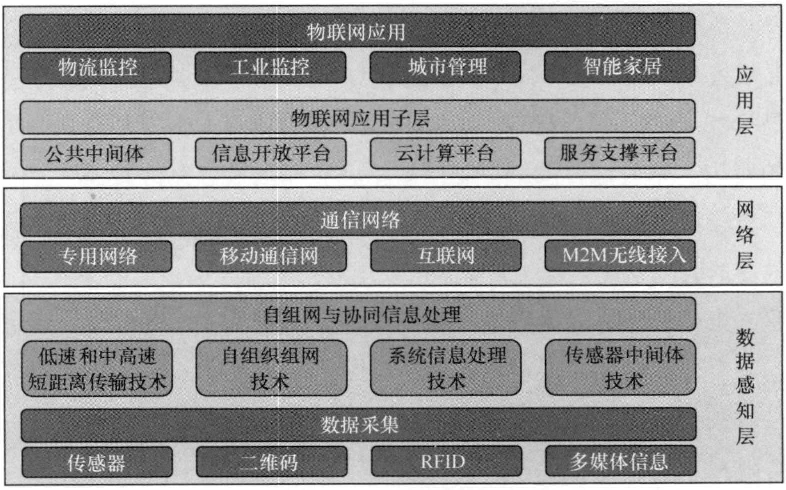

图 4-1　物联网技术架构

物联网的技术架构主要分为数据感知层、网络层和应用层。其中，数据感知层处于架构底层，是物联网应用和发展的基础。网络层可分为有线传输和无线传输。应用层位于物联网结构中的最顶层，其功能是“处理”信息，即通过云计算平台进行信息处理。

一、数据感知层：奠定物联连接基础

物联网数据感知层的主要任务是从周围的环境中采集信息，并在通过信号转换和处理之后，将信息直接或间接地连接到传输网络中，不同的物联网应用场景需要选用不同类型的信息采集设备来满足业务的需求。

目前，常见的物联网信息采集设备主要有传感器、摄像头、GPS 导航系统、二维码标签、RFID 标签等。

一是传感器。传感器是一种检测装置，能感受到被测量的信息，并将感受到的信息按一定规律变换成电信号或其他所需形式的信息输出，以满足信息的传输、处理、存储、显示、记录、控制等要求。目前，比较常见的传感器有湿度、温度、光、加速度、力度、距离传感器等。

二是摄像头。摄像头主要用于重要区域或远程地点的监视和控制，实时采集监控点的视频流，远程传输给监控中心，便于监控中心进行远程监控，对突发事件及时指挥处置。如今，摄像头广泛应用于建筑工地、消防系统、电力系统、城市交通系统、水利系统等领域以及电信机房、工厂、小区治安等场所。

三是 GPS 导航系统。GPS 的基本原理是测量出已知位置的卫星到用户接收机之间的距离，然后综合多颗卫星的数据就可知道接收机的具体位置。GPS 导航系统广泛应用于车辆导航、应急反应、大气物理观测、地球物理资源勘探、工程测量、变形监测、地壳运动监测、市政规划控制等。

四是二维码标签。二维码能在很小的面积内承载大量的信息，印刷和识读成本低，安全保密性强，识别效率高，能够“化被动为主动”。但二维码的应用受限于各种扫描环境，虽然其信息量很大，但是在非常复杂的应用领域的使用特征弱势限制了其应用范围。

五是 RFID 标签。RFID 是一种非接触式数据读取录入技术，通过射频信号识别目标对象并获取相关数据信息。RFID 具有防水、防磁、耐高温、使用寿命长、读取距离远的特点，RFID 为信息标识添加了更多智能，具有多次读写信息、对标签中存储的单品信息加密、扩展更大的信息存储容量等优点。RFID 的识别工作不需要人工干预，降低了人工成本；操作也变得方便快捷，具有对高速运动物体识别和对多个标签批量读取的特点，具备更加广阔的应用前景。

二、网络层：构建数据流通通道

物联网网络层是用一系列的线路（光纤、双绞线等）经过电路的调整变化，依据网络传输协议来进行通信的。物联网网络层是工业系统互联和工业数据传输交换的支撑基础，通过泛在互联的网络基础设施，实现信息数据在生产系统各单元之间、生产系统与商业系统各个主体之间的无缝传输。而这些数据通过企业内部网、通信网、互联网、各类专用通用网、小型局域网等网络进行传输交换。网络层关键通信技术主要包含互联网、移动通信网及无线传感器网络。网络层使用的技术与传统互联网之间本质上相似。物联网网络层又可以分为汇聚网、接入网和承载网 3 个部分。

一是汇聚网。汇聚网主要采用短距离通信技术，例如，ZigBee、蓝牙和超带宽（Ultra Wide Band，UWB）等，实现小范围感知数据的汇聚。ZigBee 是一种小范围、低速率、低成本的无线网络标准，拥有 250kbit/s 的带宽，传输距离可达 1km 以上，功耗小。蓝牙技术是一种支持设备短距离通信的无线电技术，可以在移动电话、个人数字助手（Personal Digital Assistant，PDA）、无线耳机、笔记本电脑等众多设备之间进行无线信息交换。利用该技术可以简化设备终端之间的通信，也能简化设备与互联网之间的相互通信，从而使数据传输准确高效。超宽带技术具有系统复杂度低、发射功率谱密度低、对信道衰落不敏感、截获能力低、定位精度高等优点，适用于室内等密集多径场所的高速无线接入。

二是接入网。物联网的接入方式较多，使用各种网关设备将其整合起来，统一接入通信网络中，并完成信息的转发、控制等功能。其常用的技术主要是 6LoWPAN[1]、机器与机器（Machine to Machine，M2M）及全 IP 融合架构。M2M 是

1 6LoWPAN（IPv6 over low power Wireless Personal Area Networks，低功耗无线个人区域网上的 IPv6）。

机器之间建立连接的所有技术和方法的总称，是目前物联网一种重要的接入方式。该技术是物联网实现通信连接的关键，在无线通信与信息技术的整合、双向通信等多个领域中都有广泛的应用。

三是承载网。物联网需要大规模信息交互和无线传输，重新建立通信网络是不现实的，需要借助现有通信网设施，根据物联网特性加以优化和改造以承载各种信息。承载网的发展可以分为混同承载阶段（信息量较小）、区别承载阶段（信息量较大）和独立承载阶段（信息量很大）3 个阶段。

三、应用层：打造物联智能应用

应用层主要解决信息处理、人机交互等相关问题，通过对数据的分析处理为用户提供丰富特定的服务。应用层的主要功能包括两个方面：数据和应用。第一，应用层需要完成数据的管理和数据的处理；第二，要发挥这些数据的价值还必须与应用相结合。其关键技术包括物联网中间件、云计算、物联网业务平台等。物联网中间件主要针对感知的数据进行校对、汇集，在物联网中起着比较重要的作用。云计算是基于网络将计算任务分布在由大量计算机构成的资源池上，使用户可以借助网络按需求获取计算力、存储空间和信息服务。物联网业务平台主要针对物联网的不同业务，研究其系统模型、体系架构等关键技术。

从结构上划分，物联网应用层分为以下 3 个部分。

一是物联网中间件。物联网中间件是一种独立的系统软件或服务程序，中间件将各种可以公用的能力统一封装，提供给物联网应用使用。

二是物联网应用。物联网应用是用户直接使用的各种应用，例如，智能操控、安防、电力抄表、远程医疗、智能农业等。

三是云计算。云计算可以助力物联网海量数据的存储和分析。云计算的服务类型可以分为基础架构即服务、平台即服务、软件即服务（Software as a Service，SaaS）。

典型应用场景

物联网把新一代 IT 技术充分运用在各行各业之中，具体来说，就是把感应器嵌入加工机器、家居、车辆、电网、公路、建筑等各种物体中，然后将“物联网”与现有的互联网整合起来，实现人类社会与物理系统的整合，能够对整合网络内的人员、机器、设备和基础设施进行实时的管理和控制，在此基础上，人类能以更加精细和动态的方式管理生产和生活，达到“智慧”状态。

一、5G + 工业互联网

5G 与工业互联网作为新型基础设施建设的重要内容，二者相辅相成。通过 5G 与工业互联网结合，使用先进的物联网技术来改进和优化工业互联网应用，可以极大地提高工业互联网的价值，为工业互联网创造许多新的功能和应用场景。

加快“5G + 工业互联网”融合发展，能够丰富工业互联网应用场景，加速工业企业数字化、智能化转型。**一是设备互联互通。**数据采集是工业互联网的基础，当前，我国工业领域所使用的通信协议种类多、各有不足且相对封闭，且约有 80% 以上的工厂设备无法联网，这严重制约了设备数据上云，致使设备互联互通问题突出。5G 技术与工业无源光网络（Passive Optical Network，PON）、边缘计算技术等相结合，能够降低工业场景协议转换和设备接入难度，提升工业互联网异构数据接入能力，有效解决“数据孤岛”的问题。**二是海量数据传输。**目前，大量工业企业现有的内部网络无法支撑工业场景中海量数据实时传输和网络时间同步，亟须进行基础网络升级改造，扩大网络传输带宽。5G 作为工业互联网的关键基础设施，具备大带宽、低时延、海量连接的网络特性，能够提供“端到端”毫秒级时延和接近 100% 的高可靠性通信保障，满足工业大数据无线传输需求和工业领域大量即时处理需求。**三是拓展应用空间。**一方面，5G 将助力工业互联网全要素、全环节高效互联互通，实现以数据流带动技术流、资金流、人才流、物资流，有效提升传统产业的发展质量与效益。另一方面，5G 将加速人工智能、AR/VR 等新兴前沿技术在工业领域的应用与探索，催生形成新产品、新模式和新业态，拓展工业互联网发展空间。

例如，商飞、华为、阿里巴巴等企业积极开展“5G + 工业互联网”应用实践，围绕大飞机制造协同生产需求，基于“5G + 远程控制 + AR + 平台”，构建辅助装配与远程协助、自动避障AGV运输、双目协同相机实时检测等平台功能，实现机床自主触发物流需求、AGV自主智能路径规划的智能物流方式，大幅提升民机装配协同效率，使传统的单项工装工作人员由3人减少到1人，装配效率提高70%。

二、车联网

车联网是汽车、电子、信息通信、交通运输和交通管理等行业深度融合的新型产业形态，是培育新的经济增长点，加快新旧动能接续转换的重要载体。车联网通过装载在车辆上的传感器、电子设备及电子标签感知车辆信息，实现车与车、车与人、车与路的互联互通，并在信息网络平台上对信息进行汇聚、提取、共享等。

将物联网技术应用在交通行业，能够有效联系“人—车—路—云”交通要素，支撑车辆系统获得更多的信息。一是车辆信息在线监测，即依靠传感技术、电子设备及电子标签等的应用模块进行信息采集，将车辆的传感器网络和道路的传感器网络互联，汇聚数据、分析数据，实现在线监测和智能诊断。二是车路协同，即实时监测车辆运行过程中的数据信息，形成动态反馈机制，实现智能化驾驶，另外，通过预测性模拟，预判车辆行驶风险，可以大大提高车辆行驶的安全性。三是精准执行，基于大量的历史数据，借助大数据、人工智能等技术，对人、车、路等情况进行科学预测，通过网络平台将实时数据和科学预测结果传输到车辆的电子控制单元、移动设备、智能交调设备，实现精准执行。四是对整个城市的交通系统进行虚拟空间的再现模拟，有效调配道路、信号灯资源，智能化协调城市交通。

例如，2020年，丰田互联（北京）科技开发有限公司（以下简称“丰田互联”）基于亚马逊云服务（Amazon Web Service，AWS）开发的数据湖——“Toyota Big Data Center China”正式上线。它可以存储/处理上千万辆丰田汽车每天产生的数十TB行驶数据，通过对海量数据的存储、分析，构建数字孪生交通系统，利用移动终端与车载终端的互联互通技术，对车辆信息进行收集、分析、处理和应用，从而为客户提供更好的服务，增强客户安全感，为客户提供各种创新服务。另外，著名汽车品牌公司特斯拉运用数字孪生技术构建车辆运行实时交互模型，通过对数字孪生体的状态分析、动态调整，实现车辆智能驾驶。

三、能源物联网

人类生产力的高度发展和能源消耗的日益增加，带来了地区环境和全球环境的急剧改变。如今，低碳、绿色、节能是可持续发展的主旋律，如何应用新技术控制能源消耗，实现工业园区、学校、医院等公共建筑能够安全、有序、节约地使用能源，成为社会各界共同关注的焦点。

构建能源物联网，接入大量智能传感控制器，监控水、电、气等不同能源的使用情况，对工厂、建筑、城市等区域的照明、空调、锅炉、配电、动力、环境及其他特殊系统进行实时数据采集、开关状态监测，通过智能控制系统与模型进行优化，实现建筑节能、中小型制造企业的厂房设备节能控制和办公领域节能控制。**一是实时监测。**利用物联网技术进行实时数据采集，可视化呈现监测节点的数据变化，支持查询和显示查询范围内所有设备的当前通断状态。**二是能耗分析。**通过耗能数据分析、历史数据对比，掌握用能趋势，发现设备耗能异常状态，进行预警，从而减少能源浪费，提高能源利用率。**三是提供解决方案。**构建能源消耗分析模型，通过参数输入和智能算法分析，生成能耗历史曲线、预测曲线等信息，为管理者和决策者提供能源决策、能源分配和能源节能优化的支持。

例如，华为智能路灯方案将城市照明路灯统一接入物联网络，基于地理信息系统（Geographic Information System，GIS）进行可视化管理，让管理者可以清楚地了解每一个街区、每一盏路灯的状态信息；应用灵活的照明策略可以对每一盏路灯的开关状态、照明亮度进行精准控制，真正实现按需照明，相比高压钠灯等传统路灯，其节能效率高达 80%。

四、智能家居

智能家居是指使用各种技术和设备来提高人们的生活方式，使家庭变得更舒适、安全和高效。物联网应用于智能家居领域，能够对家居类产品的位置、状态、变化进行监测，分析其变化特征，同时根据人的需要在一定程度上进行反馈。

智能家居行业发展主要分为 3 个阶段：单品连接、物物联动和平台集成。其发展方向是首先连接智能家居单品，随后进行不同单品之间的联动，最后向智能家居系统平台发展，进行统一运营。当前，各个智能家居类企业正处于从单品向物物联动的过渡阶段。**一是单品连接。**将各个产品通过传输网络（例如，Wi-Fi、蓝牙、ZigBee 等）进行连接，对每个单品单独控制。**二是物物联动。**目前，各个智能家居企业将自家的所有产品进行联网、系统集成，使各产品间能联动控制，但不同的企业单品不能联动。**三是平台集成。**这是智能家居发展的最终阶段，根据统一的标准，各企业单品能相互兼容。

智能家居的形式多样，一般可分为家电控制系统、灯光控制系统、影音控制系统、人脸识别系统、门窗控制系统、安防控制系统等。家电控制系统由家电终端、控制模块、控制平台软件构成，户主可以随时通过手机、PC 端对家中的家电进行远程控制与管理，例如，指示洗衣机工作、查看冰箱中的食物的储存情况、查看煤气是否关闭等。未来，甚至不需要户主的指示，“物联网冰箱”“物联网电视”“物联网厨具”等会自动根据户主预设的意愿，进行家庭电器的最优使用配置与交互配合。

例如，BroadLink 公司推出的 Remote Master 红外智能遥控就是当前智能家居智能化的解决方案范例。该产品基于 FastCon 技术，支持语音控制、场景模式定制和控制，拥有超过 50000 个红外云码库，其外观和使用方式与传统遥控器相同，上手快、操控简单。用户只需要在家中配置一款 Remote Master，即可通过遥控器按键或语音方式控制全部的家电设备。这种控制方式可以完美地让传统家电设备与 AI 结合，从而让更多的人体验到智能家居的便利。

第五章
数字孪生：构建数字空间

数字孪生作为实现物理空间与数字空间交互映射的通用使能技术，已经成为全球信息技术发展的新焦点。数字孪生技术通过集成先进的感知、计算、通信、控制等信息技术和自动控制技术，构建了物理空间与信息空间中人、机、物、环境、信息等要素相互映射、适时交互、高效协同的复杂系统，实现系统内资源配置和运行的按需响应、快速迭代、动态优化。当前，数字孪生在工业中的应用日渐清晰，逐步从研发环节走向产品全生命周期，从生产制造迈向企业管理，从重点行业步入社会的各个领域，稳定支撑经济社会的发展。

发展脉络

一、数字孪生的起源

早在 2002 年，“数字孪生（Digital Twin）”这一概念由美国密歇根大学的迈克尔·格里夫斯提出。12 年后，他再次详细地解释了数字孪生概念，是指在信息空间构建一个可以映射表征物理设备的虚拟系统，它们之间的联系并不是单向和静态的，而是在整个产品的生命周期中都联系在一起。

二、数字孪生的发展历程

数字孪生作为 21 世纪备受关注的一种使能技术，是在传统仿真技术的基础之上，加入了新一代信息技术的基因而产生的化学反应。目前，数字孪生技术正处于火热发展时期，社会各界力量不遗余力地挖掘其应用价值。

1. 数字孪生概念的发展

“数字孪生”一词被提出之后，逐渐产生了一定的社会影响。2010 年，NASA（美国国家宇航局）在《建模、仿真、信息技术和处理》和《材料、结构、机械系统和制造》两份技术路线图中直接使用了“数字孪生”这一名称，但没有持续研究数字孪生的相关技术和应用。

美国洛克希德 • 马丁公司在 2011 年提出了“数字织锦”的概念，将产品研发过程的全部要素融入无缝数字环境中，助力企业在概念设计阶段完成问题识别并完善解决方案，从而节省了大量的时间和资金，提高了企业的创新协作水平。

2017 年，洛克希德 • 马丁公司将数字孪生列为未来国防和航天工业六大顶尖技术之首。2016—2018 年，Gartner 公司连续 3 年将数字孪生列为十大战略科技发展趋势。2019 年，Gartner 公司认为数字孪生处于期望膨胀期顶峰，预计在未来 5 年将产生高度创新。

随着数字孪生技术越来越受到业界重视，其概念定义也一直处于热烈争论当中。近几年，各研究机构对数字孪生投入了大量的精力进行探索，产生了一些有影响力的、独到的见解。数字孪生概念见表 5-1。

表 5-1　数字孪生概念

单位	概念
德勤	数字孪生是指以数字化的形式对某一物理实体过去和目前的行为或流程进行动态呈现
埃森哲	数字孪生是指物理产品在虚拟空间中的数字模型，包含了从产品构思到产品退市全生命周期的产品信息
美国国防大学	数字孪生充分利用物理模型、传感器更新、运行历史等数据，集成多学科、多物理量、多尺度、多概率的仿真过程，在虚拟空间中完成映射，从而反映相对应的实体装备的全生命周期过程
密歇根大学	数字孪生是指基于传感器所建立的某一物理实体的数字化模型，可模拟现实世界中的具体事物

2. 数字孪生技术的发展

20 世纪中期，为了在产品设计早期能很好地考虑到产品生命周期的各种因素，提前发现设计上的错误和误差，及时修正及可以在设计过程中不断提出可比较的多种设计方案，缩短产品开发时间，计算机辅助技术（CAX）由此诞生。经过长时间的发展，形成了计算机辅助设计（Computer Aided Design，CAD）、计算机辅助制造（Computer Aided Manufacturing，CAM）、计算机辅助工程（Computer Aided Engineering，CAE）、计算机辅助工艺过程设计（Computer Aided Process Planning，CAPP）、城市信息模型（City Information Modeling，CIM）、计算机 / 现代集成制造系统（Computer/Contemporary Integrated Manufacturing System，CIMS）、中央认证服务器（Central Authentication Service，CAS）、计算机辅助测试（Computer Aided Testing，CAT）、计算机辅助教学（Computer Aided Instruction，CAI）等。

CAX 技术的发展，尤其是模拟仿真软件的发展，通过初步建立物理空间和赛博空间的连接桥梁，实现了物理空间和赛博空间的基础映射关系，为数字孪生的出现奠定了良好的基础。

20 世纪末，达索公司提出对产品全生命周期进行数字化的理念，实现对产品从设计研发、仿真验证到生产制造、使用维护的全流程数字化。2012 年，达索公司提出构建“3D Experience”数字孪生的新概念。2016 年，西门子公司开始利用数字孪生体来完善“工业 4.0”应用，2017 年年底，西门子公司正式发布了完整的数字孪生体应用模型。PTC 公司将数字孪生作为其主推的“智能互联产品”的关键性环节。

如今，新一代信息技术快速发展，各种创新成果不断涌现，跨界融合更是成为当前信息技术发展的一大主旋律，数字孪生技术呈现加速发展态势，赋能社会各要素转型升级，提高经济社会数字化水平，增强经济发展动能。

3. 世界各国的战略布局

进入 21 世纪，数字孪生热度不断攀升，引起世界各国对数字孪生的关注，成为世界各国、大型企业新的竞争焦点。

美国工业互联网联盟设立了“数字孪生体互操作性”任务组，重构与德国“工业 4.0”工作组的合作任务组，探讨数字孪生体互操作性需求及可行的解决方案，探讨数字孪生体与德国“工业 4.0”的管理壳在技术和应用场景范畴的异同，以及管理壳在支持数字孪生体方面的适用性和可行性。德国对“工业 4.0”的关注点从信息物理系统（Cyber Physical System，CPS）转向了数字孪生。德国“工业 4.0”工作组的重要成员弗劳恩霍夫在《数字孪生：德国工业 4.0 的关键技术》

报告中提出“数字孪生将成为未来几年德国‘工业 4.0’的关键技术和重要研究课题”，首次把数字孪生提高到“工业 4.0”主攻方向的地位。

三、数字孪生的未来展望

随着相关技术的日益成熟，基于数据、模型、软件等方面的优势，数字孪生正加速向社会各领域渗透，把物理空间和赛博空间紧密地结合起来。数字孪生在数字化设计、虚拟工厂、设备预测性维护、智慧城市、车联网、智慧医疗等方面均有广泛的应用，并发挥了巨大作用，构建起资源流动网络，引导实现社会资源的最优化配置，全面支撑社会治理和产业数字化转型，为我们的生产生活创造了无限的可能。Markets and Markets 预测，2023 年数字孪生市场规模将达 157 亿美元，并以 38% 的年复合增长率增长。

技术架构

数字孪生是综合运用感知、计算、建模等信息技术，通过软件定义，对物理空间进行描述、诊断、预测、决策，进而实现物理空间与赛博空间的交互映射。其中，数据是基础，模型是核心，软件是载体。数字孪生技术架构如图 5-1 所示。

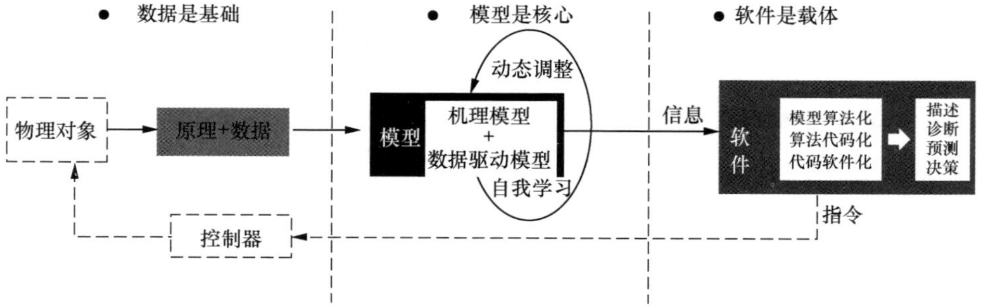

图 5-1　数字孪生技术架构

一、数据是基础

数据普遍存在于工业生产的方方面面，其中，大量的数据是隐性的，没有被充分利用并挖掘出其潜在的价值。数字孪生通过数据采集、分析计算、结果输出，构建了数据自动流动的闭环赋能体系，将数据源源不断地从物理空间中的隐性形态转化为信息空间的显性形态，并持续迭代优化形成知识库。因此，数据是数字孪生的灵魂所在，做好数据采集、数据管理和数据安全保障对于构建数字孪生系统具有重要的支撑作用。

一是数据采集。数据采集即围绕工业数据量少的问题，根据业务需要对设备安装传感器进行数字化改造，构建精准、实时、高效的数据采集体系，并通过有关协议将数据进行格式转换，传输到云端，实现物理空间隐性数据在赛博空间的显性化。

二是数据管理。数据管理即构建数据分类、分级管理体系，对企业的数据资产进行类别、等级划分，按照数据重要程度分梯次开放数据查看和调用的权限，按照数据保密等级进行加密存储，推动数据规范性和标准化管理，提高数据价值挖掘效率。

三是数据安全保障。数据安全保障即通过构建网络安全防火墙、物理隔绝、本地存储等方式，保护企业核心数据的安全性、保密性和有效性。数据安全保障是推动数据自由流动，构建数字孪生系统的前提条件，必须时刻关注。

二、模型是核心

模型是工业数据、工程师经验、科学原理等工业知识经过固化、封装和沉淀的产物，是工业知识的承载容器，也是数字孪生的核心。数字孪生的模型主要有工业机理模型、大数据驱动模型和数模联动模型。

一是工业机理模型。工业机理模型是以人为核心，依靠基础理论和专家经验对“已知”世界的洞察，通过计算机技术将其代码化封装，从而形成“白箱”模型。但是对于一些复杂问题，理论推导过程不清，因此，建立严格的机理模型较为困难。

二是大数据驱动模型。大数据驱动模型是以算法为核心，通过机器学习等方式对“未知”世界进行的洞察，经过大量数据的不断迭代优化，可以促进模型计算无限趋近于真实情况，但是因为模型本身终究是“黑盒”，所以也容易发生一些重大误判。

三是数模联动模型。数模联动模型是未来的趋势。在了解行业机理的基础上，结合机器学习强大的特征表征和非线性映射能力，增强模型的可靠性、解释性和自我成长性。数模联动模型将适应更广泛的工业场景，也是主要的数字孪生模型的主要模型之一。

三、软件是载体

数字孪生涉及赛博空间和物理空间的交互映射，其功能实现需要以软件作为展现载体，同时数字孪生也扩展了工业软件的范围与内涵。数字孪生载体软件根据其应用领域的不同，主要分为描述型、诊断型、预测型和决策型软件。

一是描述型软件。描述型软件可针对物理世界的真实物体进行观察、测量和学习，在虚拟空间进行重建。例如，二维、三维设计模型需要在赛博空间描述物理空间实体的材质、尺寸等信息，从而建立虚拟模型。

二是诊断型软件。诊断型软件可通过构建赛博空间和物理空间实时交互的关系，实时反映物理实体的真实状态，从而进行异常状态诊断。例如，故障报警软件可深刻洞察异常情况，进行预警。

三是预测型软件。预测型软件可通过在赛博空间对物理实体的工况、状态、环境等高度还原，构建模型并进行计算、分析和模拟，来反映未来时间物理实体有可能发生的情况。例如，设备健康管理软件中的故障预测模块能够较为准确地判断设备可能出现的故障问题。

四是决策型软件。决策型模型是一个较为复杂的软件系统，其本质是构建赛博空间和物理空间的数字自动流动渠道，通过数据的交互流动，推动虚拟空间建立并不断完善 AI 决策模型，从而提供辅助决策服务。例如，商业智能（Business Intelligence，BI）软件能够将企业中现有的数据进行有效整合，快速准确地提供决策依据。

典型应用场景

一、智慧医疗

随着经济的发展和生活水平的提高，人们越来越意识到健康的重要。然而，疾病“缺预防”、患者“看病难”、医生“任务重”、手术“风险大”等问题依然困扰着医疗服务的发展。数字孪生技术的进步和应用使其成为改变医疗行业现状的有效切入点。

数字孪生技术作为一种新型的数字技术，在医疗行业有着广阔的应用前景。一是建立人体或者器官的精确复制品，展示当前和未来所有生理和病理结果，并以高度详细的视觉形式绘制出来，辅助医生更加详细地了解病因，支撑医生做出有针对性的治疗方案。二是建立医疗设备的数字孪生模型，支持院内设备全数据的采集、处理、存储与应用转化，深度挖掘机器运行数据，帮助医院更好地管理设备，解决医疗服务效率低、医院运营与管理成本高等问题。三是创建医院的数字孪生模型，让医院管理员、医生和护士可以实时获取患者的健康状况，使用传感器监控患者并协调设备和人员。数字孪生提供了一种更好的方法来分析流程，并可以在正确的时间针对需要立即采取行动的状况来提醒相关人员。

例如，大型设备进口厂商通用电气、西门子等通过建设医疗物联网平台，实时监控每个物联网节点上的设备甚至设备上的各个零部件，在数字孪生技术的助力下，引领设备维修从响应式转变为预见式。Naplekov 公司等通过结合血流动力学和剪切应力的研究成果，成功创建出冠状心脏血管的数字孪生体，助力医学知识学习和模拟决策。

二、智慧建筑

传统的工程建筑施工是靠图纸进行设计的，施工过程必须按照图纸逐步实施，造成资源浪费、依赖经验、效率低下等问题，容易出错导致返工损失。智慧施工是以数字孪生理论、技术和方法为核心驱动力的数字化建筑产业新形态，能够以数据为支撑提供科学决策，打造建筑物智慧施工解决方案。

将数字孪生核心技术和现代建筑施工有机结合，对建筑施工中的设备、环境和使用者信息的采集、监测、管理和控制，可以实现施工过程的智能和优化。一是通过数字孪生技术构建三维渲染动画，给人以真实感和直接的视觉冲击，给业主更为直观的宣传介绍，提升服务能力和效果。二是通过数字孪生体快速计算，可以准确快速计算工程量，提升施工预算的精度与效率，调整施工计划，有效提升施工管理效率。三是虚拟施工，有效协同三维可视化功能，如果考虑时间维度，可以进行虚拟施工。随时随地直观快速地将施工计划与实际进展进行对比，同时进行有效协同，使施工方、监理方甚至非工程行业出身的业主对工程项目的各种问题和情况都能了如指掌。四是优化设计，基于数字孪生体进行虚拟仿真，可以优化工程设计，减少施工错误和返工损失，优化管线排布、管道布置和空间利用方案。

例如，华建集团和宝业集团合作的一个上海市工业化住宅示范项目，该项目采用了建筑信息模型（Building Information Model，BIM）技术，将建筑、结构、机电一体化设计，实现了建设全过程的控制。运用建筑结构机电集成设计，从方案到施工图、工厂制作和运输以及现场装配全过程，甚至包括建筑日后的拆除环节，真正实现了建筑全生命周期的设计和控制。该项目仅采用一种户型模块，降低了建造成本，同时采用工厂制作标准化，以现场“搭积木”式拼装的方式，节省了人工和工期。

三、智慧城市

城市是一个开放的、庞大的复杂系统，具有人口密度大、基础设施密集、子系统耦合等特点。随着城镇化加速发展，部分地区“城市病”问题日益严峻。为解决城市发展难题，实现城市可持续发展，建设数字孪生城市已成为当今世界城市发展不可逆转的历史潮流。

对城市各类数据信息的实时监控，围绕城市的顶层设计、规划、建设、运营、安全、民生等方面对城市进行高效管理，是现代城市建设的核心。借助数字孪生技术，构建城市数字孪生模型，实现城市的在线管理，极大地改变城市面貌，重塑城市基础设施，实现城市管理决策协同化和智能化，确保城市安全、有序运行。一是城市实时状态在线感知，例如，部署传感器、摄像头等感知设备，全方位监测城市各个系统、区域、人员的实时状态，提供快速感知服务，提高城市意外情况应急能力。二是形成若干全域视角的应用，例如，城市规划的空间分析和效果仿真，城市常态运行监测下的城市特征画像，支持政府全局把控、精准施策。三是模拟预测，通过城市建设项目的交互设计与模拟施工，依托城市发展时空轨迹推演未来的演进趋势，通过城市应急方案的仿真演练使应急预案更贴近实际情况等。四是进行交通资源合理调配，智能化协调城市交通流量和信号仿真，使道路通行能力最大化。

例如，新加坡政府与法国达索等多家公司、研究机构签订协议，投资 7300 万美元，启动“虚拟新加坡”项目。“虚拟新加坡”的用途在于协作决策、沟通可视化与城市规划决策、太阳能能效分析等。法国巴黎市将目标定为建立一个数字孪生城市，整个建模项目计划运行到 2024 年，建模主要包括数字化街道和建筑物及污水处理网络，借助真正的 3D 工具，该技术将帮助政府更好地管理城市。加拿大多伦多市邀请了谷歌公司的 Sidewalk Labs 团队对其滨海的部分区域进行开发，计划建成高科技社区。该社区将城市设计与最新的数字技术相结合，以应对城市面临的挑战，例如，住房负担能力、交通运输和能源使用。中国雄安新区也在规划纲要中指出，要坚持数字城市与现实城市同步规划、同步建设，推动全域智能化应用服务实时可控，打造具有深度学习能力、全球领先的数字城市。

第六章
人工智能：挖掘数字潜能

人工智能是指利用计算机科学技术，使计算机能够模仿人类的行为方式，按照一定的规则完成部分任务的技术集合。当前，以深度学习为主导的人工智能已进入推广培育期，在医疗、金融、零售、安防、交通、能源等领域的探索步伐不断加快。自然语言处理、精准营销、自动驾驶等人工智能应用市场增长迅猛，但在工业领域，由于受数据、算法、算力等因素制约，AI 应用的广度和深度仍有待提升，亟须进一步挖掘潜能、培育功能、加快赋能。

发展脉络

一、人工智能的起源

1943 年，神经学家沃伦・麦克洛克和数学家沃尔特・皮兹合著了《神经活动中固有的思维逻辑运算》一书，书中提出将数学和算法相结合，建立神经网络和数学模型，模仿人类的思维活动，人工神经网络的大门由此开启。1947 年，冯・诺依曼设计制造了真正意义上的现代电子计算机设备 MANIAC，开创了人类使用计算机的历史。在此之后，阿兰・图灵等科学家均在寻求提升计算机运算能力的方法，并设计了现代计算机软件程序的基本架构。

1956 年 8 月，约翰・麦卡锡（Lisp 语言创始人）、马文・闵斯基（首个神经网络开发者）、克劳德・香农（信息论创始人）、雷・所罗门诺夫（经验概率理论发明人）等科学家聚在一起开展主题为“达特茅斯夏季人工智能研究计划”的封闭式研究。虽然最后没有形成普遍共识，但在本次达特茅斯会议上首次提出了

“人工智能”（Artificial Intelligence，AI）这一跨世纪概念，该概念被一直沿用至今。因此，1956 年也被称为人工智能元年。

二、人工智能的发展历程

当前，人工智能技术正在飞速发展，特别是在语音、文本、视频等识别感知领域频频取得突破，部分细分领域已达到甚至超过人类平均水准，成为新一轮科技革命和产业竞争的战略制高点。人工智能与实体经济加速融合，不断催生新技术、新产品、新产业、新模式、新业态，助推中国经济实现由高速发展向高质量发展跃迁。

1. 人工智能概念的发展

自人工智能诞生以来，共经历了 3 次发展高潮，每次都得到海量资本的青睐和消费市场的追捧，促使人工智能的技术体系得到快速发展，概念架构持续完善。

第一阶段是 20 世纪 50 年代至 70 年代，美国政府向人工智能领域投入了大笔资金，每年将数百万美元投入麻省理工学院、卡耐基梅隆大学、爱丁堡大学和斯坦福大学，并允许研究学者去探究任何感兴趣的方向。搜索式推理、自然语言、微世界等具有重大影响力的理论均在此阶段被提出，极大丰富了人工智能的理论体系。此时，AI 研究人员认为人工智能是一台通用机器人，它拥有模仿智能的特征，懂得使用语言，懂得形成抽象概念，能够对自己的行为进行推理，可以解决人类现存的问题。

第二阶段是 20 世纪 70 年代至 90 年代，名为“专家系统”的 AI 程序被广泛运用于企业中，并取得了良好的经济效益。例如，卡耐基梅隆大学为美国数字设备公司设计的 XCON 专家系统，通过计算机整合专业知识和决策经验每年为该公司节省数千万美元。“专家系统”掀起了人工智能发展的新一轮高潮，日本经济产业省拨款 8.5 亿美元支持第五代计算机项目，助力人工智能发展。后来，个人计算机的理念不断蔓延，AI 硬件的市场需求下跌，让人工智能慢慢失去了热度。此时，AI 研究人员的认知有了一定的改变，普遍认为人工智能对事物的推理能力比抽象能力更重要。为了获得真正的智能，机器必须具有“躯体”，它需要不断地感知、移动、生存，与这个世界保持交互。

第三阶段是20世纪90年代至今，随着计算机技术的飞速发展，计算机性能不断突破，互联网与网络技术的出现及发展为人工智能的发展提供了新的方向。网络技术与人工智能的融合加速了人工智能的发展，同时推动其在家居、教学等多个领域的快速普及，人工智能的概念进一步完善，目前，社会上普遍认可的是将人工智能分为弱人工智能、强人工智能、超人工智能，并将“元宇宙”概念与人工智能做了有机地融合。人工智能代表技术见表6-1。

表6-1　人工智能代表技术

概念	具体内容
弱人工智能	可以代替人力处理某一领域的工作
强人工智能	拥有和人类一样的智能水平，可以代替一般人完成生活中的大部分工作
超人工智能	更接近于我们幻想中的存在

2. 人工智能技术的发展

人工智能的技术的发展主要经历了5个重要阶段。

第一阶段，以概念驱动的初始发展阶段。由于基础条件不足等，所以该阶段发展速度相对较慢，相关产品存在不同程度的缺陷问题。

第二阶段，以专家系统为代表的快速发展阶段。专家系统把人类的经验和知识转化为代码和模块，实现了人工智能与实践领域的融合，提高了人工决策的效率。

第三阶段，以第五代计算机为代表的稳定发展阶段。在这个阶段，人工智能前期发展已经积累了较为丰富的经验和技术，第五代计算机研制计划的提出掀起了人工智能研究的新热潮。

第四阶段，以神经网络为代表的迅猛发展阶段。出现于20世纪80年代末期的神经网络技术，让人们看到了人工智能应用的新可能，也提升了人工智能识别和预测的准确性。

第五阶段，以新一代信息技术融合为发展特征的新发展阶段。大数据的形成、理论算法的革新、计算能力的提升及网络设施的演进驱动人工智能发展进入新阶段，使智能化成为技术和产业发展的重要方向，特别是AutoML等工具降低了深度学习的技术门槛，各种AI专用芯片的涌现为深度学习大规模应用提供了算力支持，物联网、量子计算、5G等相关技术的发展也为深度学习在产业的渗透提供了诸多便利，使人工智能发展进一步提速。部分人工智能关键节点时间见表 6-2。

表 6-2 部分人工智能关键节点时间

时间	关键技术环节
1950年	图灵测试
1954年	美国人乔治·戴沃尔设计了世界上第一台可编程机器人
1966—1972年	美国斯坦福国际研究所研制出机器人Shakey，这是首台采用人工智能的移动机器人
1966年	世界上第一个聊天机器人Eliza发布
1968年	美国斯坦福国际研究所的道格·恩格勒巴特发明计算机鼠标
1981年	日本研发人工智能计算机
1984年	启动大百科全书项目
1986年	美国发明家查尔斯·赫尔制造出人类历史上首个3D打印机
1997年	IBM公司的电子计算机“深蓝”战胜国际象棋世界冠军加里·卡斯帕罗夫
2011年	开发出使用自然语言回答问题的人工智能程序
2012年	人工大脑Spaun诞生并通过了最基本的智商测试
2013年	深度学习算法被广泛运用在产品开发中
2016年	AlphaGo战胜围棋世界冠军李世石

总体来看，人工智能具有显著的溢出效应，其发展过程中的重大进步都有利于进一步带动其他技术的发展，推动战略性新兴产业的总体突破，成为推进供给侧结构性改革的新动能、振兴实体经济的新机遇、建设制造强国和网络强国的新引擎。

3. 世界各国的战略布局

2016 年以来，AlphaGo 与世界顶级围棋高手进行的世纪对战，使人工智能再次成为全球瞩目的焦点，也成为各方竞争的焦点，各国纷纷制定发展计划，不惜花重金抢占新一轮科技变革的制高点。

美国高度重视人工智能研究。对人工智能领域，美国政府采取轻干预、重投资政策，既会使用联邦研究基金进行支持，也会鼓励企业自主创新发展。美国总统办公室先后发布了《为人工智能的未来做好准备》《国家人工智能研究与发展战略规划》等战略文件，详细阐述了人工智能的发展现状、规划、影响及具体举措，将人工智能上升到国家战略层面，为美国人工智能的发展描绘了蓝图。目前，微软、谷歌等美国人工智能企业始终占据全球 AI 企业榜单头部位置，在开源社区、算法创新、安全保障等方面发挥了重要的作用。

日本政府和企业界高度重视人工智能的发展。在国家层面将 2017 年确定为人工智能元年，并提出“到 2030 年，使护理机器人成为家族的一员，实现出行自动化及无人驾驶的普及，能够进行潜意识的智能分析”。日本政府希望通过大力发展人工智能，保持并扩大在汽车、机器人等领域的技术优势，进而逐步解决人口老龄化、劳动力短缺及医疗等社会问题。日本总务省、文部科学省、经济产业省等共同推动建立相应的人工智能技术研发平台，实现计算机、软件、网络等基础设施及研发成果的实时共享。

德国政府在推行“改善劳动条件计划”中，规定有危险的岗位由机器人代替，首次在国家层面为机器人的应用开启了大规模市场。2012 年，德国推行了以“智能工厂”为重心的“工业 4.0”计划，鼓励使用工业机器人推动生产制造向灵活化和个性化方向转型。2015 年 9 月，其联邦政府内阁通过了交通部提交的“自动与互联汽车”国家战略，以设备制造商和大学的紧密科研合作为特点，支持更高水平的自动驾驶大规模研发。

我国党中央、国务院高度重视人工智能产业发展。国务院发布的《新一代人工智能发展规划》中提出“三步走”战略规划，重点对 2030 年我国人工智能发展的总体思路、战略目标和主要任务、保障措施进行系统的规划和部署，为推动我国人工智能的长期发展指明了方向。工业和信息化部发布的《促进新一代人工智能产业发展三年行动计划（2018—2020 年）》对《新一代人工智能发展规划》相关任务进行了细化和落实，提出培育智能化产品、夯实软硬件基础、深化发展智能制造、构建产业公共支撑体系 4 个方面的重点任务，涉及智能网联汽车、智能服务机器人、智能无人机等 17 个产品或领域。目前，国内互联网头部企业，以及科大讯飞、浪潮、大疆、智车优行等企业纷纷结合自身特点切入人工智能赛道，并开发了大量优秀 AI 产品和应用，我国企业在人工智能领域的国际影响力持续提升。

三、人工智能的未来展望

当下的人工智能还处于早期阶段，仅仅是让机器模拟人的逻辑，替代人类进行烦琐重复的操作，以便更有效率地完成任务。随着人工智能一些关键技术的突破，未来人工智能将在各行各业得到更深层次、更广范围、更大程度收的应用。人类与机器之间的沟通交流将会更加便捷，人类借助人工智能将更有能力解决复杂的问题，信息处理能力将得到进一步提升。可以说，人工智能是一个充满无限可能的技术，每一个行业都会被人工智能技术带来的便捷影响，学习和掌握人工智能也将为每一个人带来更多的选择。

技术架构

人工智能具有自感知、自学习、自执行、自决策、自适应等特征，其本质是通过打造状态感知、实时分析、精准执行、科学决策的数据自动流动闭环，解决复杂性和不确定性难题。具体而言，人工智能主要分为核心引擎层、智能算法层和应用赋能层。人工智能技术架构如图 6-1 所示。

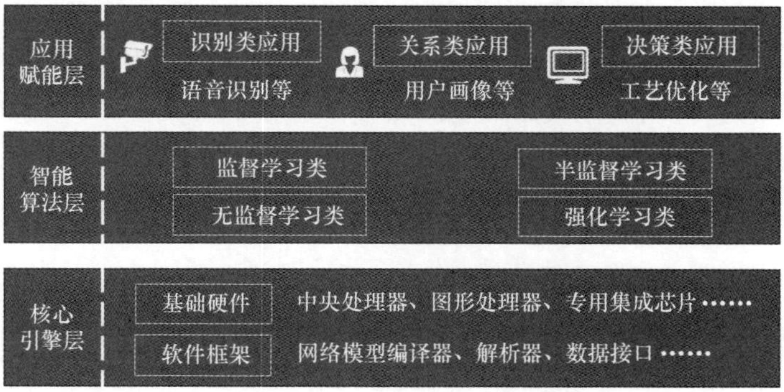

图 6-1　人工智能技术架构

一、核心引擎层

核心引擎层是指底层硬件及硬件和软件框架之间的桥梁，不仅为算法提供了基础计算能力，还提供了针对各类算法的基础工具包和调用接口。其中，基础硬件包括中央处理器、图形处理器，以及为特定应用开发的定制化芯片、专用集成芯片等。

软件架构包括各类网络模型编译器、解析器等，是实现人工智能算法加速和部署功能的重要前提。例如，TVM 工具包是一类市场常见的神经网络编译器，它可以支持市面上大部分的神经网络权重框架，可以部署在 Windows、Linux 等平台，方便开发者使用。

二、智能算法层

算法是指解决方案准确而完整的描述，是一系列解决问题的清晰指令，算法代表着用系统的方法描述解决问题的策略机制。智能算法是人工智能的“心脏”，是数据处理的工具，能把纷繁复杂的数据转化为特定的、符合商业逻辑的关系结构或决策依据。经典的智能算法主要包括监督学习、无监督学习、半监督学习和强化学习。

监督学习类算法基于人工神经元模拟生物大脑中的神经元，将信号从一个人工神经元传输到另一个人工神经元，通过案例来“学习”执行任务，进而模仿人类相关的操作与执行。例如，反向传递神经网络、决策树、线性分类器等。

无监督学习类算法是计算机系统为了有效地执行特定任务，不使用明确的指令而依赖模式和推理所使用的算法和统计模型的算法集合。例如，先验算法、聚类分析、异常检测等。

半监督学习类算法的特点是输入数据部分被标识，部分没有被标识。例如，生成模型算法、低密度分离算法等。

强化学习类算法的输入数据不仅是作为一个检查模型对错的方式，而是直接反馈到模型，且模型必须对此立刻做出调整。常见的应用场景包括动态系统和机器人控制等。例如，策略梯度算法、时序差分学习算法等。

三、应用赋能层

应用赋能层是将信息空间产生的决策转换成物理实体可以执行的命令，进行物理层面的实现，其基于人工智能的应用主要包括用户画像、智能搜索等。

识别类应用包括文字、材料、图像识别等。例如，利用人工智能实现语音文字录入功能。

关系类应用包括关系梳理、映射等。例如，用户画像从业务角度出发，精准、快速地分析用户行为习惯、消费习惯等重要信息，从而做到精准营销。

决策类应用包括工艺优化、状态纠偏等。例如，通过人工智能技术与传统搜索引擎结合，提供用户角色登记、用户兴趣自动识别、内容的语义理解、智能信息化过滤和推送等功能。

典型应用场景

一、智能设备

设备的智能化改造是制造企业开展人工智能应用的重要切入点，具有见效快、成本低、易推广等特点。以数控机床的刀具管理为例，刀具磨耗程度是影响模具成品质量的关键因素。以往，刀具的磨损、破损、断刀等问题是通过人为经验等传统方法对刀具寿命进行预测的，在实际应用中存在设备发生故障时间无法预测、生产加工过程刀具磨损状态不透明等痛点问题，极易造成故障损失。

基于人工智能自学习，结合智能的分析算法实现特征提取，主轴健康预诊、刀具健康度评估、剩余寿命预测及寿命终止警报的功能，可为数控机床提供刀具寿命预测及主轴在线监测与预警系统。**一是设备状态监测。**基于平台采集温度、电压、电流等数据，直观展示设备实时状态，实现设备全面、实时、精确地感知设备状态。**二是设备故障诊断。**利用大数据分析技术，对海量数据进行挖掘分析，基于专家库和自学习机制建立故障智能诊断模型，实现设备故障精准定位。**三是预测性维护。**基于工业互联网平台分析预测设备关键部件的变化趋势、产品寿命和潜在风险，预判设备零部件的损坏时间，主动提前进行维护服务。

例如，西格数据公司针对工业制造型企业打造的 TMS 刀具管理系统，结合机器学习、分类器模型构建等技术实现了自学习精准预测刀具极限寿命，断刀监测准确率达 100%，崩刃监测准确率达 99% 以上。

二、智能产线

传统生产线自动化、数字化和智能化水平不足，需要大量人工参与生产制造，在造成高昂人工成本的同时，还会因为人员操作失误造成生产效率低下、设备容易出现故障等问题，严重影响企业效益。

智能产线是智能工厂规划的核心环节，是实现智能制造的基础，企业需要根据生产线要生产的产品族、产能和生产节拍，合理规划智能产线。**一是产线在线化。**通过传感器、数控系统或 RFID 自动进行生产、质量、能耗、设备绩效等数据采集，并通过电子看板显示实时的生产状态。**二是产线柔性化。**基于数字化改造实现快速换模，支持多种相似产品的混线生产和装配，灵活调整工艺，适应小批量、多品种的生产模式。**三是产线协同化。**通过数据分析，能够促进人机协作、产线协作，节约空间，减少人员移动，提高生产效率和生产质量。

例如，徐工集团打造起重机转台智能化生产线，推动焊接设备上云、实时监控生产参数，使质量可控水平达到 4 西格玛标准[1]，生产效率提升 150%。

三、智能企业

生产制造是制造业的核心环节，也是制造企业将用户需求变成实际产品、实现产品价值的重要过程。传统生产制造模式中的生产设备分散，而且特殊设备处于高危区域中，因此会造成生产设备的操作、监测、管理等极为不便。实现工厂智能化是实现智能制造的迫切需要。

利用人工智能等技术手段，有利于打造全要素、全产业链、全价值链全面联接的智能工厂，促进智能化制造和网络化协同新模式创新。**一是无人工厂。**通过建立智能制造体系，充分运用机械手臂、工业机器人和 AGV 等智能化设备，促进工艺流程自动化、物料配送精准化、生产过程精益化。**二是智能管控。**通过

1　意味着产线上每生产 1000 万个结构件，只有 4 个会出现瑕疵。

数据采集、模型分析等实现设备、人员、物料、运输等要素的有效协同，为企业管理者提供决策辅助，保证生产不掉线、业务不中断。

例如，上汽宁德工厂运用人工智能技术，构建“数据—信息—价值”的数据赋能与增值，实现动态感知、辅助决策和智能预警，使交付周期缩短 10%、生产效率提高 48%、产品产量提高 50%、质量缺陷降低 36%。

第七章
工业互联网平台：打造数字生态

工业互联网平台作为第四次工业革命的关键支撑，通过实现人、机、物的全面互联，构建全要素、全产业链、全价值链全面联接的新型工业生产制造和服务体系，是促进传统产业转型升级、实现高质量发展的重要驱动。随着新一代信息技术加速向实体经济领域渗透，工业互联网平台将成为各个生产领域以自动化向网络化升级必不可少的基础设施，为制造、能源、农业、交通及其他产业领域带来革命性变革，从而加速新旧动能接续转换，推动数字经济全面繁荣，助力现代化经济体系建设。

发展脉络

一、工业互联网平台的起源

为顺应第四次工业革命的浪潮，2012 年 11 月，GE 公司在《工业互联网：打破智慧与机器的边界》一书中，首次提出了“工业互联网”一词。它将工业互联网定义为一个可将人、数据和机器连接起来的开放的、全球化的网络。其核心三要素包括智能设备、先进的数据分析工具，以及人与设备的交互接口。随后，美国 5 家行业龙头企业联手组建了工业互联网联盟（Industrial Internet Consortium，IIC），同时将这一概念大力推广开来。

二、工业互联网平台的发展历程

1. 工业互联网平台概念的发展

2014 年，GE、AT& T、思科、IBM 和英特尔共 5 家公司在美国波士顿宣布联合成立工业互联网联盟（IIC），以期打破技术壁垒，促进物理世界和数字世界的融合，推动工业互联网技术标准化和试点应用，打造工业互联网生态体系。

2016 年，工业互联网产业联盟（Alliance of Industrial Internet，AII）成立，AII 联合产业界优势力量，共同加速工业互联网理论突破和应用推广，通过发布白皮书和会议研讨等形式，促进相关主体之间的交流和深度合作，实现供需对接和知识共享，形成优势互补、协同共赢的产业发展格局，有效推进中国的工业互联网产业发展，切实解决企业遇到的现实问题。

2017 年 3 月，日本政府坚持问题导向、以人为本的原则，在系统梳理社会发展面临的老龄化严重、劳动力不足、资源环境制约等痛点问题的基础上，提出了“互联工业”战略，其 3 个核心就是人与设备（系统）相交互的新型数字社会，通过合作与协调解决工业企业面临的新挑战，积极推动培养适应数字技术的高级人才。

目前，全球多个国家在积极加大工业互联网平台方面的战略布局和资源投入。虽然依托不同国家的经济社会背景衍生出对工业互联网平台不同的认识，但核心都是加强新一代信息技术在制造业各领域的广泛应用，颠覆式变革制造业资源配置方式，支撑实体经济转型升级。

2. 工业互联网平台技术的发展

工业互联网平台的功能包括设备接入、数据集成、模型分析、应用开发等，涉及平台架构、模型建立、数据科学、开发环境等多项具体技术，相互嵌套、互为依托，共同推动制造业生态向数据驱动、软件定义、平台支撑、智能主导演进。随着新一代信息技术的突飞猛进，工业互联网平台的技术体系也在不断夯实。

一是平台架构更加开放灵活。依据工业互联网平台的不同用途和性能等个性化需求，对通用 PaaS 进行二次开发，以承载和兼容更多类型的开发工具和应用服务。应用程序接口（Application Programming Interface，API）、容器技术等综合应用可实现海量个性化工业应用在平台中的灵活部署、精准调用和快速迭代，驱动工业知识的自由流动。

二是机理模型和数据模型融合更加紧密。随着工业互联网平台应用日趋广泛和深入，确定性的工业机理模型不再能很好地支持众多应用场景，而大数据、人工智能等数据分析技术的飞跃式增长，使“机理模型 + 模型算法”成为主流的分析方式，有利于绕过内部机理建立初始参数与结果的内在映射，有利于对复杂工业场景进行解构、模拟和验证，为业务决策提供更加全面、科学、可靠的支撑。

三是边云协同技术更加成熟。随着不同工业场景对数据需求的持续上升，以云计算中心为核心的传统云架构越来越难以满足数据处理要求。边云协同开始逐渐取代单纯以云端为中心的计算方式，将云端智能计算能力快速延伸到设备边缘，满足工业场景对海量、实时、安全等数据处理方面的需要。

四是模块化开发方式更加普遍。基于微服务架构可以将通用功能进行模块化封装，支持“拖拉拽”等低代码开发方式，并通过个性化组合，快速生成适应特定应用场景的高质量工业 App，极大地提升开发效率，有效缩短开发时间，构建更加丰富的应用生态。

3. 世界各国的战略布局

工业互联网是新工业革命的关键基础设施，是制造业转型升级的路径，是各国塑造竞争力的重要手段，以工业互联网为核心的制造业数字化转型已经成为世界主要国家新的竞争焦点。

美国工业互联网发展持续领跑全球。一是美国政府大力实施工业化战略，组织实施“先进制造业伙伴计划”，构建“国家制造业创新网络”，重点突破信息物理系统、先进传感与控制、大数据分析等工业互联网关键技术，为工业互联网的发展和应用提供有力支撑。二是先进企业引领工业互联网发展。GE 公司作为美国传统制造业的巨头，率先推进数字化转型，推出 Predix 工业互联网平台。微软、亚马逊等建设工业互联网平台 IaaS 层，强化基础设施即服务能力。三是充分发挥信息化优势。在推进策略上，美国更加注重建设以创新为驱动的工业互联网平台，发挥互联网、信息通信、工业软件等优势，利用信息技术对制造业企业进行“自上而下”的重塑。

德国工业互联网步伐不断加快。一是在国家层面进行“工业 4.0”战略部署。通过信息网络与工业生产系统的充分融合，打造数字工厂，强调机器与互联网的互联互通，创新工业生产与服务模式，打造工业生产全要素、全价值链、全产业链全面联接的生产制造服务体系。二是领先企业积极布局。西门子作为欧洲老牌制造业企业，推出 MindSphere 工业互联网平台，并联合库卡、Festo、艾森曼集团等 18 家合作伙伴公司共同创建“MindSphere World”，打造围绕 MindSphere 工业互联网平台的生态系统。三是发挥制造业优势，建设注重与工厂互联的工业互联网平台，在推进战略上更加注重发挥企业自身在制造装备、自动化系统、工艺流程等方面的优势，利用互联网等信息技术对制造业企业进行“自下而上”的改造。

日本工业互联网建设紧随其后。一是日本政府提出“互联工业”战略，将人、设备、系统、技术等相互连接起来，以创造新的附加值和解决相关的社会问题。二是企业布局特色工业互联网。丰田汽车公司和日立公司合作建立了一个以工业大数据分析为主要功能的、基于日立的高效生产模式 Lumada IoT 平台，其中包括人工智能技术和大数据分析，构建全面的数据驱动解决方案。三是在国家战略的推进上，发挥物联网和智能机器人等产业的基础优势，重点关注企业之间的互联互通，从而提升制造业的整体效率。

中国工业互联网系统化推进。一是顶层设计日益完善。2017 年 11 月，国务院印发了《关于深化“互联网 + 先进制造业”发展工业互联网的指导意见》，围绕工业互联网发展系统部署了主要任务和重点工程。之后，《工业互联网发展行动计划（2018—2020 年）》《关于推动工业互联网加快发展的通知》《“5G + 工业互联网”512 工程推进方案》等文件陆续出台，多层次的工作布局基本建立。二是重点专项落地实施。工业和信息化部围绕工业互联网的关键核心技术、公共服务平台和新模式培育等方向，加大支持力度，带动了大量社会资金涌入工业互联网产业。三是“揭榜挂帅”持续开展。工业和信息化部在 2018—2020 年连续 3 年组织开展工业互联网试点示范项目申报工作，遴选出一批影响力大、带动力强的优秀工业互联网项目，有利于进一步深化工业互联网的应用推广。

三、工业互联网平台的未来展望

工业互联网政策体系、工作布局和生态格局的不断完善将为工业互联网产业健康发展提供强劲动力，按下工业互联网平台建设推广的“快进键”。

随着产业数字化转型步伐的加快，产业政策体系更加完善，工业互联网市场规模有望实现历史性新突破。一方面，工业互联网市场边界持续横向扩张，加速向垂直细分行业渗透。另一方面，基于平台的数字化管理、平台化设计、智能化制造、网络化协同、个性化定制、服务化延伸等新模式将加速推广应用，赋能第一、二、三产业高质量发展，使工业互联网产业结构更优、后劲更足。

技术供给能力持续提升，“工业互联网＋新技术”应用的广度和深度不断深化。新型网络体系、智能安全防护、新型标识解析等关键技术将进一步取得突破，平台安全管理水平、工业安全防护能力、数据分类分级管理水平等将持续提升，工业互联网与5G、人工智能、区块链等新技术将在更大规模、更深程度、更广范围内实现融合应用，形成更多具有大规模应用潜力的案例。

工业设备上云稳步推进，工业互联网商业模式将更加成熟丰富。随着工业互联网赋能效应的持续释放，工业设备上云步伐将进一步加快，为工业互联网服务商变革产品形态和服务模式提供重要数据支撑。基于设备数据的节能降耗、设备运维、提质增效等应用将更加成熟，面向大中型企业的私有云服务将成为突破口，为制造企业用户创造更多商业价值。

融合应用领域持续繁荣，工业互联网平台解决方案加速向产业园区拓展深化。工业互联网融合应用将加速向资源集聚、创新活跃、信息化基础好的产业园区下沉，“平台＋园区”将成为加速工业互联网规模化落地、培育区域经济发展新动能的加速器。一方面，将以园区为切入点探索出一批标准化数字化应用场景，加速工业互联网解决方案的迭代优化。另一方面，将形成一批具有产业特色的国家级工业互联网平台赋能示范园区，进一步探索可复制、可推广的园区数字化治理新模式。

行业发展迎来重大利好，“工业互联网＋双碳”“工业互联网＋安全”将加快打造新型产业格局。安全产业、绿色产业的市场空间将进一步拓展，为工业互联网赋能潜力的充分释放注入强劲动能，涌现出一批更清洁、更安全的“工业互联网＋双碳”“工业互联网＋安全”应用实践，加速形成基于工业互联网的新型能力体系。

产业投资热度持续高企，产融互动、产融双驱发展新局面将加速形成。工业互联网产业发展格局多元化程度将持续提升，产业链条将加速分化演进，多层次、系统化的工业互联网平台体系将更加完善，产融互动、产融双驱发展新局面将加速形成。一方面，将形成一批基于私有云为大中型企业提供专业服务的系统解决方案供应商，围绕节能降耗、设备运维、安全生产等方面提供个性化、专业化服务。另一方面，将形成一批基于公有云为小微企业提供通用服务的基础型平台企业，发挥数字化转型支撑底座作用，降低中小企业数字化转型门槛和成本。

产业生态体系更加健全，市场力量将成为生态建设的重要动力。工业互联网产业生态持续繁荣，生态建设将继续转向企业主导，市场力量将进一步成为驱动平台生态体系发展的内生动力，一批大企业将加速向系统集成方向转型，形成若干生态型工业互联网企业，共创互利共赢、多方协同的工业互联网发展格局。

技术架构

工业互联网平台是支撑制造业数字化、网络化、智能化转型升级的重要载体，具体技术架构包括边缘层、IaaS 层、工业 PaaS 层和工业 App 层。其中，边缘层主要解决工业现场数据采集问题；IaaS 层主要提供服务器、存储、网络等基础设施；工业 PaaS 层在提供通用 PaaS 平台的基础上，支撑工业技术、经验和知识沉淀为软件化的算法和模型；工业 App 层主要表现为传统软件云化和新型工业 App 两种形式，可直接作用于特定的工业场景。工业互联网平台技术架构如图 7-1 所示。

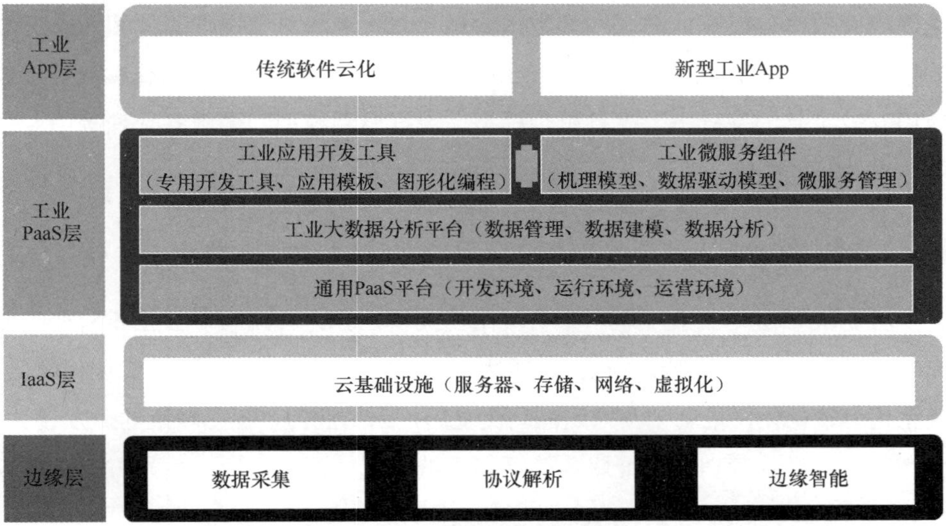

图 7-1　工业互联网平台技术架构

一、边缘层

边缘层通过多种工业通信技术接入现场工业设备、系统和产品，采集相关数据，对异构数据进行协议解析和协议转换，可实现精准、实时、高效的数据采集，并充分利用边缘智能技术在靠近设备或数据源头的网络边缘侧进行数据预处理、存储及智能分析应用，为工业 PaaS 层提供重要支撑。

二、IaaS 层

工业互联网平台的 IaaS 层基于虚拟化、分布式存储、并行计算、负载调度等技术，可将计算、存储、网络等资源池进行大规模组合，向工业用户提供可计量、弹性化的资源服务，并确保资源使用的安全与隔离，为用户提供云基础设施服务，满足工业大数据的存储、计算、分发等功能需求。

三、工业 PaaS 层

工业 PaaS 层是工业互联网平台的核心，其本质是在成熟的 IaaS 层上构建一个可扩展的操作系统。工业 PaaS 层的功能如下：一是为工业应用软件开发提供一个包括开发环境、运行环境、运营环境等功能的基础平台和包括数据管理、数据建模及数据分析在内的工业大数据分析平台，实现对软硬件资源和开发工具的接入、控制和管理；二是在提供专用开发工具、应用模板、图形化编程等工业应用开发工具的基础上，支持机理模型、数据驱动模型、微服务管理等工业微服务组件的个性化开发。

四、工业 App 层

工业 App 层是工业互联网平台应用的关键，分为传统软件云化和新型工业 App 两种形式，可面向特定的工业应用场景，加速工业技术、经验、知识的代码化、模型化和软件化，推动工业知识的广泛复用，为工业用户提供精准的研发设计、生产制造、经营管理、运维服务等不同领域的赋能服务，驱动生产方式、组织形式和商业模式的深刻变革，优化企业资源配置效率。

典型工业互联网平台

在各级政府部门、研究院所、行业企业等主体的共同努力下，我国工业互联网平台创新体系建设取得了积极的进展，“跨行业、跨领域综合型工业互联网平台＋面向重点行业和区域的特色型工业互联网平台＋面向特定技术领域的专业型工业互联网平台”协同发展的良好格局基本形成。

一、综合型工业互联网平台：卡奥斯 COSMOPlat 工业互联网平台

跨行业、跨领域综合型工业互联网平台的主要特点在于其核心技术突破、应用赋能创新、产业生态营造和公共服务支撑等方面的全面领先，这些是可以引领行业发展的标杆。2020 年跨行业跨领域综合型工业互联网平台清单见表 7-1。

表 7-1　2020 年跨行业、跨领域综合型工业互联网平台清单

单位名称	平台名称
海尔卡奥斯物联生态科技有限公司	卡奥斯COSMOPlat工业互联网平台
航天云网科技发展有限责任公司	航天云网INDICS平台
北京东方国信科技股份有限公司	东方国信Cloudiip平台
江苏徐工信息技术股份有限公司	汉云工业互联网平台
树根互联技术有限公司	根云ROOTCLOUD工业互联网平台
用友网络科技股份有限公司	用友精智工业互联网平台
阿里云计算有限公司	阿里云supET工业互联网平台
浪潮云信息技术股份公司	云洲工业互联网平台
华为技术有限公司	华为FusionPlant工业互联网平台
富士康工业互联网股份有限公司	富士康Fii Cloud工业互联网平台
深圳市腾讯计算机系统有限公司	腾讯WeMake工业互联网平台
重庆忽米网络科技有限公司	忽米H-IIP工业互联网平台
上海宝信软件股份有限公司	宝信xIn3Plat工业互联网平台
浙江蓝卓工业互联网信息技术有限公司	supOS工业操作系统
紫光云引擎科技（苏州）有限公司	UNIPower工业互联网平台

注：以上排名不分先后。

COSMOPlat 工业互联网平台是综合型工业互联网平台的经典案例之一。COSMOPlat 工业互联网平台以用户体验为中心，为企业提供大规模定制整体解决方案，实现由大规模制造向大规模定制转型，最终构建企业、用户、资源共创共享的新型生态体系，赋能中小企业转型升级。COSMOPlat 工业互联网平台可为企业和用户提供包括互联工厂建设、协同制造、设备资产运维、供应链金融、知识共享、检测与认证等在内的提质增效、资源配置优化和模式转型的服务，实现由大规模制造到大规模定制的转型。

当前，COSMOPlat 工业互联网平台正从家电行业向其他行业延伸。通过用户交互、研发创新、协同采购、智能制造、智慧物流、精准营销和智能服务七大模块化解决方案，以及“即插即用”式或全流程解决方案应用为中小企业提升全流程竞争力，最终实现提质增效、资源配置和模式的转型。目前，COSMOPlat 工业互联网平台已拓展了机械、模具、服装、电子、能源、农业、医疗、化工等 15 个行业生态；在平台上，企业、各类资源和用户可以零距离交互，创造价值，体验迭代和增值分享，赋能广大中小企业转型升级，实现攸关方价值最大化。

COSMOPlat 工业互联网平台的商业模式是基于平台构建资源方和用户之间共创共赢的生态模式。COSMOPlat 工业互联网平台从互联工厂解决方案中的研发、生产、采购、物流等七大模块服务切入，基于平台实现制造资源的优化配置。以采购模块服务为例，采购模块从用户需求出发，为企业提供集约采购、供应链协同等服务内容，吸引企业上平台，实现资源优化配置。在服务的过程中，COSMOPlat 工业互联网平台进一步挖掘用户的需求，通过平台提供的各类创新产品和解决方案等服务，进一步提升服务质量和效率，为企业创造价值。在这个过程中，行业资源不断汇聚，逐步形成垂直行业生态，实现生态圈资源的增值分享，企业共同创建生态品牌，最终实现转型升级。

COSMOPlat 工业互联网平台已经孕育出化工、农业、应急物资、能源、石材、模具、装备等 15 个行业生态，在全国建立了七大中心，包括山东半岛经济带中心、长三角一体化中心、京津冀中心、粤港澳大湾区中心、长江中游经济带中心、川渝经济带中心和关中平原经济带中心，覆盖全国 12 个区域，并在 20 个国家复制推广。

二、特色型工业互联网平台：浙江陀曼机械基础件工业互联网平台

面向重点行业和区域的特色型工业互联网平台是指在原材料、装备制造、消费品、绿色制造、安全生产等重点行业或长三角、粤港澳大湾区等重点区域具有良好的应用效益的工业互联网平台。面向重点行业的特色型工业互联网平台清单见表 7-2。面向重点区域的特色型工业互联网平台清单见表 7-3。

表 7-2　面向重点行业的特色型工业互联网平台清单

单位名称	平台名称
国网电商科技有限公司	国网电商工业互联网平台电网行业典型应用
湖南九九智能环保股份有限公司	“测控治”工业互联网平台工矿环保行业典型应用
深圳市汇川技术股份有限公司	汇川工业互联网平台通用设备上云行业典型应用
陕西重型汽车有限公司	陕西重汽工业互联网平台商用车行业典型应用
湖南大唐先一科技有限公司	大唐先一工业互联网平台发电行业典型应用
中海创科技（福建）集团有限公司	海创云工业互联网平台纺织行业典型应用
广东美云智数科技有限公司	美云智数工业互联网平台家电行业典型应用
上海电器科学研究所（集团）有限公司	电机设备远程运维服务工业互联网平台电机系统行业典型应用
安徽合力股份有限公司	合力FICS飞科思工业互联网平台叉车行业典型应用
营口天成消防设备有限公司	智慧安全工业互联网平台消防安全行业典型应用
石化盈科信息技术有限责任公司	ProMACE工业互联网平台石化行业典型应用
国网吉林省电力有限公司	能源清洁利用工业互联网平台新能源行业典型应用
北京旭阳数字科技有限公司	旭阳云工业互联网平台能源化工行业典型应用
枣庄华宝牧业开发有限公司	华宝牧业工业互联网平台养殖行业典型应用
赛轮集团股份有限公司	橡链云工业互联网平台橡胶行业典型应用
江苏红豆工业互联网有限公司	红豆工业互联网平台服装行业典型应用
神彩科技股份有限公司	神彩环保工业互联网平台节能环保领域典型应用
石家庄华燕交通科技有限公司	华燕ZOS工业互联网平台面向研发制造行业典型应用
秦皇岛信越智能装备有限公司	铸工云工业互联网平台汽车行业典型应用

（续表）

单位名称	平台名称
安徽马钢重型机械制造有限公司	马钢工业互联网平台机械行业典型应用
四机赛瓦石油钻采设备有限公司	SOFElink工业互联网平台石油钻采行业典型应用
南京科远智慧科技集团股份有限公司	科远EmpoworX 工业互联网赋能平台流程行业典型应用
扬州中集通华专用车有限公司	专用车协同制造与服务工业互联网平台专用车行业典型应用
上海华兴数字科技有限公司	华兴数字工业互联网平台工程机械行业典型应用
成都大汇物联科技有限公司	开物云工业互联网平台发电行业典型应用
蜂巢智造云科技（江苏）有限公司	蜂巢工业互联网平台汽车零部件行业典型应用
威海市联桥国际合作集团有限公司	毛纱纱线资源共享平台纺纱行业典型应用
广西汽车集团有限公司	车合云工业互联网平台汽车行业典型应用
海澜智云科技有限公司	海澜智云工业互联网平台节能环保领域典型应用
中汽研汽车工业工程（天津）有限公司	生产运营工业互联网平台汽车行业典型应用
北京电解智科技有限公司	京东工业互联网平台能源行业典型应用
传化智联股份有限公司	传化智联工业互联网平台物流供应链领域典型应用
沃德传动（天津）股份有限公司	沃德智能工业互联网平台传动设备行业典型应用
中车青岛四方车辆研究所有限公司	工业互联网创新协同应用平台轨道交通行业典型应用
欧冶云商股份有限公司	欧冶云商工业互联网平台钢铁行业典型应用
贵州兴达兴建材股份有限公司	砼智造工业互联网平台建筑建材行业典型应用
宁波创元信息科技有限公司	“动态云脑”工业互联网平台模具行业典型应用
青岛国真智慧科技有限公司	Eiiplat工业互联网平台节能环保行业典型应用
国机智能技术研究院有限公司	iMOM工业互联网平台机械行业典型应用
江苏丰尚智能科技有限公司	丰云（Fcloud）工业互联网平台农牧行业典型应用
航天云网数据研究院（广东）有限公司	数字化特色产业集群工业互联网平台食品饮料行业典型应用
中国船舶重工集团公司第七一六研究所	工业互联网赋能平台船舶行业典型应用
北京国双科技有限公司	Gridsum COMPaaS工业互联网平台能源行业典型应用

（续表）

单位名称	平台名称
北京天拓四方科技有限公司	数网星工业互联网平台机械装备行业典型应用
联通物联网有限责任公司	工业互联网AIoT平台数字化领域典型应用
南京安元科技有限公司	化工安全生产工业互联网平台
中国船舶重工集团公司第七一一研究所	船舶动力系统设备全生命周期运维服务工业互联网平台
惠州市德赛西威汽车电子股份有限公司	汽车电子工业互联网平台云—边—端协同系统示范项目
西安中科星图空间数据技术有限公司	基于GEOVIS数字地球的PIM应用项目
朗坤智慧科技股份有限公司	发电行业工业互联网平台建设和试点示范
浙江陀曼智造科技有限公司	浙江陀曼机械基础件工业互联网平台
中汽数据（天津）有限公司	汽车行业工业互联网App集成开发平台
山东万腾电子科技有限公司	腾云（机械加工产能共享）工业互联网平台
劲旅环境科技股份有限公司	“互联网+装备”远程运维智慧环卫管理平台试点示范项目
宜科（天津）电子有限公司	汽车制造行业工业互联网平台
山东路德新材料股份有限公司	土工合成材料产业互联网平台+安全生产
新凤鸣集团股份有限公司	化纤行业5G+全要素一体化工业互联网平台
深圳市金奥博科技股份有限公司	民爆行业“工业互联网+综合智慧信息服务”平台试点示范项目
云汉芯城（上海）互联网科技股份有限公司	云汉芯城电子产业互联网平台建设项目
东莞市擎洲光电科技有限公司	LED照明行业工业互联网+国家质量基础设施（NQI）一站式服务平台
天津美腾科技股份有限公司	智物联信工矿业工业互联网平台
橙色云设计有限公司	基于多点互动的工业产品研发设计协同平台深度开发与运营
中铁工程装备集团有限公司	全断面掘进装备行业工业互联网平台
上海找钢网信息科技股份有限公司	钢铁全产业链特色工业互联网平台
广州致景信息科技有限公司	基于飞梭智造工业互联网的纺织产业链数字化解决方案

（续表）

单位名称	平台名称
哈尔滨电气股份有限公司	哈电集团发电设备工业大数据平台建设
精英数智科技股份有限公司	煤矿安全生产工业互联网平台
国网电子商务有限公司	能源工业云网
广州博依特智能信息科技有限公司	博依特流程型行业工业互联网平台
天地伟业技术有限公司	面向电子行业订单拉动式生产模式的全过程精细化工业互联网平台
山东中瑞电子股份有限公司	面向电子元器件行业的大规模个性化定制工业互联网平台
上海航天精密机械研究所	航天离散协同制造工业互联网平台构建与创新应用
山东京博物流股份有限公司	智慧物流供应链一体化平台项目
上汽通用五菱汽车股份有限公司	汽车数字化供应链协同智造云平台
北京铁路信号有限公司、清华大学	轨道交通控制工业互联网平台数字化升级试点示范项目
智能云科信息科技有限公司	面向机械加工行业的工业互联网平台试点示范
浙江大胜达包装股份有限公司	大胜达E-packET工业互联网平台
北京智通云联科技有限公司	面向乳制品制造业的工业互联网平台
中冶赛迪重庆信息技术有限公司、重庆工业大数据创新中心有限公司	钢铁行业工业互联网平台
吉祥三宝高科纺织有限公司	基于大数据的棉纺产品大规模个性化定制服务平台
中汽研软件测评（天津）有限公司	汽车产品检测行业设备智能物联工业互联网平台
蒙牛乳业（磴口巴彦高勒）有限责任公司	蒙牛乳业（磴口巴彦高勒）有限责任公司智能工厂流程型工业互联网平台示范项目
山东海科控股有限公司	面向化工行业的产运销一体化工业互联网平台
西安增材制造国家研究院有限公司	增材智云工业互联网平台
重庆建工建材物流有限公司	面向混凝土全产业链的工业互联网平台建设
中信重工机械股份有限公司	矿山装备工业互联网平台
山东双端数字科技有限公司	紫菜云工业互联网平台
河南中裕广恒科技股份有限公司	食品工业全流程品质提升大数据平台
蒲惠智造科技有限公司	蒲惠离散制造工业互联网平台

注：以上排名不分先后。

表 7-3　面向重点区域的特色型工业互联网平台清单

单位名称	平台名称
工业和信息化部威海电子信息技术综合研究中心	蓝海工业互联网平台区域典型应用
腾云互联（浙江）科技有限公司	腾云工业互联网平台D-park区域典型应用
奥链工业互联网有限公司	奥链工业互联网平台区域典型应用
爱波瑞（江阴）科技发展有限公司	精益数字化供应链平台区域典型应用
瀚云科技有限公司	瀚云HanClouds工业互联网平台区域典型应用
重庆龙易购科技有限公司	龙易购工业互联网平台区域典型应用
台州市工业互联网产业有限公司	台州工业互联网服务平台区域典型应用
苏州协同创新智能制造装备有限公司	苏云工业互联网平台区域典型应用
云南昆钢电子信息科技有限公司	云南省冶金行业工业互联网公共服务平台
中电望辰科技有限公司	中电福建工业互联网平台制鞋业智造创新应用试点示范
贵州航天云网科技有限公司	面向国家大数据（贵州）综合试验区的工业互联网平台建设与推广应用
紫光中德技术有限公司	辽宁省输配电工业互联网平台
重庆工业大数据创新中心有限公司	重庆工业大数据公共服务平台
工业云制造（四川）创新中心有限公司	四川省产业园区云平台
常州天正工业发展股份有限公司	长三角区域一体化工业互联网特色服务平台
西安中服软件有限公司	中服工业互联网平台

注：以上排名不分先后。

浙江陀曼机械基础件工业互联网平台是特色型工业互联网平台的经典案例之一。该平台主要解决机械基础件制造行业的中小企业普遍利润率低的问题，不少企业处在亏损边缘，大部分企业的生产经营管理方式粗放，严重依赖人员技能和经验管理。该行业整体迫切需要通过数字化改造来消除影响质量、效率低和成本高等方面的问题。工业互联网平台的建设可以对企业生产的全过程与生产管理的全流程采用数字化（大数据）驱动的制造（制造的数字化与管理的数字化），实现企业数字化制造；通过数字化制造企业与云平台的数据互联互通，由平台为企业的生产过程与企业经营流程的各个环节提供大数据有效服务的平台化服务，实现对企业的平台化服务。本解决方案率先在浙江新昌轴承行业实施，截至目前，已在浙江的宁波、慈溪、常山、丽水、温州、镇海等地和安徽、山东、江苏、河南、江西、福建等省的全国轴承产业集聚区进行了推广和实施，已接入平台 1000 多家，设备 18456 台。

三、专业型工业互联网平台：安世亚太基于工业互联的仿真云平台

面向特定技术领域的专业型工业互联网平台在“平台 + 5G”“平台 + 大数据”“平台 + 人工智能”“平台 + 区块链”“平台 + 云仿真”“平台 + 供应链”“平台 +AR/VR”“平台 + 数字孪生”等领域具有显著的技术领先优势。面向特定技术领域的专业型工业互联网平台清单见表 7-4。

表 7-4　面向特定技术领域的专业型工业互联网平台清单

单位名称	平台名称
大唐融合通信股份有限公司	DTiip工业互联网平台AR技术典型应用解决方案
深圳华龙讯达信息技术股份有限公司	木星工业互联网平台数字孪生技术典型应用解决方案
傲林科技有限公司	数字化管理工业互联网平台数字孪生技术典型应用解决方案
广域铭岛数字科技有限公司	吉利工业互联网平台数字供应链技术典型应用解决方案
首钢京唐钢铁联合有限责任公司	智能物流工业互联网平台5G技术典型应用解决方案
北京百度网讯科技有限公司	百度智能云开物工业互联网平台AI技术典型应用解决方案
山东贝宁电子科技开发有限公司	机场应急救援工业互联网平台区块链技术典型应用解决方案
福建摩尔软件有限公司	摩尔云工业互联网平台数字孪生技术典型应用解决方案
格创东智（深圳）科技有限公司	东智工业应用智能平台AI技术典型应用解决方案
山东捷瑞数字科技股份有限公司	伏锂码云工业互联网平台数字孪生技术典型应用解决方案
国机工业互联网研究院（河南）有限公司	国机工业互联网平台制造信息模型全生命周期典型应用解决方案
合肥科大立安安全技术有限责任公司	智慧消防工业互联网平台物联网技术典型应用解决方案
英特工程仿真技术（大连）有限公司	工业仿真云平台数字仿真技术典型应用解决方案
深圳市智物联网络有限公司	MixIoT工业互联网平台物联网技术典型应用解决方案
山东奥太电气有限公司	智能焊接工业互联网平台AI技术典型应用解决方案
贵阳宏图科技有限公司	宏图工业互联网平台大数据技术典型应用解决方案
科大讯飞股份有限公司	讯飞·“顺风耳”图聆工业云平台
湖南中南智能装备有限公司	离散制造业工业互联网平台

（续表）

单位名称	平台名称
青岛特锐德电气股份有限公司	面向电动汽车智能充电的工业互联网云平台
西安陕鼓动力股份有限公司	陕鼓5G+透平装备智能运维工业互联网平台
盛虹集团有限公司	盛虹智慧印染工业互联网平台
安世亚太科技股份有限公司	基于工业互联的仿真云平台
长春东煤高技术股份有限公司	5G+智慧制造示范矿山建设
中国石油集团西北地质研究所有限公司	面向油气生产的大规模仪器仪表智能运维平台
杭州新迪数字工程系统有限公司	面向装备产品数字化设计、营销、服务的工业互联网平台
广州机械科学研究院有限公司	基于工业互联网的远程监控与智能运维平台
郑州金惠计算机系统工程有限公司	5G+机器视觉工业互联网平台
西安精雕软件科技有限公司	基于边缘计算的数控加工车间工业互联网管控平台（JDSoft IFactory）

注：以上排名不分先后。

安世亚太基于工业互联的仿真云平台是专业型工业互联网平台的经典案例之一。在前期技术积累的基础上，安世亚太应用云计算、大数据、人工智能等新技术，推出了基于工业互联网的仿真云平台，为国内各行业用户提供包括仿真建模引擎、仿真软件资源、高性能计算资源、仿真云桌面资源、仿真数据存储资源、各行业仿真 App、在线仿真咨询与技术支持、在线交易等在内的各类云仿真服务。

仿真云平台利用云计算的“使用付费，不使用不付费”模式，降低设计仿真软件的预算门槛；利用在线服务模式、云计算桌面共享技术，在不降低服务质量的前提下降低服务成本；通过仿真 App 来拉动仿真软件降低使用门槛，提高设计效率；通过可视化 App 开发环境，吸引外部开发者加入，促进知识的集聚共享；该平台能够为用户提供仿真软硬件资源按需租用、仿真专家咨询外包服务、仿真 App 应用、在线学习与培训等服务。仿真云平台降低了仿真应用的技术及资金门槛，企业能够实现仿真灵感的随时捕捉、软硬件资源的精益使用、仿真技术的专业定制企业仿真资产的积累。安世亚太基于工业互联网的仿真云平台技术架构如图 7-2 所示。

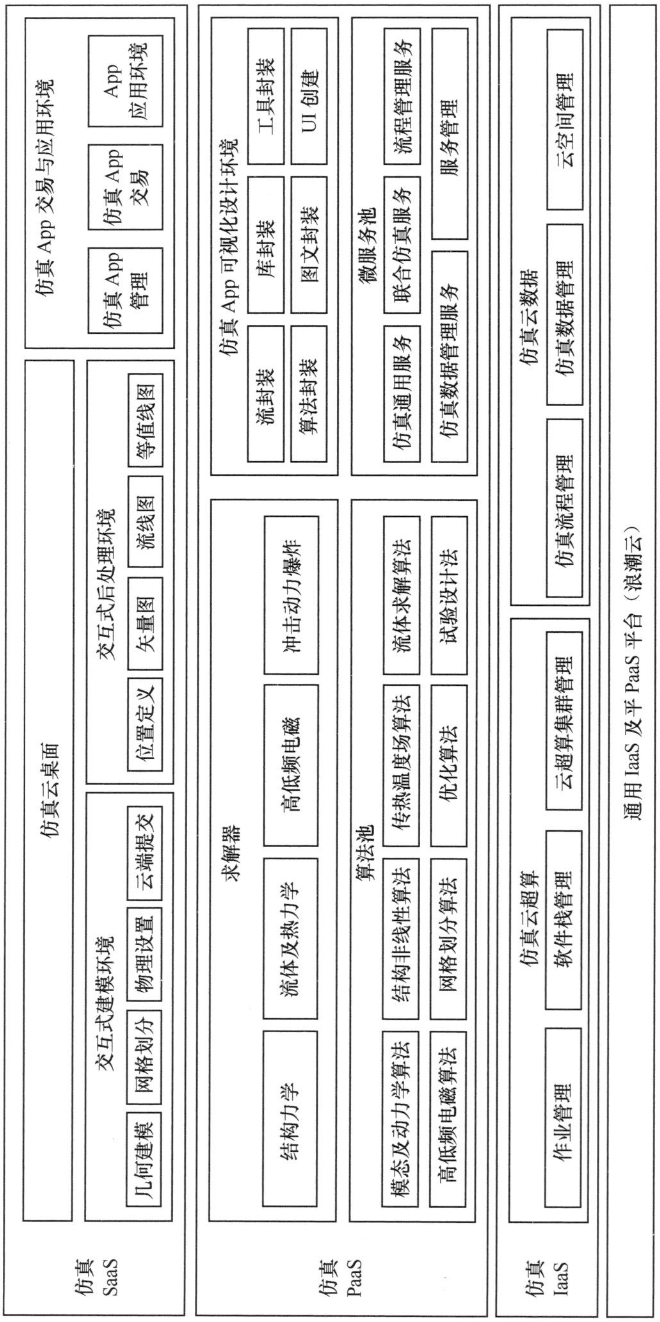

图 7-2 安世亚太基于工业互联网的仿真云平台技术架构

设备篇

数字源头

虽然工业设备是工业经济中最典型的生产工具之一，广泛分布在生产的各个环节，但大部分工业设备仍处于“黑箱运行”的状态，存在状态难监测、故障难预警等问题。在数字经济浪潮中，工业设备作为底层要素，是数字化改造的重点对象，其运行数据和环境数据将为数字经济发展提供扎实的数据基础。

第八章
工业设备上云实践方法论

工业互联网平台通过全面联接工业经济的工业全要素、全产业链、全价值链，有利于全面构建新型工业生产制造和服务体系，赋能企业数字化、网络化、智能化转型升级。在此过程中，工业设备上云作为牵引工业互联网平台发展的先导性应用，成为当前工业互联网平台建设的热点领域。

总体定位：工业设备上云是赋能产业生态转型升级的加速器

工业设备是工业企业的主要生产资料之一，广泛分布在各个车间，负责以原材料到成品的各个加工环节，其发展水平是衡量企业核心竞争力与数字化转型阶段的重要指标。推动工业设备上云，将会进一步丰富工业互联网平台联接的工业全要素，深度赋能用户企业、设备供应商、工业互联网平台运营商等多方主体，加速产业生态整体转型升级。工业设备上云赋能产业生态转型升级如图 8-1 所示。

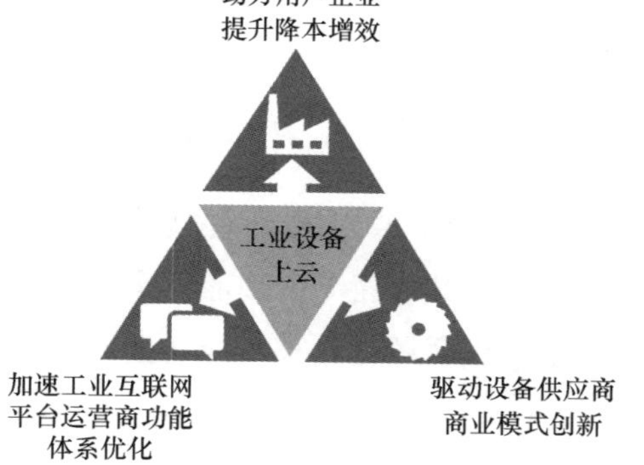

图 8-1　工业设备上云赋能产业生态转型升级

一、对用户企业而言，工业设备上云可助力提质降本增效

目前，我国工业体系中的工业设备仍存在资源浪费、产能闲置、安全隐患等问题。相关行业协会初步测算，全国 50 万台燃煤锅炉煤炭消耗占全国吗煤炭消耗的 25% 以上，200 万台数控机床设备负载率不足 40%。推动工业设备上云，并开展运行监测、能效优化等服务，预计可使燃煤锅炉能耗降低 3%，可使数控机床利用率提升 8%，带来的直接经济效益可达数百亿元。由此可见，推动工业设备上云可实现工业设备运行状态、运行环境等数据的云端汇聚，形成以数据驱动为特征的业务决策闭环，加速业务流程重组和生产方式优化，助力企业提质降本增效。

二、对设备供应商而言，工业设备上云可驱动商业模式创新

推动工业设备上云可以为设备供应商提供设备的全生命周期数据，为供应商变革产品形态和服务模式提供重要的数据支撑，驱动商业模式创新。**一方面，创新以产品为中心的商业模式。**工业设备在实际生产过程中产生的运行参数和维修记录等数据，可基于工业互联网平台反馈至供应商，辅助供应商进行预测性维护和反馈式创新等服务，以优化设备运维效率和性能指标，最大化发挥设备的使用价值。**另一方面，创新以服务为中心的商业模式。**工业设备上云后，数据可以在设备供应商、用户企业、金融机构等主体间充分流动，加速不同业务之间的互联互通、协作配合，驱动共享制造、设备融资租赁、供应链金融等新型服务模式加速涌现。

三、对工业互联网平台运营商而言，工业设备上云可加速功能体系优化

工业设备上云可以为工业互联网平台运营商提供重要的应用场景，在实践中检验技术水平和应用成效，全面加速平台功能体系优化。**一方面，完善技术支撑体系。**工业设备上云是一项系统性工程，涉及数据采集、传输、汇聚、分析

等多项技术的融合应用。推动工业设备上云，有利于进一步完善设备数据采集体系，补足协议解析、边缘智能等技术短板，巩固工业互联网平台技术支撑体系。**另一方面，完善推广应用体系。**工业设备上云可以为工业互联网平台提供海量、多元的一手数据，驱动工业技术、经验、原理等工业知识软件化，加速工业机理模型沉淀和优化，培育状态监测、故障预警、远程运维等新型工业 App，提高工业互联网平台解决特定问题的能力。

技术要素：数据+模型+应用

工业设备上云涉及工业设备数据采集、传输、分析和应用等多个环节，可以概括为“数据 + 模型 + 应用”三大技术要素，这三大技术要素协同作用，共同激发企业创新生产方式和管理模式。工业设备上云三大技术要素如图 8-2 所示。

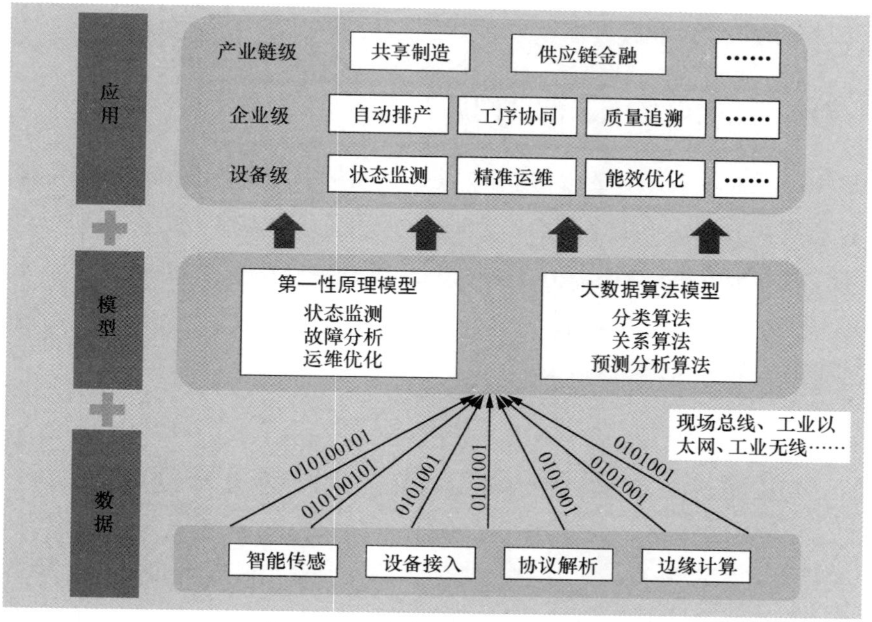

图 8-2　工业设备上云三大技术要素

一、数据：工业设备上云的“血液”

数据是工业设备上云的“血液”，携带工业设备的各类信息，贯穿所有技术层级和实施环节。综合运用智能传感、设备接入、协议解析、边缘计算等多种技术，精准感知设备的运行状况，高效采集设备数据，并通过现场总线、工业以太网、工业无线等将数据传输到云端，为下一步数据的分析处理提供重要的数据基础。

二、模型：工业设备上云的“大脑”

模型是工业设备上云的“大脑”，以采集的设备数据为基础，综合利用第一性原理模型和大数据算法模型，输出指导业务流程优化的决策。深度挖掘海量设备数据之间的因果关系和相关关系，推动工业技术、机理、工艺、经验等工业知识的模块化封装和软件化沉淀，保证设备状态监测、故障预警、智能运维等新型服务的科学性和合理性。

三、应用：工业设备上云的“四肢”

应用是工业设备上云的“四肢”，能够切实解决工业设备领域的特定痛点问题，打通解决方案落地的“最后一公里”。应用基于数据的高效汇聚和模型的科学分析，可有效支撑设备级、企业级、产业链级等不同层次的应用场景，实现信息、物料、资金等资源跨部门、跨企业、跨区域的自由流动，重塑价值创造机制，增强企业的核心竞争能力。

实施路径：基于PDCA的工业设备上云路线图

本书基于 PDCA[1] 理论（计划—执行—检查—处理）提出的工业设备上云实施路径，这是一个循环往返、持续迭代、不断优化的过程，单个实施周期主要包括“整体设计—上云实施—应用部署—评估改进”4 个环节。工业设备上云路

1 PDCA 即 Plan（计划），Do（执行），Check（检查），Act（处理）。

线如图 8-3 所示。

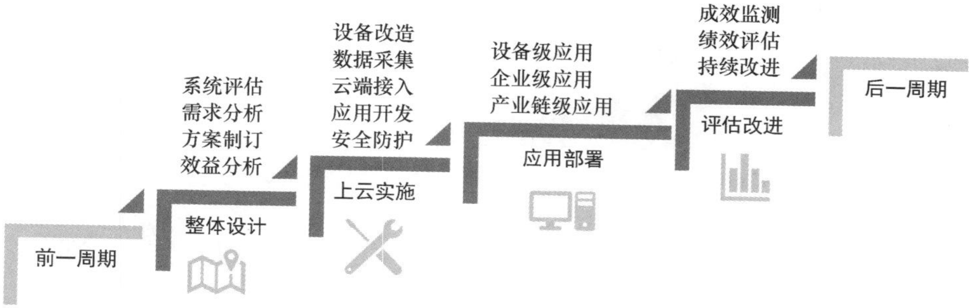

图 8-3　工业设备上云路线

一、整体设计

在推动工业设备上云之前，要进行整体设计，具体包括系统评估、需求分析、方案制订和效益分析 4 项重点工作，综合判断是否要进行工业设备上云。**一是系统评估。**对工业设备的痛点问题、上云基础、技术条件、人员素质进行全面的评估，明确工业设备上云的可行性和必要性。**二是需求分析。**从问题出发，清晰掌握工业设备在管理优化、高效维护、应用创新等方面对上云的重点需求，例如状态实时监测、故障精准预警等。**三是方案制订。**协调人力、物料、资金、技术等资源要素，制订节奏合理、目标明确的上云实施方案。**四是效益分析。**对工业设备上云构建效益评估模型，设立关键指标和评估步骤，准确评估设备上云的经济效益和社会效益。

二、上云实施

工业设备上云的具体实施过程主要包括设备改造、数据采集、云端接入、应用开发和安全防护 5 项工作。**一是设备改造。**将合适的智能传感器部署在重点工业设备边缘侧，并接入企业专用网络，实现工业设备各项数据的可感知、可传输。**二是数据采集。**明确工业设备数据采集的种类、格式和频率等要求，搭建覆盖多源设备、支持多种协议的数据采集体系。**三是云端接入。**根据工业设备上云对安全性、便捷性等方面的需求，确定使用私用云、公有云和混合云等不同类型的平台载体。**四是应用开发**。为企业员工提供完备的应用软件培训体系和开发环境，进一步丰富工业设备上云的应用场景。**五是安全防护**。完善工业设备上云安全排查机制，制订风险防范措施，有效保障数据端、控制端、网络端和设备端等领域的安全。

三、应用部署

在具备工业设备上云简单功能的基础上，企业要加大面向设备、企业、产业链等特定应用场景的解决方案的开发力度，激发工业设备上云发挥更深层次的价值。应用部署包括3项工作。**一是设备级应用**。设备级应用基于单个工业设备上云数据，开发部署包括状态监测、故障诊断、预测预警、远程运维等在内的应用，可提高工业设备的产能利用效率和维护效率。**二是企业级应用**。企业级应用基于企业内部所有工业设备的上云数据，开发部署自动排产、工序协同、质量追溯等在内的应用，可降低生产成本，提高产品质量，提升经营水平。**三是产业链级应用**。产业链级应用基于不同企业之间工业设备数据的互联互通，开发部署供应链金融、共享制造等应用，可提高产业链的协同性，实现产业链资源的优化配置。

四、评估改进

在工业设备上云落地应用的过程中，企业要积极开展成效监测、绩效评估和持续改进等工作，不断优化价值创造机制，塑造企业新型竞争能力。评估改进包括3项工作。**一是成效监测**。基于工业设备上云采集的数据可开发各类来源可靠、动态更新的新型工业指数，能有效反映重点设备、重点行业、重点区域的运行状况。**二是绩效评估**。根据整体设计阶段设置的效益评估模型，对工业设备上云的成效进行定期评估，可持续发掘潜在问题，形成待优化改进清单。**三是持续改进**。针对工业设备上云过程中存在的问题，精准迭代技术方案和运行模式，确保设备上云整体的功能全面和性能领先。

第九章
高耗能设备：从环保粗放向节能降耗转型

我国工业体系中的高耗能设备主要包括炼铁高炉、工业锅炉、石油化工设备等，其中能耗高、污染大、效率低等问题十分突出。推动高耗能设备上云，在复杂的应用环境下开发易部署、高可靠、低成本的数据采集系统，基于平台开展设备状态监测、工况改善、故障诊断和远程运维等服务，可提高设备的能源利用效率、减少污染物排放。

炼铁高炉上云解决方案

炼铁高炉存在设备管理低效、环保管理粗放、工艺知识高度隐性和设备互联水平低等痛点问题。以东方国信、北京智冶互联、宝信软件等为代表的企业积极探索基于工业互联网平台推动炼铁高炉上云的解决方案，并开展高炉故障诊断、高炉绿色生产、生产工艺优化和产线协同管控等新型应用服务，有效提升了炼铁高炉的运行效率和能源利用效率。

一、炼铁高炉上云的痛点问题

1．设备管理低效

钢铁企业通常部署炼铁高炉等众多高价值的设备，这些设备的数字化水平普遍较低，亟须增强自感知、自分析和自决策等功能。传统的高炉管理主要采取事后维护或定期维护，难以实时监测高炉等设备的温度、压力、流量等各种工况数据，也难以准确识别设备故障，容易造成产线停滞和生产安全等重大问题。

2. 环保管理粗放

钢铁行业是高耗能、高污染、高排放的代表性行业，在国家大力治理环境污染的背景下，企业面临着环保成本急剧上升的压力。在传统模式下，企业采集、监测的炼铁产线设备能耗和排污情况难以精准确定重点问题所在的环节，清洁发展水平不高。

3. 工艺知识高度隐性

钢铁行业是典型的长流程行业，生产环节众多，工艺复杂，对工艺知识、经验的依赖程度很高。钢铁企业冶炼工艺、冶炼配方等决策只能依靠隐性生产经验，容易造成工人操作水平参差不齐、产品质量波动等问题，从而对生产效率产生影响。

4. 设备互联水平低

钢铁企业内部、上下游企业之间设备“信息孤岛”问题严重，互联互通水平较差，容易产生上下游企业间的信息盲区，使钢铁企业很难做出科学高效的采销决策，难以减少库存、提高产能利用率。

二、炼铁高炉上云的典型场景

1. 高炉故障诊断

推动炼铁高炉上云，可以实时采集高炉等高价值设备的运行数据，结合设备故障诊断模型，自动预警设备故障并确定最优的设备维护方案，实现设备健康管理。高炉故障诊断包括 3 项工作。**一是设备状态监测。**企业可实时采集炼铁高炉的工作温度、应力分布和工作环境等状态数据，并做可视化处理，增强设备状态监测的实时性和可靠性。**二是设备故障预警。**企业可综合利用采集的炼铁高炉的状态数据，结合炼铁高炉故障诊断模型，对设备故障进行分析和预警，避免发生高炉烧穿、高炉爆炸等生产事故。**三是设备维护仿真。**企业可精准确定设备故障的位置和重要程度，在赛博空间中仿真模拟维护方案，提高设备维护效率。

例如，宝武装备智能科技有限公司通过智能传感、工业物联、数据挖掘、人机交互等先进技术，率先开发了铁区设备远程智能运维云平台，将设备状态与生产工艺相结合，将智能传感与 5G 相结合，将炼铁工艺机理与人工智能技术相结合，对 63093 台设备按照重要程度、运行状态、可监测度、经济性进行多维度分类梳理，确定41104台设备可通过远程运维进行管理。目前，宝钢股份炼铁厂关键设备的运维远程化率达到65.1%，设备突发故障趋向于零，停机时间缩短20%以上，人员负荷下降20%以上，备件库存下降6%以上，构建了面向未来的远程、智能、高效设备运维新模式。

2. 高炉绿色生产

推动炼铁高炉上云，可以实时监测能耗和排污情况，提高环保管理的精准性和科学性，实现清洁低碳的绿色化生产。高炉绿色生产包括2项工作。**一是节能降耗**。采集炼铁高炉等炼铁产线设备的能源消耗类型、速度、时间等数据，基于炼铁高炉能效优化模型，精准优化设备能源供给，降低能耗成本。**二是治污减排**。动态采集炼铁高炉排放的废水、废气的总量、成分、时间等数据，结合各个环节的化学反应模型，找出存在问题的环节，并深入分析，综合确定工艺优化和设备升级方案，减少炼铁对生态环境的污染和破坏。

例如，中冶赛迪结合平台及大数据、高炉仿真等新技术，覆盖铁区生产全流程，提高炼铁生产的可视化、数字化和绿色化水平。以高炉为例，通过应用智能模型减少操作误判带来的生产波动，可降低的燃料比约2%～5%，其中热风炉燃烧模型可节约的煤气量为2%～3%，炉热预测准确率高达89.4%。

3. 生产工艺优化

推动炼铁高炉上云，可以实时采集炼铁高炉的工况数据，与工业互联网平台中的工业机理模型进行对接，优化生产决策，实现智能化生产。生产工艺优化包括3项工作。**一是生产工艺优化**。基于高炉状态、物料、产出等经验数据，优化炼铁工艺模型，依托炼铁高炉实时数据，动态优化原料配比、装料制度等生产决策，优化生产工艺方案。**二是生产过程管控**。采集炼铁过程中的物料检化验数据、操作工艺数据、运行状态数据等，结合过程管控模型，实时优化生产过程，自主决策并控制高炉运行参数。**三是产品质量管控**。利用机器视觉等技术，结合质量检测、质量管理等模型，对采集到的产品全过程质量数据进行深入分析，实现全流程产品质量跟踪和自动控制。

例如，鞍钢积极推动炼铁高炉上云，通过引进业内先进技术，运用数字测温、三维激光雷达、热成像等技术对高炉炉缸、冷却壁和炉内等关键部位的数据进行实时在线监测，根据各高炉的设计、生产和操作特点，从热力学、炼铁学、冶金物理 / 化学等机理层面开发高炉数字模型，实现高炉的高效稳定生产，建立合理的管理标准，有效控制煤气流分布，减少异常工况的发生，提高煤气的利用率，炼铁成本每吨降低 3 元，目前，鞍钢已完成两座炼铁高炉的改造，正在逐步推广。

4. 产线协同管控

推动炼铁高炉上云，可以实现全产业链中高炉设备的互联互通，汇聚产业链上下游信息，结合上游物料供给和下游需求情况，依据炼铁高炉的生产状态，制订科学的物料采购与生产计划，在一定计划原料库存的情况下，实现采购、生产与销售的协同，降低产线整体生产成本。产线协同管控包括 2 项工作。**一是产业链物料流通协同。**采集炼铁高炉的原材料消耗和铁水产出数据，结合智能排产模型自动生成生产计划，实现企业物料的动态平衡。**二是社会范围生产能力协同。**基于炼铁高炉上云，推动全产业链高炉运行数据集成共享，结合生产订单共享、产能平衡等机理模型，根据产品的性能要求和钢厂的生产工艺水平动态匹配钢厂，提高炼铁高炉的设备利用率。

例如，北京智冶互联为兴澄特钢搭建了企业私有云平台，推动以炼铁高炉为中心的铁前产线生产管理数据上云，同时建立了基于配料机理及大数据分析的“市场—采购—生产”一体化协同配矿体系，助力兴澄特钢实现了关键数据（物料检化验数据、生产数据、采购库存数据等）采集超过 97%，并为其提供了基于成本最优、止损等的定制服务，寻找外围市场、厂内原料库存与生产之间的最优采购与配料方案，使企业吨铁配矿成本降低 6.88 元，单条年产 150 万吨的烧结 - 高炉产线每年降本 344 万元，铁水质量提高 8.8%。

例如，宝信软件基于工业互联网平台，依托中国宝武大数据中心，搭建了高炉互联智控平台，通过宝武集团内大跨域广连接多高炉信息链、资产链、价值链的全景展示和融合应用，实现集团内 40 座在役运行炼铁高炉（3000m^3 以上炼铁高炉数量占全国的 40%，服务高炉的生铁产量占全国的 11%、占世界的 7%）的生产数据互联互通、数据汇集、远程监视、智能对标、高炉画像（竞争力评价）、数据挖掘和生产优化，有效支撑了宝武集团各个基地炼铁一体化协同运作。

三、炼铁高炉上云的推广空间

当前，我国钢铁行业有1000余座炼铁高炉，其中，仅有30%的炼铁高炉已接入云平台，因炼铁高炉能耗水平较高，环保压力日益增大，上云推广市场空间巨大。根据工业和信息化部节能与综合利用司据统计，2020年我国钢铁行业能源消耗占全社会能源消耗总量的13%，是迫切需要实现绿色低碳发展的重点行业。推动炼铁高炉上云，可实时采集设备工况数据，结合大数据、人工智能等新兴技术，开展高炉设备状态检测、故障预警、远程运维等智能服务，改善能耗水平和绿色生产水平。预计到2025年，炼铁高炉上云普及率将超45%，设备平均能耗将降低2%，二氧化碳排放量将减少1000万吨以上。

工业锅炉上云解决方案

工业锅炉存在能效管理粗放、燃烧状态不透明、安全隐患高和水质波动大等问题。以东方国信、和利时等为代表的企业积极探索基于工业互联网平台推动工业锅炉上云的解决方案，并开展锅炉能效管理、锅炉燃烧管控、锅炉健康管理和水处理优化等新型应用服务，全面优化工业锅炉的运行方式，提升工业锅炉的运行效率。

一、工业锅炉上云的痛点问题

1. 能效管理粗放

工业锅炉是工业生产中必不可少的热力能转换设备，也是典型的高耗能设备。目前，我国工业锅炉的效率较为低下，实际运行热效率往往低于理想热效率，比国外先进水平低15%～20%，每年多消耗的煤炭量约为两亿吨。我国燃煤锅炉占全国工业锅炉总量的85%左右，燃煤锅炉污染物排放是重要的污染源，年排放烟尘、二氧化硫、氮氧化物分别占全国排放总量的33%、27%、9%。例如，10t/h以下的燃煤工业锅炉大多没有配置有效除尘装置，基本没有脱硫脱硝设施，排放超标严重，偷排现象突出。

2. 燃烧状态不透明

煤粉燃烧过程工艺复杂，控制参量多，自动化控制技术复杂，实际操作以人工操作为主，大多数煤粉工业锅炉尚未实现煤粉储供、煤粉仓安全保护、炉膛安全检测、负荷调节、在线吹灰控制的有机集成及全自动运行。监控系统功能基本上处于本地集中运行监控状态，运行监控和生产管理之间的及时通信网络尚未连通，生产管理系统无法及时了解热源厂的实际生产情况。

3. 安全隐患高

工业锅炉是一种特种专业化设施设备，但是因为专业技术人员匮乏，缺乏对工业锅炉性能与参数的专业性诊断，所以存在的局部问题很容易引发重大的安全隐患。企业大多按照时间制订工业锅炉检修计划，而非按照工业锅炉的运行状态制订锅炉检修计划，这就直接加大了工业锅炉出现故障的概率，大大降低了工业锅炉的可用性。

4. 水质波动大

工业锅炉使用的天然水中含有镁、钙、氯等离子及溶解氧，天然水进入锅炉后在高温、高压的条件下发生化学反应，导致锅炉产生结垢、腐蚀及汽水共腾等现象，严重影响了锅炉的导热效率，增加了燃料的消耗，影响锅炉的水循环，甚至导致爆炸事故的发生，严重影响了锅炉的安全稳定运行。数据显示，当水垢厚度达到 3 毫米时，锅炉燃料消耗会增加 20% 以上。据统计，我国工业锅炉有 70 多万台，每年会造成巨大的资源浪费。当前，我国锅炉水质合格率较低，锅炉内受热结垢现象比较普遍，因水处理问题造成的锅炉事故数量正在逐年增加。

二、工业锅炉上云的典型场景

1. 锅炉能效管理

工业锅炉的能效管理是企业成本控制的重要方面，利用云平台的工业机理模型和人工智能算法，对锅炉能耗进行智能管理与优化，可有效降低企业成本。锅炉能效管理包括 3 项工作。**一是能效数据的采集。**实时采集排烟温度、炉膛出口氧量、燃烧器喷口风速、燃尽风挡板开度等影响锅炉热效率和氮氧化物排放量的关键数据。**二是锅炉能效分析模型的构建。**基于工业锅炉的设备结构和热平衡模型，结合大数据算法和人工智能技术，构建工业锅炉能效分析模型，分析影响锅炉节能运行的排烟损失、不完全燃烧损失、散热损失、燃料与给水等关键因素，动态分析锅炉能耗水平。**三是“感知—管控—再感知—再管控”的良性循环。**系统一旦判断出某锅炉处于高耗能运行状态，便会自动发送报警信号，并直观准确地显示造成该状态的关键因素，管理人员可以及时调整并优化节能方案，实现“感知—管控—再感知—再管控”的良性循环。

例如，和利时在永泰源热电公司部署锅炉燃烧优化控制系统，利用模糊控制、自动寻优、机器学习、卡边控制等技术，优化锅炉工艺操作和控制，实现锅炉给煤、一次风、二次风的二维优化，减少氨水和石灰使用量 3% 以上，锅炉效率提高 2% 以上，锅炉的经济效益提高 2% 左右。东方国信构建工业锅炉的数字孪生体，基于在云端汇聚的工业锅炉数据，对工业锅炉进行工序协同、工艺优化和能效管理，使工业锅炉综合能效提升了 20%。

2. 锅炉燃烧管控

锅炉燃烧管控对锅炉机组低负荷安全运行至关重要。影响锅炉燃烧效率的因素有很多，例如，风粉配合、一二次风配比、送引风配合、炉膛温度等，如何将它们进行综合调整和优化，并达到最佳配比，是锅炉燃烧管控需要解决的问题。锅炉燃烧管控包括 3 项工作。**一是对制粉系统和燃烧系统的数据采集。**制粉系统的状态数据包括磨煤机出口压力、电流、料位、燃烧器风粉温度等；制粉系统的动作数据包括给煤机的给煤量，磨煤机冷热风、旁路风等阀门的开度大小，一次风机动叶调节阀位的大小等。燃烧系统的状态数据包括主蒸汽、再热蒸汽的温度、压力，减温水流量，炉膛负压，锅炉氧量，排烟温度，排烟含氧量，锅炉效率，氮氧化物含量等信息；燃烧系统的动作数据包括给水温度、流量，减温水流量，再热烟气挡板阀位，送、引风机执行器阀位，二次风执行器阀位等。**二是锅炉炉内燃烧模型的构建。**基于传统热力学过程和化学反应等机理，结合大数据算法和人工智能技术，构建锅炉炉内燃烧模型。**三是锅炉炉内燃烧模型的训练。**使用历史数据训练基于深度神经网络的锅炉燃烧模拟器，再进行深度学习，评价当前工况，既可以模拟真实的燃烧过程，也可以用其探索燃烧控制优化问题中的状态及动作空间，弥补真实历史数据的不足，最终得到当前工况的锅炉优化控制方案，使锅炉内着火迅速、燃烧完全，减少锅炉各项热损失，提高锅炉效率。

例如，湖北三宁化工股份有限公司积极推动工业锅炉上云，在 2×75t/h 循环流化床（Circulating Fluidized Bed，CFB）锅炉上部署锅炉汽机控制优化软件，在云端将专家策略、人工智能与锅炉燃烧的实际情况相结合，提高锅炉燃烧效率，提高锅炉运行的稳定性和安全性，实现自动回路投入率大于 99.16%，重要工艺参数合格率大于 99.94%。东方国信的锅炉云平台通过机理模型和大数据分析算法，优化氮氧化物排放指标，实现脱硝效率的最大化和经济效益的最大化，提高负荷波动时的锅炉燃烧稳定性，减少负荷波动，实现氮氧化物排放达标率≥ 99%，燃料消耗量降低 8% ～ 12%。

3. *锅炉健康管理*

工业锅炉在长期运行的过程中，其性能和健康状态会不可避免地下降，如果不能及时发现其退化或出现异常，轻则造成设备失效或故障，重则造成财产损失和人员伤亡，甚至环境破坏。锅炉健康管理包括 3 项工作。**一是锅炉安全预警。**采集工业锅炉的温度、压力、液位等关键安全数据，并结合检修数据，对工业锅炉的运行状态进行实时动态监测。结合锅炉安全预警模型，一旦判定锅炉出现异常，立即以电话、短信等形式向锅炉管理员发出警示，指导锅炉管理员处置。**二是预测性维护。**采集实时的锅炉工况、历史维修记录、锅炉维护的先验知识等数据，利用人工智能技术，结合物理退化模型和经验退化模型，构建锅炉寿命预测和维修决策的预测性维护模型，及时检测设备异常并预测设备剩余使用寿命，设计合理的维修方案，降低维修成本，减少停机时间。**三是在线测量预警及调整。**通过新增可靠性强、准确度高的测量设备，监测原有锅炉未监测到的易造成腐蚀的参数数据，例如，硫化氢浓度、氯化氢浓度等。将测量结果与燃烧机理结合，实时提供优化调整建议，并建立测量结果与腐蚀速率之间的模型，对易腐蚀位置进行寿命预测及预警。

例如，上海锅炉厂通过对锅炉四管进行详细分段，从壁厚磨损、高温蠕变、氧化皮、应力裂纹 4 个维度构建了精确到锅炉各管段的寿命模型，依托实际运行数据进行寿命预测，通过历史检修数据修正预测模型，目前，锅炉关键受热面各管的寿命预测准确率达到 85% 以上。

4. 水处理优化

高效除垢是提高锅炉传热效率、维护锅炉安全运行的一项重要工作。水垢降低了锅炉受热面的传热效率，使锅炉受热面温度升高，当超过金属所能承受的温度时，金属锅筒、管壁等受热面会发生鼓包、穿孔和破裂等现象，严重影响锅炉安全运行，降低锅炉的使用寿命。水处理优化包括3项工作。**一是实时监测水质。**利用水质在线监测仪表等智能传感器，实时采集锅炉水的溶解氧、pH值、磷酸根、电导率、硅等参数，并上传到工业互联网平台。**二是水质分析和决策。**利用水处理控制模型，对水质参数和水量进行智能分析，自动生成水质优化处理方案。**三是智能加药。**输出水质优化处理信号到锅炉的上位机系统和可编程逻辑控制器（Programmable Logic Controller，PLC）系统，实时智能调节化学药剂的添加浓度和剂量，使水处理达到最佳效果。

例如，东方希望包头铝业对155MW机组锅炉汽水加药系统进行了智能化改造，将锅炉实际运行数据上传到云端，化学值班员在云端远程设定每台锅炉的给水pH值，使给水pH值稳定在9.1～9.3，实现了汽水指标的精准控制。同时，原来8人四班三倒的工作模式被改变，现在只需要1名化学值班员夜间监测4次运行参数，大幅提升了工作效率。

三、工业锅炉上云的推广空间

我国是全球工业锅炉生产应用数量最大、应用范围最广泛的国家之一，规模以上锅炉生产企业有千余家。根据国家统计局数据，2021年1～2月全国工业锅炉产量为54884.4蒸发量吨，同比增长59%。我国工业锅炉容量小、数量大、布点散、能耗高，各生产厂家、检验机构和监管部门对自己的锅炉设备无法做到集中管理和控制，使设备使用运行状态不明，产品维护成本高，发生故障时定位维修时间长，产品升级换代缓慢。推动工业锅炉设备上云，可实时采集设备工况数据，结合大数据、人工智能等新兴技术，开展锅炉能效管理、锅炉燃烧管控、锅炉健康管理等智能服务，实现设备集中管理控制，改善能耗水平和绿色生产水平，因而工业锅炉上云的市场推广空间巨大。2020年5月，国家市场监督管理总局（国家标准化管理委员会）发布GB 24500—2020《工业锅炉能效限定值及能效等级》，并于 2021 年 6 月 1 日起正式实施，这将加速推动工业锅炉上云改造的步伐。预计到 2025 年，工业锅炉上云将有望超过 50%，工业锅炉上云改造的市场空间将持续扩大。

石油化工设备上云解决方案

石油化工设备存在设备能耗高、安全风险高、停机损失大和运维难度大等问题。以石化盈科、阿里云等为代表的企业积极探索基于工业互联网平台推动石油化工设备上云的解决方案，并开展设备节能降耗、设备安全预警、设备预测维护和设备模拟操作等新型应用服务，有效提升了石油化工设备的能源利用效率和运营维护效率。

一、石油化工设备上云的痛点问题

1. 设备能耗高

石油化工是高耗能产业，其能耗量在我国行业耗能中排第 5 位，位列金属冶炼、建材、化工和电力之后。石化企业中工艺设备是生产加工的主体，因此设备能耗是全厂能耗最重要的组成部分，据统计，大型炼厂的全厂能耗组成中，85% ～ 90% 为设备能耗，因此对主要耗能装置进行有效的能耗管理是石化企业节能减排的重点。在传统模式下，企业难以实时采集、监测、分析设备能耗情况，无法精准地确定重点问题环节。

2. 安全风险高

石化行业的生产设备具有危险性，一旦设备在运行的过程中出现异常高温、高压、腐蚀泄漏的情况，会引发火灾或者爆炸事故，造成人员伤亡。传统的设备管理方式为定期检查和定期维护，企业在连续生产期间很难及时了解设备的内部情况，很难准确识别设备故障，容易造成安全生产的重大隐患。

3. 停机损失大

石油化工属于流程行业，一旦某一设备发生故障而临时停机检修，将造成整个生产装置的全面停产（或大幅度减产），导致企业的经济效益损失严重。通常一次较大的设备事故（例如压缩机组转子损坏）的直接经济损失大约为百万元，间接经济损失（装置产值损失及开、停车放空损失）大约为数千万元。

4. 运维难度大

石化大机组等动设备价值高，而且零部件多、结构复杂、故障形式多样，运维难度较大。传统的以设备或测点为对象的监测技术，监测出来的单一的参数指标不能全面反映出设备故障特征，导致设备出现异常，不能快速定位。同时，由于石化设备复杂，对维修人员的技术和经验要求高，所以缺乏经验的维修人员对机组的一次检修难以合格，需要二次检修的现象较多。

二、石油化工设备上云的典型场景

1. 设备节能降耗

石油化工是高耗能的产业，对石油化工设备进行有效的能耗管理是石化企业节能的重点。设备节能降耗包括 2 项工作。**一是关键耗能设备的数据采集。**针对加热炉、压缩机、泵等关键耗能设备，采集排烟温度、热负荷、燃料类型、热效率、燃料流量、折标系数、空气过剩系数、压缩机的流量、出入口温度、出入口压力、轴功率、扬程、输送液体密度等能耗数据。**二是节能降耗的模型构建与耗能分析。**利用大数据和人工智能技术，结合工业机理和专家知识，构建石化设备能耗模型，分析耗能的关键因素，找出能耗最低的工艺参数，指导实际设备生产，提高关键耗能设备的维护精度。

例如，恒逸石化与阿里云合作推动石化设备上云，通过对恒逸石化历年锅炉燃烧数据进行深度学习，推算出最优的锅炉燃烧参数，使燃煤发电效率提升了 2.6%，在成本方面降低了数千万元。

2. 设备安全预警

设备隐患与故障轻则影响生产，重则引发安全事故。要想实现设备故障风险评估，合理安排处置优先级和措施至关重要。设备安全预警包括 3 项工作。**一是设备关键安全参数的数据采集。**利用传感器等智能终端，实时采集石化设备运行过程中的工艺参数、维修记录及振动次数等数据，在云端总结提取设备生产过程中的各种风险因素。**二是设备安全预警模型的构建与训练。**基于石化设备运行机理、行业标准，结合设备管理领域的专业知识和实践经验，应用工业大数据算法和人工智能技术，构建重点设备运行、工艺报警、现场报警、作业安全、隐患管理、工艺平稳率等一级、二级设备安全预警模型，并通过对设备历史数据的挖掘、自学习、训练识别设备的健康安全边界，实现对设备的健康实时计算分析、故障预警与自动诊断。**三是设备安全预警与优化。**基于上云石化设备的实时运行数据和设备安全预警模型，可实时分析设备关键零部件的健康情况，一旦出现设备运行异常和安全风险，能提前发出安全预警，并给出降低设备安全风险的优化方案，指导管理人员操作。

例如，恒力石化基于工业互联云平台对精对苯二甲酸（Pure Terephthalic Acid，PTA）装置压缩机组、高危泵等重要设备进行智能监测，通过实时采集设备的振动数据与关联的工艺数据、边缘计算数据，构建设备机理与自学习模型，实现对设备的健康实时计算分析、故障预警、自动诊断，使设备安全预警准确率达到95%以上，有效确保设备安全。

京博石化基于supOS工业操作系统建立了事故事件管理、隐患管理、工艺平稳率、重点设备运行、工艺报警、现场报警、作业安全和安全领导力8个一级指标和30个二级指标。根据不同的风险权重，从公司和车间两个维度为每个指标赋予不同的扣分系数，经复杂的计算提炼，形成可视化、可对比、可执行、可预警的设备故障风险评估体系。安全指标从上线之初的−1500，提升并稳定在目前的70；逾期未处理隐患从上线之初的140个左右，下降并稳定在目前的个位数。隐患平均处理时间从上线之初的4.6天，降低至目前的3.8天。

3. 设备预测维护

推动石化设备上云，可实现石化设备全生命周期的故障预测和主动维护，降低设备非计划停机的损失。设备预测维护包括3项工作。**一是设备全生命周期的数据采集。**采集石化设备全生命周期的历史故障、故障数据模型、维修记录设备振动与关联工艺实时数据等，以及设备部件结构、参数、功能、机理等数据。**二是设备预测性维护模型的构建。**基于设备机理、行业标准、专家知识，应用人工智能、自学习机制并结合知识图谱技术，构建石化设备预测性维护模型。**三是设备故障预测和主动维护。**基于石化设备上云的实时运行数据和设备预测性维护模型，对设备健康进行实时计算分析，预测石化设备关键零部件的健康变迁与劣化趋势，预判零部件的损坏时间和剩余使用寿命，实现主动、及时、提前开展设备维护服务，避免抢修与过度维修，减少非计划停机的发生。

例如，镇海炼化开展云上泵群监测，对52套装置、1700余台高危泵实行远程实时状态监测及诊断，及时发现泵群设备故障信息，2019年主动分析异常107起，建议拆检40多起，经检修验证后的结论与诊断结论相符，确保了装置安全、稳定、长周期地运行。

石化盈科建设了大型机组管理云平台，对中石化各分公司的400余台关键离心式压缩机组开展集中监控，提供典型故障智能诊断、专家远程会诊和检修维修指导服务，使机组非计划停机损失减少了约30%。

4. 设备操作模拟

石化设备结构复杂，运维难度大，对维修人员的技术和经验要求高。设备操作模拟包括2项工作。**一是设备运维模拟。**在云端构建石化设备数字模型，结合可视化技术，开展石化设备的机组拆装、机组试车、应急处置等设备运维培训，提高人员的设备运维技能，保证机组检修一次合格。**二是设备操作路径的优化。**基于石化设备数字孪生体，在实际炼化生产前，对工艺配方、工艺流程等进行全方位模拟仿真，优化石化装置的操作参数，优化石化装置的操作路径，得出最优的炼化生产方案。

例如，石化盈科大型机组管理云平台中内置大型离心式压缩机机组三维仿真模型，结合VR技术开展机组拆装、机组试车、机组操作、应急处置等可视化模拟操作，有效提高了中石化员工的设备运维水平。

三、石油化工设备上云的推广空间

当前，我国石油化工行业能耗水平较高，环保压力日益增大，市场推广空间巨大。推动石油化工设备上云，可实时采集设备工况数据，并结合大数据、人工智能等新兴技术，开展设备状态检测、安全预警、预测性维护等智能服务，改善能耗水平和绿色生产水平。预计到2025年，石油化工设备上云将超过90%，并使设备平均能耗降低30%，甲烷排放量减少20%以上。

第十章
高通用设备：从低效运维向精准运维转型

高通用设备主要是指为企业生产提供动力输出的柴油发动机、大中型电机和大型空压机等工业设备。在实际运行中，高通用设备存在能耗高、风险高、运维难等痛点问题。推动高通用设备上云，可精准采集设备运行参数和环境参数，基于平台开展能效优化、运行监测、故障预警、预测性维护等服务，可保障设备安全、可靠、稳定、高效运行。

柴油发动机上云解决方案

柴油发动机存在产品研发周期长、设备服役工况复杂、设备故障率较高等痛点问题。以潍柴、福田康明斯等为代表的行业领先企业积极探索基于工业互联网平台推动柴油发动机上云的解决方案，并开展智能研发、在线管理、预测性维护等新型应用服务，有效缩短了柴油发动机的研发周期，减少了柴油发动机故障时间。

一、柴油发动机上云的痛点问题

1. 产品研发周期长

我国柴油发动机发展时间相对于国外较短，长时间处于逆向开发阶段，技术积累不够，钢材类型、零件处理方式、生产工艺的不同都会影响产品动力性能、可靠性和安全性，因此需要兼顾油耗和排放指标，研发难度大。同时，任何一款新机型的开发上市，还要经历漫长而又严谨的试验，要积累大量的数据支撑发动机的参数标定，整体研发周期长。

2. 设备服役工况复杂

柴油发动机作为中间件，广泛配套在其他产品中，是汽车、农业机械、工程机械、船舶、内燃机车、地质和石油钻机、通用设备、移动和备用电站装备等的主要配套动力。面对复杂多变的工作环境和功率要求，目前柴油发动机的型号与种类难以适应各种工况下的专业化需求，造成了不必要的能耗浪费，降低了能量转化效率。

3. 设备故障率较高

柴油发动机是高精度动力设备，每个工作循环都要经历进气、压缩、做功、排气 4 个冲程，由于受到燃油质量、操作、环境、负荷等其他因素的影响，柴油发动机会出现很多不必要的故障。柴油发动机有很多故障种类，例如启动困难、运转异常、运转功率异常、转速异常、振动强烈等，其故障诊断主要依赖于相关技术人员的经验和现场检测，费时费力。

二、柴油发动机上云的典型场景

1. 智能研发

推动柴油发动机上云，基于产品全生命周期的海量数据，汇聚优势资源，优化产品研发流程，可促进柴油发动机产品迈向高端化。智能研发包括 3 项工作。**一是数据贯通。**基于工业互联网平台，通过边缘感知，实现柴油发动机运行数据实时采集分析，为产品全生命周期管理提供数据支撑。**二是设计仿真。**基于柴油发动机设备上云的海量数据基础，构建柴油发动机仿真模型或数字孪生体，通过参数设置、模拟实验，不断优化设计，缩短研发周期。**三是协同研发。**基于工业互联网平台构建柴油发动机研发云生态，汇聚全球范围内的顶级柴油发动机制造商、高端研发人才、优质企业用户等力量，共同攻克技术难点。

例如，潍柴动力搭建了全球协同研发平台，通过开发工具、知识、数据信息的云端共享，实现 6 国 12 地协同研发。北京福田康明斯通过柴油发动机上云，针对产品设计和改进花费的数据收集时间减少了 95%，提高了产品的研发效率。

2. 在线管理

推动柴油发动机上云，可实时采集发动机运行参数，经过可视化处理，推送到计算机终端或者移动终端，帮助用户实时掌握发动机的健康水平，实现远程运维。在线管理包括 3 项工作。**一是设备连接。**通过接入柴油发动机本身系统或者安装传感器的方式，推动不同区域、型号、工况的柴油发动机实现泛在互联。**二是可视化展示。**基于新一代信息技术，对柴油发动机的数据信息做可视化处理，通过终端大屏、AR/VR 等方式进行简单展示，帮助维修人员掌握设备健康状况。**三是远程调控。**根据柴油发动机的运行状态，建立数据分析模型，进行大数据分析计算，不断优化设备工作功率、时长，延长设备寿命。

例如，广柴通过和树根互联合作，在船用发动机上安装物联盒，读取原本柴油发动机上监控系统的运行参数并上传至云端，用计算机或手机实时获取每一台柴油发动机的功率、实时运行的转速、定位等参数，掌握航行在远海的船舶发动机的真实运行情况，降低了约 30% 的设备管理成本，缩短了 20% 左右的设备管理反应时间。

3. 预测性维护

推动柴油发动机上云，可实时监控柴油发动机的运行状态，构建健康诊断、预测预警、故障评估等模型，建立快速故障响应机制，实现柴油发动机智能维修。预测性维护包括 3 项工作。**一是状态监测。**通过对底层设备的识别，加装传感器硬件，通过网络连接完成数据采集，建立大数据平台，在线监测设备状态。**二是预测预警。**构建柴油发动机健康诊断模型，基于过往的运行指标和参数，利用对设备状态参数的对比分析来识别设备潜在的故障风险，进行实时的健康评估和风险预警。**三是智能维护。**通过构建故障模型并分析实时数据，自动生成维修码及维修档案，提前完成柴油发动机设备维护，降低故障发生的频次，确保设备稳定运行。

例如，北京福田康明斯建立车联网模型，采集发动机转速、功率、扭矩、GPS 等车辆数据，利用数据分析，提供车辆故障报警及远程诊断服务。

三、柴油发动机上云的推广空间

柴油发动机应用广泛，是重型汽车、大型客车、工程机械、船舶、发电机组、航空航天等设备的重要配套设施，经过 10 多年的发展，柴油发动机逐渐形成了完整的生态体系。柴油发动机行业的发展在很大程度上取决于相关终端产品市场情况，随着全球机械化、智能化进程加快，汽车、农用机械、高端装备等行业的兴起，全球柴油发动机需求总量稳定上涨，预计将以 5% 的速度增长。面对日益突出的环境污染、产能浪费和故障频发等问题，推动柴油发动机设备上云是大势所趋，通过大数据分析、模型计算，实现对设备的在线监测、智能运维、共享研发、迭代优化，也会直接产生巨大的经济效益和社会价值。

大中型电机上云解决方案

大中型电机存在设备利用效率低、设备维护成本高、设备安全风险大和设备能耗成本高等痛点问题。以上海电科电机科技有限公司、中科森尼瑞、山东产研智能电机研究院等为代表的企业积极探索基于工业互联网平台推动大中型电机上云的解决方案，并开展电机设备托管、电机状态监测、电机故障预警、电机智能运维和电机能效优化等新型应用服务，降低了大中型电机能耗水平，提升了大中型电机精准运维效率。

一、大中型电机上云的痛点问题

1. 设备利用效率低

大中型电机被广泛应用于生产制造、城市交通和物流运输等不同行业，是各种复杂系统的重要动力装置。但是受工艺千差万别、系统匹配不合理、长期低负荷运行、调节方式落后、工况复杂多变等因素的影响，我国大中型电机系统在运行过程中的电能损耗较多，实际运行效率比国际先进水平低 10% ～ 20%，因此设备利用效率提升空间巨大。

2. 设备维护成本高

电机系统是一个包含电机本体、拖动设备、控制装置、管网设施等的综合系统，在温度、湿度、压强等环境参数不一的工况中运行，设备故障频率较高。在主要依托人力资源开展设备维护的传统方式中，人力维护成本和备品备件管理成本居高不下，电机设备计划外停机时间较长，影响其他生产设备正常运转，会给企业带来巨大的损失。

3. 设备安全风险大

电机设备是一种专业的高功率电器，其检修运维要求专业技术人员具备丰富的实践经验，设备产品安全风险较高。如果安全管理不规范或工作人员操作不当，电机设备则容易发生因设备倾斜、设备砸人等引发的机械风险，因漏电等引发的电击风险，因短路等引发的火灾风险，以及辐射风险等，导致出现重大的人员伤亡和财产损失情况。

4. 设备能耗成本高

据测算，目前我国工业能耗约占总能耗的70%，其中，电机能耗约占工业能耗的60%～70%，排除非工业电机能耗，工业电机实际能耗约占总能耗的50%以上，是名副其实的“用电大户”。我国电机产品在设计的精细化、制造的智能化、质量的标准化等方面存在不足，高效节能电机普及率不高，实际运行功率难以监测，能耗成本普遍较高。

二、大中型电机上云的典型场景

1. 电机设备托管

推动大中型电机设备上云，可加速设备运行数据的云端汇聚，基于各类机理模型和算法模型，实现设备在少数人干预的情况下高效、安全地运转，有效提升设备的利用效率。电机设备托管包括3项工作。**一是信息自感知。**高效采集电机设备的温度、功率、工况、振动等各类运行信息，在云端对相关数据建立联系，动态、全面地监控设备运行状态。**二是业务增值决策。**基于对设备运行状态的精准掌控，充分利用行业知识图谱和大数据、人工智能等技术，加速人工操作经验的软件化进程，指导设备在不同情况下做出增值决策。**三是控制自执行。**在云端进行正确决策的基础上，将决策信息转换成设备可理解、可执行的决策模型，驱动设备进行自我调节，在无人干预的情况下实现安全、高效的运转。

目前，基于上云的电机设备托管应用仍处于市场预热阶段，尚未实现大规模的商业化推广。上海电科电机科技有限公司等企业正在积极完善电机托管的解决方案，充分消除用户的顾虑，提高用户的接受程度，提升用户的电机利用效率。

2. 电机状态监测

推动大中型电机设备上云，可以实时采集和监测设备的运行数据和环境参数，打通设备之间的数据流通渠道，实现对设备状态的实时监测。电机状态监测包括3项工作。**一是设备数据采集。**加快智能传感器、工业网络等基础设施的部署，精准采集电机设备的电流、电压、频率、振动、噪声、温度、时间等运行参数。**二是设备互联互通。**推动电机设备与其他设备数据的云端汇聚，消除各类生产设备间的“数据孤岛”问题，实现设备数据的集成共享和全局可视。**三是设备状态监测。**基于采集的各类设备参数，完善设备数字画像，实现设备运行时间、环境等动态数据的数字化和可视化，实时反映设备的运行状态。

例如，ABB集团通过智能传感器将低压电机与工业互联网连接，从而实现对电机的连续监测。传感器可以便捷地贴附在电机上，将电机振动、温度、负载和能耗等关键数据传输到云端。数据显示，这款智能传感器可以减少高达70%的电机停机时间，延长高达30%的电机使用寿命，并通过优化电机性能，降低10%的能耗。

上海电器科学研究所（集团）有限公司研发的智能采传设备采用了“传感器+智能网关”的一体化设计，将传感器吸附在电机外壳上，能实时、连续地采集计算电流、振动、温度、能耗等多种电机运行参数，并通过4G、Wi-Fi或有线的方式将数据上传至工业互联网平台，利用机器学习进行分析处理，从而对电机实现精确的状态监测、准确的故障预警及可靠的预测性维护。

山东产研智能电机研究院开发了网格化“环保管家”电监管服务云平台，该平台通过对生产和环保设备的驱动电机增加物联终端，实现设备运行实时检测、生产和环保工艺联动建模、用电数据AI分析，结合环保部门停/限产管理要求，实现100%实时监管和异常预警；辅以数字地图、消息推送、统计图表等功能，帮助环保部门对辖区的环保治理情况做到无死角、闭环的全面掌控。该平台在服务“环保管家”电监管的同时，为企业提供了电机运行状态检测、故障诊断、健康管理、能源优化和工艺合理性分析等增值服务，帮助企业达到改善设备管理、优化工艺、节能降耗的目的，实现了政府监管和企业提升的“双赢”。

3. 电机故障预警

推动大中型电机设备上云，可基于实时采集的设备状态数据，结合工业机理模型，挖掘并预警设备故障，减少设备计划外停机时间。电机故障预警包括3项工作。**一是设备数据分析。**应用大数据、人工智能等新兴技术，对采集的设备数据建立科学的故障分析模型，为电机维护提供科学依据。**二是设备故障预警。**结合电机设备故障分析模型，精准预测设备发生故障的位置、时间，减少设备停机时间，全面优化检修流程。**三是设备虚拟运维。**以设备故障位置、时间为基础，在赛博空间对设备运维方案进行全角度、多方位的仿真验证，最终确定最佳的设备维护方案。

例如，中科森尼瑞开发了电动机预测性维护系统，基于电机设备上的各种传感器，将各类电机运行参数准确地上传至云端，全面监控电机的运行状态，基于电参量和非电量两类数据对电机进行预测性维护。在基于电参量进行预测性维护方面，该系统通过利用电机电流频谱分析法及人工智能预测方法，可实现电机设备实时故障诊断与异常预测，能够有效降低50%的巡检成本，减少50%的运维人员数量。在基于非电量进行预测性维护方面，该系统通过利用电机设备振动数据，采用设备振动频谱分析法及人工智能分类方法，可实现设备在线故障的诊断与预测，初期预测准确率高达60%。

4. 电机智能运维

推动大中型电机设备上云，可加快部署高精度智能传感器，实现设备无人智能巡检、精准远程运维和综合运维评估，提高设备运维效率。电机智能运维包括3项工作。**一是设备智能巡检。**以电机设备上云数据为基础，加强无人机、机器人等智能设备的使用，优化巡检路线和方式，避免错检、漏检。**二是设备远程运维。**汇聚电机设备状态数据的云平台，基于电机设备维护方案，向具有执行功能的终端传达指令，实现设备远程运维，降低工作风险。**三是设备运维评估。**基于电机设备上云，建立电机设备全生命周期监测体系，对设备运维过程和效果进行综合评估，进一步优化设备维护方案。

例如，上海电机系统节能工程技术研究中心有限公司利用电机运行工业机理和核心资源，开发了电机系统远程运维服务云平台，累计与全国150余家大中型电机企业达成合作关系，行业覆盖率超过 25%，服务终端用户超过 3000 家，基于电机运行数据上云，可将采集的电机运行数据和机理模型等相结合，在状态评估、故障诊断、预测运维等环节助力电机企业实现售后费用下降的经济目标及产品优化的研发目标。某大型电机企业与该平台合作之后，当年节约成本 200 余万元，售后服务效率提高 30% 以上，平均售后服务成本下降 20% 以上。

山东产研智能电机研究院开发的电机智能润滑系统，通过对电机电气参数、转速、振动、温度等运行数据采集上云，结合电机运维和维保管理系统对电机使用、维修、保养全链条业务环节进行管理，解决了电机轴承的智能润滑问题，消除了 80% 以上的电机机械故障。同时，山东产研智能电机研究院开发的电机工业互联网平台，通过使电机上云，结合边端和云端平台的机器学习、AI 算法、故障建模、大数据分析，实现了电机实时运行监测、故障限值报警、故障诊断与预测分析、远程专家辅助诊断、维修维保质量检测等全生命周期管理。目前该平台已累计服务山东、吉林、内蒙古、云南、四川、广东等 16 个省（自治区、直辖市）的 106 家不同行业的电机用户。辅以手机 App 并结合电机智能维保管理系统，被山东省某大型冶金国有企业应用，点巡检效率提高了 80%，降低了 30% 的用户备机备件等存货成本，预测性维保有效性提高了 35%，平均售后服务成本下降了 60% 以上。

5. **电机能效优化**

推动大中型电机设备上云，可准确监测设备的运行功率，结合生产情况对设备能耗数据进行分析，实现能耗资源动态优化。电机能效优化包括 3 项工作。**一是设备能耗实时监测**。将全部电机设备耗电、耗水、耗气等状态数据实时更新上传至云端，“一站式”全角度精准监测企业内电机设备的能耗数据。**二是设备能耗精准分析**。以电机设备实时、全面、精准的能耗数据为基础，深入分析并找出设备能耗存在问题的环节，确定能耗优化方案，实现能耗精细化管理。**三是设备能耗动态优化**。结合生产计划和实际生产运转情况，动态优化能耗供给，减少设备空转等引起的能耗损失，提高能源的利用效率，降低能耗成本。

例如，上海电科电机科技有限公司利用行业机理和电机设备运行能效评估技术优势，开发了上电科电机工业互联网云平台，累计服务工业企业 1000 余家，覆盖石化、冶金、水利、制造等重点行业，基于企业能源数据上云，可将采集的运行数据和产量数据与能效评估、能效优化等机理模型相结合，在能源管理、绩效对标、工艺优化等环节助力企业实现提质降本增效的管理和经济目标。某大型彩印集团在使用该云平台之后，电机系统能效提升 12.5%，系统节电率达 20% 以上，整套系统每年降低成本 60 余万元。

山东产研智能电机研究院针对砖瓦行业的特点和应用需求，以电机运行监测为基础，开发了砖瓦企业智能工厂管理系统，实现了全产业链线上关键设备的电机运行监测及其他设备系统接口数据接入和环保监测系统数据接入，并进行数字孪生可视化管理。通过分析电机能效、单设备负载和工艺参数，产线设备能耗和工艺匹配等，利用数据建模、AI 算法及大数据，优化生产线中的工艺参数及生产节拍，提高了生产效率，降低了电能消耗。邹平某砖瓦企业在应用了该平台后，产出率提高了 20%，单块标砖用电成本减少了 0.005 元，平均每天节约 3 万元。

三、大中型电机上云的推广空间

电机及其系统广泛应用于我国能源、化工、冶金、石化、化工、煤炭、建材、公用设施、家用电器及电力拖动等多个行业和领域，是我国工业的基础。电机巨大的保有量和规模庞大的产业市场，充分表明了电机及系统在国民经济和社会发展中具有不可替代的重要地位和作用。电机设备效率低、风险大、能耗高等问题日益突出，亟须深入开展上云工程，提升电机设备自监测、自诊断、自优化水平。

大型空压机上云解决方案

大型空压机面临着运行监控及时性弱、设备能耗管理粗放、运营服务效率不高和产业协同有待提升等痛点问题。以东方国信、树根互联、奥立信等为代表的企业积极探索基于工业互联网平台推动大型空压机上云的解决方案，并开展运维管控、设备节能优化、后服务市场运维和产业链协同等新型应用服务，降低大型空压机运行成本，提高大型空压机运维效率。

一、大型空压机上云的痛点问题

1. 运行监控及时性弱

大型空压机一般应用于机械加工、化工生产、管道输送等领域，具有设备价值高、应用范围广、工作环境杂等特性。现有企业对设备通常采取事后维护或定期维护方式，无法动态监测设备的关键运行数据并及时反馈，设备运维管理大多依赖经验管理，数据采集及时性相对较弱，对人员技能、物料的及时性和准确性要求较高，容易出现设备停机、设备欠修或过修等问题。

2. 设备能耗管理粗放

目前，国内部分企业的能耗监测仍停留在人工抽样检测阶段，而产气端、输气端、用气端都会影响空压机的整体能效，有时难免出现以偏概全的现象。在空压机组能源效率的强制性国家标准实施后，单机节能的空间已经缩小，亟须基于平台对空压机系统进行统筹考虑，优化整体运行参数，及时根据设备的实际运行情况进行动态调整，加快空压机整站能效提升。

3. 运营服务效率不高

空压机承担着提供动力、通风通气、机器启动等重要功能，一旦发生事故将对企业的生产经营产生较大影响。同时，空压机设备数据对企业生产、管理、经营等具有重要的指标性意义，数据泄露隐患会严重影响企业管理者对设备上云的信心，更关系到行业信息安全和企业生产安全等重要领域，亟须可靠的数据传输安全机制保障数据的安全、可靠传输。

4. 产业协同有待提升

空压机产业链涉及设备制造、设备代理 / 服务、设备使用等多类企业，目前各方存在数据共享不足、信息交流缺失等问题，业务协同水平普遍不高。例如，设备制造企业不知道空压机在哪种工况下运行，设备代理 / 服务企业不知道客户在使用过程中会遇到什么问题，设备使用企业不知道如何提升空压机的工作效率。各方缺乏一体化协同服务管理体系，无法形成空压机“制造—使用—运维—设计”闭环服务，难以形成多方共赢的局面。

二、大型空压机上云的典型场景

1. 运维管控

推动大型空压机上云，有利于采集设备的实时运行数据，结合设备故障诊断模型，能够自动预警设备故障并确定最优的设备维护方案，实现设备智能化管理。运维管控包括3项工作。**一是设备状态监测。**企业通过空压机上云实时采集主机温度、油温、储气罐压力、出口压力、水管温度等工作状态数据，增强设备状态监测的可靠程度，有效解决空压机监测难的问题。**二是运行状态分析。**通过对不同空压机和同一空压机不同时期的历史数据进行系统全面的分析，供用户及时查看运营数据，帮助企业优化方案，增加企业效益。**三是设备预测维护。**综合利用采集的设备数据，通过大数据分析，结合管线漏气等设备故障诊断模型，将空压机实时运行数据与标准参数对比分析开展预测性维护，避免生产停滞和发生安全问题。

例如，河南省通过新奥数能科技有限公司泛能网平台推送的空压机运行管理策略，改变了以往各站房人工线下抄表、人工录入的传统工作模式，降低了易损件更换频率，延长了设备的使用寿命，使空压机启停次数减少了75%，系统能效提高到80%以上。紫光集团建立了空压机智能运维平台，通过物联网技术实现数据在线采集分析，有效解决空压机管理和运营效率低下等问题。惠州亿纬锂能股份有限公司使用云智控节能管理系统，实现装备故障智能预警，减少停产损失近530万元。

江苏奥立信数字科技有限公司研发出“空压在线”系统，通过对空气滤芯、机油滤芯、油分等空压机易损耗零部件的实时检测和大数据分析，结合压差、功率、气量等约束条件，智能分析设备零件的剩余使用寿命，实现易损件更换的最佳经济性。

2. 设备节能优化

空压机行业的能耗问题极为突出，需要耗费企业大量的资金，不利于企业提升盈利水平与能力。上云有利于企业管理者提高能源消耗水平认知，实现精细化设备能耗管控优化。设备节能优化包括3项工作。**一是分配式优化。**在实时采集能效数据的基础上建立设备用气、产气模型，通过设备整体效率和综合能耗分析，合理分配设备运行负载。**二是互补式优化。**利用整站效能提升的数据分析模型，为空压机动态互补调配提供支持，减少整体资源浪费。**三是升级式优化。**通过对空压机的横向数据对比与纵向历史分析，为空压机制造单位和使用单位进行产品升级换代提供数据支撑，提升企业的核心竞争力。

例如，广东蒙泰高新纤维股份有限公司依托树根互联的空压机机组云平台，在同一工况下实现单位能耗降低 10%，每年至少节约能耗成本 77 万元。江苏极熵物联科技有限公司推动空压机上云超过 1 万台，每年为社会减少碳排放 10 万吨标准煤。特备电工与蘑菇物联合作部署云智控系统，根据母管压力的变化建立智能控制模型并控制设备启停，企业节能收益达 10%。

江苏奥立信数字科技有限公司研发出“空压在线”系统，通过状态感知、实时分析、科学决策、精准执行等策略实现大型空压站的健康运行和节能优化。根据空压机上云前后的实时单耗及故障对比，客户平均节能率达 12.3%，最高节能率达 25.3%，计划外故障减少 52.5%，维护和服务成本降低 16.7%，设备完好率提升 5.7%。

3. *后服务市场运维*

空压机上云有利于设备制造商、设备代理 / 服务商、设备使用企业等主体建立后服务市场的维护管理体系，提炼工单管理服务，形成自动化服务模式，加速企业新市场开拓。后服务市场运维包括 2 项工作。**一是打造智能工单。**通过对设备的实时监控实现自诊断、自决策、自适应，自动推送空压机故障、推送维修工单，并在平台上实现服务派工、维修报告、服务验收、工单存档等。**二是主动式销售。**空压机选型过大容易出现资源浪费，选型过小容易出现用气不够、压力不足等问题。上云有利于汇聚压力、排气量、空气质量、场地等参数，为过滤器、储气罐等选型提供数据支撑，增加空压机制造企业的潜在收入。

例如，无锡市大众压缩机有限公司因为使用蘑菇物联的蘑菇圈 ICRM 系统，即设备物联客户关系管理系统，提高了售后运维的协同效率，终端用户流失率减少了 8%，并通过压缩空气分析套件的使用，增加了空压机销售量，每年合计增收 180 万元。

4. 产业链协同

上云可以为大数据、人工智能等技术应用提供数据支持，加强空压机产业链相关主体的数据协同，助力空压机产业链向“产品+服务”转型。产业链协同包括3项工作。**一是反馈式研发。**基于平台助力设备制造企业实时监测设备数据，依托海量数据尤其是空压机运维数据，缩短新品研发迭代周期。**二是风向标指数。**根据工况数据比较不同厂商的空压机性能，探索商业模式创新，基于上云数据计算形成行业创新指标体系，为检测行业发展情况提供实时的数据支撑。**三是整链式服务。**通过上云打通产业链各个环节的流程数据，降低环节间的沟通成本，助力企业实现空压站低成本运营的发展目标。

例如，东方国信通过数据分析打造“空压机指数”，梳理分析区域工业发展、工业企业活跃度等情况，为政府、行业、企业经济发展决策提供有效的数据支撑。南方电网综合能源有限公司推出高效空压站投资、设计、施工、智慧运维“一条龙”服务，使美芝工厂的综合运营节能效益达30%以上。

三、大型空压机上云的推广空间

作为通用工业设备，空压机的使用场景复杂多样，我国约85%的工厂都配备有空压站，广泛覆盖医药、食品、电子、塑胶、纺织、电力、建材等行业。空压机在行业内又被称为“电老虎”，全国能源基础与标准化委员会的相关统计资料显示，工业空气压缩机系统年耗电量约占全国总发电量的6%～9%，能耗改造潜力巨大。如果推动一半的设备进行上云推广，并按照预计能耗整体降低5%的标准，全年节约成本将有望超过170亿元，减少碳排放有望超过2400万吨。

第十一章
高价值设备：从能力闲置向效益提升转型

高价值设备的类型主要有工程机械、数控机床等单体价值量较高的工业设备，当前主要面临管理维护粗放、产能利用不足、服务模式落后等问题。通过推动高价值设备上云，可实现设备与设备、设备与环境、设备与服务之间的互联互通，基于平台开展设备资产管理、健康监测、运营优化、能力交易、安全操作等服务，可加速培育网络化协同制造、供应链金融、设备融资租赁等新模式。

工程机械上云解决方案

工程机械设备面临着设备故障情况多发、施工效率低、设备管理体系粗放和金融体系不完善等痛点问题。以徐工信息、树根互联、中联重科等为代表的企业积极探索基于工业互联网平台推动工程机械上云的解决方案，并开展设备远程运维、智慧施工、在线管控和融资租赁等新型应用服务，全面优化工程机械运维方式，提高工程机械施工效率。

一、工程机械上云的痛点问题

1. 设备故障情况多发

工程机械设备主要承担高强度、高负荷作业，作业环境多样且恶劣，高频率的转移、日常保养不足和不必要的拆卸与安装会使工程机械设备磨损严重，所以工程机械设备故障发生率较高。传统的以预防为主的定期维修无法有效处理潜在或突发的异常故障问题，还会造成较高的零部件维修和养护成本，给企业带来额外的经济负担。

2. 施工效率低

施工效率是影响工程进度和整体效益的重要因素，传统工程机械设备的施工过程存在点多面广、管理薄弱、不透明、调动混乱、设备质量低等问题，导致设备效能难以完全发挥。同时，工程机械设备的日常作业环境恶劣且多变，对于操作人员的技术水平、专业素养等要求较高。

3. 设备管理体系粗放

如何在施工过程中进行科学的设备管理，是施工企业不可忽视的工作，也是影响施工质量和效率的重要因素。我国工程机械设备管理还存在管理思路落后、操作人员意识不强、体制机制欠缺、设备维护保养不到位等问题，亟须采用信息技术对设备进行系统的科学管理，减少管理时间和成本，打造企业竞争优势。

4. 金融体系不完善

工程机械设备属于高价值设备，下游中小企业往往存在买不起的情况，因此衍生出质押贷款、质押租赁、担保租赁等多种金融模式。但是，传统银行抵押或担保贷款的体系并不完善，且工程施工现场意外情况多发，导致发生设备意外损坏难索赔、银行贷款坏账、设备投保价值不匹配、资产保全难等问题，严重制约了行业发展。

二、工程机械上云的典型场景

1. 设备远程运维

推动工程机械设备上云，可实时监测设备的状态数据，经过大数据对比分析、模型计算可以及时洞察设备故障的发生，通过仿真模拟优化设备维护方案，实现设备远程运维。设备远程运维包括3项工作。**一是设备状态监测。**实时采集工程机械设备的位置、工况、油耗、温度、电压、电流等数据，提高设备状态的洞察力，增强设备状态监测的可靠度。**二是设备故障预测预警。**构建设备健康评估、故障预测、自动报警等模型，通过输入参数、工况等数据，对设备故障进行预测，提供技术支撑和设备异常报警服务，延长设备使用寿命，降低故障率。**三是设备智能化维修。**通过远程定位、模拟择优、参数优化等方式确定设备故障位置、故障类型和最优维修方案，直接派单给最合适的维修人员，以更高的效率、更低的成本、更好的体验感实现故障设备的维修。

例如，日立基于 Lumada IoT 工业互联网平台推出了 ConSite®OIL 解决方案，通过传感器将远程的故障预警率提高到 58%。徐工信息基于汉云工业互联网平台，为每一台设备做数字画像，提前更换可能损坏的零部件，使设备故障率降低 50%。

2. 智慧施工

推动工程机械设备上云，将机器和工人连接，实时监控机械设备，了解施工现场，通过云平台分析优化施工方案，辅助操作施工，实现智慧施工。智慧施工包括 3 项工作。**一是施工方案优化。**通过传感器、无人机、三维扫描仪等方式对施工对象、施工场景、外在环境等因素进行高精度感知，建立虚实映射的数字孪生体，设立不同的施工条件，进行工况模拟迭代，不断优化施工方案。**二是施工过程透明化。**通过工程机械设备全连接，在线监测所有设备的运转情况，推动施工作业过程可视化展示，促进施工管理精细化。**三是现场施工指挥调度。**建立施工一体化系统，在线协调塔吊、机动车等多种设备的施工进度，提升设备间的协作能力，根据设备动态变化，实时修正、调整施工方案并指挥现场施工。

例如，广联达提出智慧工地解决方案，通过将挖掘机、升降机、塔机等大型设备上云后连接到 BIM 中心、物联中心和数据中心，集成项目软件、硬件系统，实时汇总数据，实现建筑实体、生产要素、管理过程的全面数字化，帮助全国超 3 万个项目实现提效生产、有序管理、降低成本和风险可控。

3. 在线管控

推动工程机械设备上云，可实现工程机械设备的深刻洞察、设备故障精准预测、事故风险有效评估，支撑施工单位在线科学系统地管理施工设备。在线管控包括 3 项工作。**一是强化管理。**推动工程机械设备上云，在线采集设备运行数据，基于云端信息共享，对每台设备进行数据对比、统计分析，并进行经验总结、技术升级，加强事故预防措施。**二是系统化管理。**科学系统地对设备进行统一管理，使设备的维护管理工作有组织、有计划地进行，从而提高设备综合效能和适应生产的能力。**三是后市场服务。**建立设备管理数据库，基于大数据分析，探索施工机械设备使用的一般规律，按照科学合理的方法向用户提供设备使用、维修、保养、管理建议和服务，从而增强用户满意度和用户黏性。

例如，中联重科打造云智能平台，推动工程机械设备上云，将设备与客户的手机绑定，在手机端可随时随地查看设备的工作状况、运行轨迹，以及在线报修和记录考勤。

4. 融资租赁

推动工程机械设备上云，可支撑工程机械设备制造企业、使用企业与金融机构之间开展融资租赁。融资租赁包括 3 项工作。**一是智能化信用评级。**推动工程机械设备上云，可在线采集设备运行、施工队作业情况、承包商贷款情况和经营情况等数据，建立完善的客户经营、信用等大数据分析模型，降低企业信用评级成本。**二是数字化渠道对接。**基于云端信息共享，可快速对接有购置生产设备等需求的企业承租人及有理财需求的自然人、金融机构和非金融机构，解决金融服务中的信息不对称问题，在更大范围内实现资金供需的对接匹配。**三是资产保全。**基于工程机械设备上云，可在线监测设备的状态和位置，加强设备监管，科学合理地进行设备资产统计和评估，促进资产保全。

例如，中联重科基于平台成立融资租赁公司，推动机械设备上云并进行统一管理，实现了设备的扩大销售，其营业额占集团总收入的 20% 以上。

三、工程机械上云的推广空间

中国工程机械工业协会的统计资料显示，2020 年我国挖掘机、汽车起重机、履带起重机、机动工业车辆、升降作业平台 5 个工程机械的主要产品销售量分别增长 39%、26.1%、43.4%、31.5%、35.1%，创历史新高。随着工程机械设备的销售量、保有量不断增加，售后维修、设备租赁、智慧施工、在线管理等业务需求潜力巨大，逐渐形成规模庞大的后市场生态链。预计到 2025 年，基于工程机械设备上云的后服务市场利润将占企业利润的 50% 以上，市场前景广阔。

数控机床上云解决方案

数控机床面临着设备运维成本较高、设备利用效率较低、生产管理及时性差和设备改造升级困难等痛点问题。以树根互联、工业富联、智能云科、浪潮云等为代表的企业积极探索基于工业互联网平台推动数控机床上云的解决方案，并开展健康管理、智能运维、刀具管理、生产能力共享和备件管理等新型应用服务，充分发挥数控机床的生产能力，提高数控机床的使用效率。

一、数控机床上云的痛点问题

1. 设备运维成本较高

数控机床价值较高，应用行业广泛，但很多数控机床不具备自感知、自分析和自决策等功能。传统的数控机床运维主要采取事后维修或定期维护方式，难以实时检测数控机床的温度、电压、压力、振动等各种运行数据并准确识别设备故障。一方面，设备故障容易给使用方造成停机，影响生产计划且产生其他设备成本，造成巨额经济损失甚至人员伤亡。另一方面，数控机床制造商需要组建专门的售后工程师团队随时奔赴现场，容易产生很高的人工成本。

2. 设备利用效率较低

数控机床行业普遍数字化、信息化水平较低，存在生产过程重要参数需要人工统计、离线存储等现象。由于获取设备数据的实时性、多元性不足，因此难以对设备的加工情况、使用效率等方面进行综合分析，故障处理存在一定的难度。这反映出一些企业在生产、维护等环节的精准管控能力相对较弱，全行业内机床资源的综合利用率亟待提升。

3. 生产管理及时性差

当前，对于机床长期运行状态数据存储应用的软硬件支撑仍有不足，不利于实现对历史数据的大量存储分析。同时，大量数控机床车间的生产情况存在“离线孤岛”问题，部分数据不能及时上报车间主任、厂长等管理者，影响管理者做决策。管理者无法及时获取设备的健康状态、产量信息等准确数据，无法结合设备的加工过程数据进行准确的产能分析或良品率分析，经常只能凭借经验进行备件管理或只根据订单进行粗放式排产。

4. 设备改造升级困难

数控机床是集机械制造、计算机、液压、传感、信息处理、光机电等技术于一体的机电产品，复杂程度较高。数控机床的生产加工工艺迭代需要大量设备的运行数据作为支撑，而数据的采集和利用一直是该行业的难点。当前，专注于数控机床改造的企业的数量较少，企业多集中在设备生产制造的工艺研究上，但由于技术积累不足、知识传递不够等因素，往往很难触及数控系统的深度改造，数控机床的上云整体步伐较为缓慢。

二、数控机床上云的典型场景

1. 健康管理

推动数控机床设备上云，可实时采集数控机床的运行数据，对设备全生命周期进行健康管理。健康管理包括 2 项工作。**一是实时数据采集。**在数控机床上安装电压传感器、压力传感器等先进传感器，可实时采集数控机床主轴运行状态、机床滚珠丝杠运行状态、机床导轨运行状态等重要参数。**二是可视化管理。**基于数控机床的运行数据，运用人工智能、大数据等手段，深度挖掘可反映数控机床运行状态的指标，并做可视化处理，从而增强设备管理的透明化水平。

例如，树根互联为重庆宏钢提供了根云平台接入、物联呈现、系统及硬件接入等服务，助力重庆宏钢实现设备综合效率（Overall Equipment Effectiveness，OEE）管理，提升数控机床设备数据采集、设备诊断、运行状态可视化等能力，提升企业管理者的生产管理效率。目前，重庆宏钢数控设备的健康度提升 20%以上，设备管理效率提升 30%，生产管理的及时性得到有效提升，企业产能大幅提高。浙江陀曼工业互联网平台为轴承行业约 22000 台数控设备提供数字化改造服务，植入智能传感器、智能部件系统等，行业 OEE 整体水平从不足 50% 提高到现在的 73%，预期还有 20%的提升空间。

2. 智能运维

结合数控机床故障诊断模型，自动预警数控机床故障并确定最优的维护方案，远程指导用户排除设备故障，实现数控机床的智能运维。智能运维包括 2 项工作。**一是设备故障预测诊断。**综合利用采集的数控机床设备数据，结合已有的设备故障诊断模型，对设备故障进行分析和预警，确定故障发生的部位、原因、时间，以及合适的检修人员，确定报警原因、报警时间、发生故障引发报警的部位，避免发生因设备故障引发的生产停滞和安全问题。**二是设备远程运维。**企业需要采集数控机床的报警历史、运行状态和关键工艺参数，实时上传至云端。在云平台上基于同行业、同类设备、同类加工件的大数据资源和人工智能技术对采集到的参数进行训练、计算和存储，实现数控机床的远程集中监控，机床效率分析，实时故障告警，基于知识库的故障诊断、故障预测和远程维护。

例如，浪潮云研制针对数控机床全生命周期管理的智能机床云平台，采集数控机床的报警数据、运行状态和关键工艺参数，通过云端的机床机理模型库进行多种大数据分析，包括机床主轴振动分析、设备生产效率分析、刀具寿命预测等，这样既可以降低运维费用，又可以使应用该平台的部分企业升级产品与加快研发，生产效益较之前提高了26%。

3. 刀具管理

推动数控机床上云，可有效解决刀具寿命难预测、加工部件易损坏等问题，提高刀具的使用效率。刀具管理包括2项工作，**一是刀具状态监测。**通过采集机台振动、电流传感器和控制器等多类异构数据，准确掌握刀具的健康状态。**二是刀具故障诊断。**结合刀具的运行状态数据，在云端基于深度学习训练刀具剩余寿命预测模型，并将其部署到边缘侧，可实时监测分析刀具状态数据，智能预测断刀、崩裂等异常情况，减少刀具异常带来的损失。

例如，工业富联基于深度学习建立的刀具寿命智能预测模型，实现了从计件换刀到精准换刀的转变，实现刀具崩刃及断刀的及时判定准确率达93%，刀具寿命预计延长15%，刀具成本预计减少15%，提升产品合格率约30%，节省材料成本约10%，提高生产效率约15%。

4. 生产能力共享

推动数控机床上云，可有效整合机床行业闲置生产能力，精准对接订单需求和加工能力供给，提高整个行业的生产效率。生产能力共享包括2项工作。**一是产能信息共享。**通过数控机床上云，可实时掌控机床的开停机状态，并将过剩的订单需求及时分发给具有闲置生产能力的企业，实现产能在跨企业之间的共享。**二是生产过程管控。**通过数控机床上云，可准确掌握机床的生产过程，从而动态管理产品的生产节奏、产品的质量等关键参数，按时、按质、按量满足订单需求。

例如，智能云科 iSESOL 平台将上万台 i5 机床接入云端，采用租赁方式，按使用时间、价值或按工件数量计费，大大降低了企业的一次性成本，提高了机床的使用效率。浙江陀曼自动控制系统（Automatic Control System，ACS）突破了核心算法，能够实时感知数控机床的加工状态并根据本地机理模型和云数据模型指令进行自适应调节，减少操作工人 50% 以上的工作量，从一人一线向一人四线的管理目标迈进。

5. **备件管理**

推动数控机床上云，结合对数控机床故障的精准预测，可对各种备品备件的库存、申领等进行精准化管理，大幅降低备品备件的管理成本。备件管理包括 2 项工作。**一是精准对接优化。**通过数控机床上云采集的各种数据，基于不同的故障预警信息，预测可能产生的备品备件需求，为供需精准对接挖掘潜在机会，降低交易成本。**二是备件智能申领。**结合备品备件的需求信息，动态核实备品备件的数量、质量和流向等数据，实现备品备件的精准化管理，提高备品备件的流转效率。

例如，美林数据建设了台州市机床行业工业互联网平台，该平台通过低成本、标准化机床数据采集终端，促进机床设备大规模上云，通过机床状态数据及机床制造过程数据的融合，帮助企业分析机床备品备件供给商机，建立平台服务链路，提升服务水平。目前，该平台的种子用户（10 家机床企业）已经上线，平台提供的销售机会已占企业销售线索的 20%。

三、数控机床上云的推广空间

近年来，我国数控机床行业发展迅速，行业规模不断扩大，在国际市场中的地位也在逐渐上升。中国机经网的数据显示，2020 年，我国数控金属加工机床产量为 21.1 万台，同比增长 20.7%，数控机床产业规模为 4405 亿元，同比增长 34.7%，预计到 2026 年，中国数控机床市场规模将超过 6200 亿元。推动数控机床设备上云，可实时收集设备运行数据，分析生产运营数据，预测故障发生时间，实现设备远程运维，优化生产工艺，改进升级设备，提升设备运营管理能力，助力我国数控机床达到世界顶级水平。

第十二章
新能源设备：从资源浪费向高效发电转型

新能源设备主要是指将风电、光伏等清洁能源转换为电能的设备，在发电过程中存在弃电率高、消纳难、并网难等问题。通过推动新能源设备上云，可全面、实时、准确地采集发电设备的运行数据和发电场环境数据，基于平台开展设备建模、功率预测、调度优化等服务，提高对风能、太阳能等能源的利用效率，优化发电效率和并网效率，降低发电成本。

风电设备上云解决方案

风电设备面临着风电数据质量不一、设备运维成本高昂、风场综合管理困难等痛点问题。以金风科技、远景智能等为代表的企业积极探索基于工业互联网平台推动风电设备上云的解决方案，并开展虚拟风场设计、设备预测维护、风场管理优化等新型应用服务，优化风电设备管理模式，提高发电效率。

一、风电设备上云的痛点问题

1. 风电数据质量不一

数据是风电产业设计运营的重要基础。在风场设计阶段，传统数据采集方式存在周期长、成本高、精度低等问题，难以满足精细化的风场设计需求，容易给投资方造成损失。在实际运营过程中，能源消费端到生产端反向延伸的数据传输尚不成熟，电站计算生产、传输、损失电量的方式存在由人工统计、环境变化和设备自身问题等原因带来的误差，数据质量参差不齐。受限于单机存储和运算能力等因素，部分高价值运行数据也难以得到较好的使用。

2. 设备运维成本高昂

风场所在地一般远离市区，条件比较艰苦，不适宜维护人员长期驻扎，因此维护成本相对较高。特别对于海上风电来说，后期运营维护费用占到总成本的一半以上。目前国内风电运维仍然以传统的运维方式为主，风电行业存在前期跳跃式发展、参与方良莠不齐、缺乏统一标准等问题，导致风电机组在实际运维中容易出现运行不稳、故障频发等情况，提高了相关成本。

3. 风场综合管理困难

一方面，由于系统规划不足、风预测精度低、电网不配套等原因，风电产业自身限电弃风压力较大，风场管理平均水平不高，亟须运用新一代信息技术提升风场的综合管理水平。另一方面，随着国家能源局做出新能源电价调整的战略决策，风电和火电价格将逐步趋于一致，压缩了风电利润空间，倒逼风电企业优化现有的管理方式，加快数字化转型，提高风场生产效能。

二、风电设备上云的典型场景

1. 虚拟风场设计

在测风设备采集数据的基础上，基于云平台能够有效在云端汇总并利用前期历史数据，通过建立相关算法模型降低风场建设过程中的不确定性，利用线上操作提高设计精度，缩短设计周期。虚拟风场设计包括 2 项工作。**一是线上模拟仿真。**基于超算等平台的计算能力与长期积累的历史资源，开展宏观与微观地理选址及场区的智能辅助设计，减少人工成本。**二是风场全生命周期设计。**聚焦风场特有的风况特征、地形条件等，基于云平台提供高精准度与高精细度的风资源解决方案，合理利用不同密度的风力资源，实现风场全生命周期降本增效。

例如，金风科技打造了风资源评估云平台“风匠”，围绕风资源评估、度电成本测算、风电场经济评价等环节提供智能化服务，将处理风数据的时间从小时级缩短到分钟级，为风电场精益化投资提供有力的支撑。

远景智能“格林”云平台，围绕风电场全生命周期管理，建立了风电场数字孪生模型，利用人工智能技术，帮助开发商以投资回报率最优为目标开展风场规划、设计、运营与后评估。该平台的应用使风场设计效率提高了 50%，风电场成本降低8%，优化设计电量达3%。

2. 设备预测维护

推动风力发电机组等核心设备上云，可实现覆盖风电设备全生命周期的故障预测和主动维修，有效降低平准化维护成本。设备预测维护包括3项工作。**一是智能化诊断**。通过支持风机箱变、消防、场控、运行等系统数据的一体化采集，不断迭代更新工单知识库和故障模型，可辅助实现快速定位。**二是预测性维护**。基于设备上云建立“预警—推送—检修—反馈—优化”的处理闭环，实现预防性精益运维。**三是辅助式维修**。基于备件仓储数据库、设备维护知识库与解决方案检索库为维修人员安排运维任务调度、推送指导方案，提升维修人员消除故障的能力。

例如，中国海装结合风功率预测及潮汐、浪高等气象信息，采用“派单式”人工智能算法进行大型海上风场运维任务优化排程，优化运维路线，节约运维费用，降低维护期间的风功率损失，使运维综合成本降低约20%。

远景智能通过EnOS™智能物联操作系统实时监控风机的运行情况，建立了风机疲劳损伤和寿命估计模型，实现了风机全生命周期控制策略的优化，实现和超越设计发电量，延长风机使用寿命，降低风电度电成本。

3. 风场管理优化

推动变电器、输电线等风场设备上云，有利于企业依托工业互联网平台建立场级运行管理模型，精确预测发电区间，优化电网功率负荷，探索分布式能源管理，提升风场管理水平。风场管理优化包括3项工作。**一是能效优化**。依托数据采集与监控控制（Supervisory Control And Data Acquisition，SCADA）系统生产数据、机组振动数据、升压站数据、场站气象数据等数据采集，形成实时及历史等多维度分析报表，助力提升运维水平。**二是集成管理**。通过设备上云建立运营服务中心，开发数据质量监控、程序版本管理、应用及资源监控等精益化运维辅助管理工具，提高风场管理水平，满足功率调度、功率预测、集控等应用需求，支撑风电规模化发展。**三是协调供电**。通过上云提升发电量测算精准度，统筹构建跨区域储能、发电和运电方案，支撑智能电网建设，提升风电并网消纳能力。

例如，金风科技运用大数据技术提升风场管理综合效益，已接入国内外机组

2.8 万台，涉及监控容量 40GW，使发电量平均提升 2% ～ 5%，故障平均间隔时间提升 20% ～ 30%。大唐集团基于新能源生产运营大数据平台提高场站管控水平，每年降低新能源场站设备运维费用 30%。

远景智能“孔明”功率预测系统，融合了机理模型与机器学习模型，内置 30 多种算法，提供各种置信区间分布的概率预测，并基于历史表现自动推荐最优预测，帮助发电企业功率预测精度提升 5%，考核降低 30%。

三、风电设备上云的推广空间

经过 30 多年的发展，风电作为一种绿色能源，已成为世界各国推动绿色低碳转型的重要方向。截至 2020 年年底，我国风电累计装机容量已达 2.81 亿千瓦时，规模居世界首位。风电发电量达 4665 亿千瓦时，同比增长约 15%。预计未来风电机组寿命将突破目前 20 年的时限，在更长的运行生命周期内实现发电效率优化，持续降低度电成本。根据现有设备上云效率预估，如果全国 50% 的风电设备实现全流程上云，每年有望降低发电成本超过 130 亿元。

光伏设备上云解决方案

光伏设备面临着设备运维效率低、能源利用率不充分、运行监控困难等痛点问题。以国网电商、协鑫光伏、中能融合等为代表的企业积极探索基于工业互联网平台推动光伏设备上云的解决方案，并开展全景式监控、智能化分析、智能运维等新型应用服务，有效优化光伏设备运维方式，实现高效发电。

一、光伏设备上云的痛点问题

1. 设备运维效率低

光伏组件产品内部出现隐裂、断焊等问题，运维人员难以依靠肉眼识别，不能准确定位设备故障位置。目前光伏设备的运维方式分为依赖个人经验的预防性维护和出现故障后的紧急维护，需要消耗大量的人力、物力等，并且运维质量难以保证，导致运维效率较低。

2. 能源利用率不充分

受限于光照条件，光伏发电具有明显的波动性、区域性和间歇性等特点，在极端天气下，还存在零收益的风险。同时，与火电、水电等传统发电方式相比，光伏发电的单位产出规模相对较低，需要密集的资本和土地空间给予支撑，在一定程度上受到来自屋顶、土地、环境、并网协调等方面的制约。

3. 运行监控困难

光伏设备分布较为分散，设备数据具有海量、异构、高并发等特点，对光伏设备上云解决方案提出了更高的要求，难以实现集中管控。同时，面向光伏设备的大数据管理体系仍有待完善，不能及时获取光伏电站的经济效益、质量状况、设备稳定性等数据，无法实时掌握光伏电站的运行情况。

二、光伏设备上云的典型场景

1. 全景式监控

推动光伏设备上云，可实时监控光伏电站设备的运行情况，打造线上线下协同的高效运维模式。全景式监控包括 3 项工作。**一是状态全息感知。**实时获取并显示设备的电压、电流、功率、发电量等分钟级运行数据信息，全方位监视光伏设备的运行情况。**二是故障诊断。**根据实时监测数据对设备进行远程故障诊断，定位故障发生的原因和位置，及时提醒运维人员，并为运维人员推送故障解决方案。**三是运维优化决策。**基于电站的运行状态、故障诊断信息、工单处理信息和智能巡检结果，通过运维决策优化模型，实现对电站运维方案的持续优化。

例如，国网电子商务有限公司基于大数据、区块链、云计算等新一代信息技术，打造全国光伏扶贫信息监测中心，对 8.2 万座村级光伏扶贫电站开展实时数据采集接入工作，对 22 万座光伏扶贫电站电网关口侧数据全贯通，形成数据融合、业务联动、运监一体的光伏扶贫长效管理模式，有效解决了光伏扶贫监测管控难、运维成本高、运维成效低等问题。31 个省（自治区、直辖市）运维企业在应用全国光伏扶贫信息监测中心对扶贫电站进行监控运维巡检之后，在线完成 2 万余个运维工单，电站平均发电能力提高 8.24%，设备故障率降到 2% 以下。

2. 智能化分析

对光伏发电站设备数据的采集与建模，可实现对电站发电的精准化分析，提升光伏电站的发电效率。智能化分析包括 3 项工作。**一是功率预测**。结合设备运行数据和气象信息，可进行负荷预测，编制设备运转计划和储能系统的充放电计划。**二是系统优化**。实时掌握光伏发电系统的运行情况，包括系统运行是否正常、运行状态是否安全稳定、能源调度分配是否合理等，必要时可及时采取调度措施，保证系统运行处于最佳状态。**三是供储协调**。根据用电负荷和光伏发电的强度，可实时调整储能系统的充放电功率，实现整个光伏发电系统的效率最大化。

例如，协鑫光伏通过设备上云，构建了包括关键参数监控模型、产品合格率预测、备件损耗分析、BI 分析等在内的智能化分析体系，结合协鑫光伏的生产经验，打造企业级数据分析云平台，有效提升了生产效率和产品品质。

3. 智能运维

依托图像识别、机器学习、大数据、云计算等前沿技术，优化业务流程管控、能力交易和产品全生命周期管理，可实现光伏发电站的全流程数字化管理。智能运维包括 3 项工作。**一是业务流程管控**。对设备故障、负荷过载、运行异常等系统故障数据进行统一管理，准确掌握告警时间、信息来源、告警类型、告警级别等告警信息。**二是能力交易**。推动光伏设备上云，可提高光伏发电站及时响应市场需求的能力，同时为电力系统提供调峰、调频、备用等辅助服务。**三是全生命周期管理**。收集光伏设备全生命周期信息，有助于制订更加科学的维护策略，优化其可靠性及经济效益，形成贯穿设备全生命周期的管理闭环。

例如，中能融合智慧科技有限公司在新能源发电设备上云项目的实施过程中，通过数据专线，在线采集集团新能源光伏主要设备的运行状态数据、升压站数据、场站气象数据、光功率预测数据等生产信息和新能源场站网络安全信息，统一汇集到能源工业互联网数据平台。将设备机理模型和数据模型进行结合，构建主要设备失效诊断体系、光功率预测体系、安全态势感知体系，提升集团新能源的管控水平、经济效益和网络安全能力，每年每个场站能减少运行值班人员 3 ～ 5 人，新能源场站设备的运维费用降低 30%，新能源场站的发电量提升 1% ～ 3%。

三、光伏设备上云的推广空间

光伏行业协会的数据显示，截至2020年，我国光伏市场累计装机量为253GW，2020年新增装机量为48.2GW，同比增长60%。2020年我国光伏发电量为2605千万时，同比增长16.2%，占总发电量比重的3.5%。全国光伏发电弃光电量每小时同比减少18亿千瓦，弃光率同比下降2.8%，实现了弃光电量和弃光率“双降”的局面。光伏行业的良好发展使光伏设备的需求量大量增长。到“十四五”末，即2025年，乐观估计我国光伏年新增装机量达80GW。

全球光伏装机容量持续增长，光伏大变革已经成为全球能源发展的总趋势，各国政府对大力发展光伏的态度越来越明确。随着光伏发电走向平价时代，光伏行业发展的驱动力将加速转变，光伏设备上云规模和速度将持续提升，市场空间将不断扩大，为企业把握发展机遇、提升核心竞争力提供了重要支撑。

模式篇

数字能力

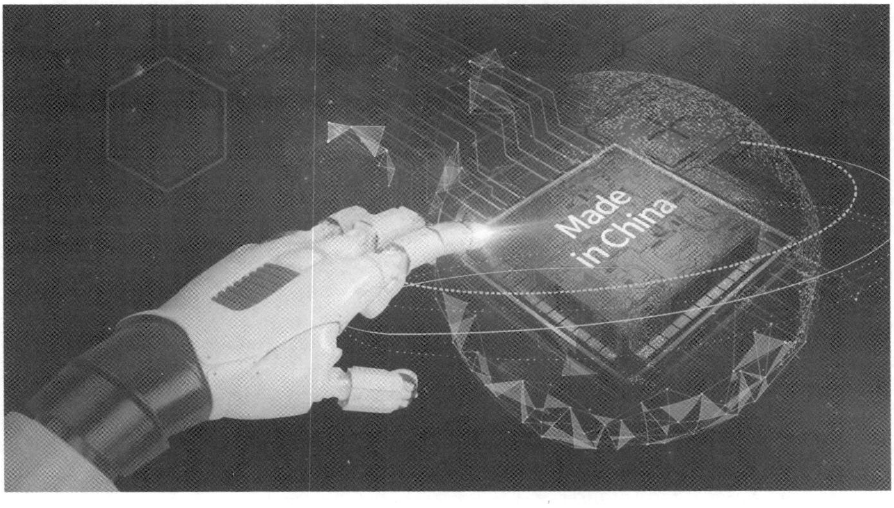

当前，以互联网、大数据、人工智能为代表的新一代信息技术持续与制造业加速融合，正引发生产方式、组织模式和商业范式的深刻变革，加速传统产业数字化改造进程，推动新模式、新业态加速涌现，重塑工业生产制造和服务体系，为制造业数字化、网络化、智能化转型注入新动能、新活力。

第十三章 制造业新模式、新业态实践方法论

制造业数字化转型新模式、新业态是广大制造业企业在自身业务转型过程中的先进探索，是工业互联网平台赋能制造业数字化转型的价值集中体现。面临着数字经济浪潮和经济结构调整，培育新模式、新业态能够为制造业注入新的动能与活力，推动制造业高质量发展。

一问：制造业新模式、新业态是什么

制造业新模式、新业态是当前数字经济快速发展的时代产物，它因新一代信息技术与制造业融合而起，并伴随着工业互联网平台的兴起而不断迅速壮大，已初步形成规模，在制造业数字化、网络化、智能化发展中发挥着重要作用。

一、定义

制造业新模式、新业态是指在制造业数字化转型过程中，依托新一代信息技术推动企业内部价值链和外部产业链的分工与重组，基于工业互联网平台推动模式创新和业务再造，形成的新型业务运行模式和产业组织形态，是制造业企业转型升级的先进探索和智慧结晶。

二、内涵

制造业新模式、新业态本质上是一种基于工业互联网平台推动数据的模型化封装，固化技术、知识、经验等资源，促进工业知识经验的复用，引发制造业发生深刻变革的新型业务运行模式和产业组织形态。工业互联网平台通过实现研发设计、生产制造、产品流通与售后服务等业务系统云化改造，汇聚整合数据资源，

从数据资源、业务创新、组织管理等方面培育制造业新模式、新业态的应用场景。

三、组成

在新模式方面，主要有数字化管理、平台化设计、智能化制造、网络化协同、个性化定制、服务化延伸等。数字化管理主要聚焦资产管理、运营管理、组织管理等场景；平台化设计主要聚焦研发模式协同、研发能力共享、研发生态构建等场景；智能化制造主要聚焦智能设备、智能产线、智能服务等场景；网络化协同主要聚焦协同设计、协同制造、协同运维、供应链协同等场景；个性化定制主要聚焦大批量、少品种定制，小批量、多品种定制和“小作坊式”单件定制等场景；服务化延伸主要聚焦产品效能提升服务、产业链条增值服务、综合解决方案服务等场景。

在新业态方面，主要有零工经济、共享制造、现代供应链、工业电子商务、产业链金融等。零工经济主要聚焦开源社区、创客平台、协同外包服务平台等场景；共享制造主要聚焦制造能力共享、创新能力共享、服务能力共享等场景；现代供应链主要聚焦供应链协同、柔性供应链、智慧物流等场景；工业电子商务主要聚焦集采集销、垂直行业电商、工厂直销等场景；产业链金融主要聚焦融资租赁、互联网信贷、精准投保等场景。

二问：制造业新模式、新业态为什么有利于推动制造业高质量发展

制造业新模式、新业态作为互联网、大数据、人工智能等新一代信息技术与制造业深度融合的价值集中体现，正在重塑工业生产制造和服务体系，为制造业数字化、网络化、智能化转型注入新动能、新活力，对企业、产业乃至社会经济都产生了重要作用。

一、增强企业综合竞争力

大力发展制造业新模式、新业态有利于提升企业的数字化能力，塑造企业综合竞争力。**一是提升效率。**通过运用数字技术，优化企业组织管理、生产制造、客户服务等环节，促进信息快速流转、决策指令精准执行，提升企业综合效率。

二是提高质量。通过工业生产全过程和全场景数据采集，贯通产品全生命周期数据链，构建质量安全追溯体系，迭代优化生产过程，提高产品质量和基于产品的服务质量。**三是降低成本**。通过打通研发、生产、管理等环节的数据链，创新组织协同方式、劳动力工作体制和生产制造模式，促进企业资源的优化配置。

二、拓展产业发展新空间

制造业新模式、新业态以新技术支撑新供给，构建用户实时交互体系，动态感知市场需求变化，推动产业链重塑，拓展产业发展新空间。**一是产业链资源共享**。基于工业互联网平台推动生产资料、生产工具、制造能力、工业知识等云端汇聚和平台共享，降低整个产业链的生产制造门槛，提高产业链的供给能力。**二是产业链协同合作**。基于产业链上下游的数据贯通，推动其上下游企业加强合作，实现订单快速拆分、多企业异地协同制造、快速集成组装、优化生产能力和协调配置。**三是产业链价值延伸**。基于工业互联网平台，打通产业各环节的数据链，挖掘数据价值，推动整个产业链沿价值链向高端延伸，促进产业逐步由生产制造型向生产服务型转变。

三、培育新的经济增长极

对经济社会而言，制造业新模式、新业态为经济发展注入了新的动力，引领了工业经济发展的新方向和新潮流，有利于扩大新型经济体量，培育新的经济发展增长极。**一是扩大存量经济**。通过培育推广制造业新模式、新业态，提升企业的研发能力、制造能力和服务能力，助力企业做大做强，树立品牌优势，增强用户黏性，扩大产业规模，从而增加传统经济体量。**二是培育增量经济**。通过打造平台型经济、服务型经济、零工经济、产业链金融等经济新业态，开辟经济发展新市场，吸引资金、人才、技术等多元力量，共建新型经济体系，推动传统经济变革。

三问：制造业新模式、新业态如何系统推动生产运营管理发生深刻变革

制造业新模式、新业态代表了先进的制造体系，是工业互联网平台赋能制造

业数字化转型的产物，需要联合企业内外的各种资源，基于工业互联网平台促进企业模式创新和业务再造。因此培育制造业新模式、新业态的实施路径主要有要素汇聚、平台赋能、模式创新和业务再造 4 个环节。制造业数字化转型新模式、新业态的实施步骤如图 13-1 所示。

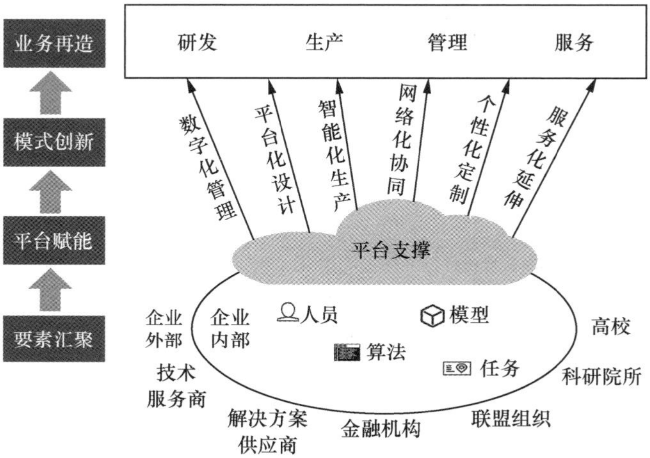

图 13-1　制造业数字化转型新模式、新业态的实施步骤

一、要素汇聚：企业内部和企业外部资源的连接与整合

要素汇聚是培育制造业新模式、新业态的基础，可提供数据、技术、知识等支持，具体包括企业内部资源和企业外部资源。**一是汇聚企业内部资源**。通过打通企业内研发设计、生产制造、运营管理、客户服务等环节的数据链，促进企业内部生产资料、工具、知识等资源的集中调动和优化配置，支撑企业开展根本性变革。**二是汇聚企业外部资源**。通过全产业链的数据贯通进行跨行业、跨领域的交流合作，汇聚整个产业链的优势资源，借助金融机构、科研院所、高校、联盟组织等多方主体的多元力量，共同推动企业数字化转型升级和模式创新。

二、平台赋能：提供数字化改造的知识、工具和环境

工业互联网平台是培育制造业新模式、新业态的重要支撑，承载着企业数字化转型所需要的知识、工具和环境。**一是沉淀知识**。基于工业互联网平台的微服务架

构，推动工业数据、工程师经验、工业科学原理沉淀为大数据模型和工业机理模型，通过模型的分析计算，科学引领企业模型创新和业态培育。**二是沉淀工具。**基于工业互联网平台打通供给侧和需求侧的对接渠道，推动解决方案提供商、技术服务商、专家学者等与制造业企业精准对接，基于平台端提供企业数字化转型咨询和技术服务。**三是打造平台支撑环境。**基于工业互联网平台连接工业全要素、全产业链、全价值链，在云端构建软件开发和运行环境，推动设备上云和传统业务系统云化改造。

三、模式创新：重构生产制造全过程、全产业链

模式创新是培育制造业新模式、新业态的核心，主要体现在数字化管理、平台化设计、智能化制造、网络化协同、个性化定制、服务化延伸等，企业需要基于自身条件"量身定制"。**一是明确需求。**不同的新模式具有不同的基础条件和价值，例如，个性化定制能够为家电、家居等行业增强用户黏性，服务化延伸能够为工程机械行业扩大市场服务，所以企业模式创新需要根据自身的行业特征，选择相应的模式培育应用。**二是创新应用。**新模式区别于传统业务模式，能为企业带来根本性变革，新模式挑战的是企业员工的传统习惯和原有优势。企业应当有针对性地加大对员工的创新思维和应用相关数字技术能力的培养。**三是迭代优化。**新模式的培育应用不是一蹴而就的，企业需要在运营过程中积累用户的体验数据和运营经验，不断进行优化迭代，推动新模式与企业业务完美契合，成为企业竞争力的重要来源，制造业新模式的内涵见表13-1。

表13-1 制造业新模式的内涵

模式	内涵
数字化管理	聚焦工业企业数据开发利用程度低、管理决策效率低等问题，基于工业互联网平台应用打通业务流程、管理系统和供应链数据，通过全链条数据贯通与智能分析，实现组织架构优化、动态精准服务、辅助管理决策等管理模式创新，提升企业经营管理能力
平台化设计	聚焦工业企业研发设计过程中出现的数据流通不畅、设计协同性不够、不同环节间脱节等问题，基于工业互联网平台汇聚人员、算法、模型、任务等设计资源，实现高水平、高效率的轻量化设计、并行设计、敏捷设计、交互设计和基于模型的设计，变革传统设计方式，提升研发质量和效率

（续表）

模式	内涵
智能化制造	聚焦传统工艺技术落后、生产效率低、管控能力弱等问题，通过对制造过程的数字化改造，推动设备、系统与平台等之间数据的互联互通，实现对生产制造过程的动态感知、实时分析与科学决策，提升生产效率和产品质量，提高资源能源利用率与生产安全水平，实现数据驱动的智能化制造
网络化协同	聚焦产业链结构复杂、信息不对称、协作效率低等问题，通过工业互联网平台汇聚设计、制造、运维、供应链等各个环节主体，推动关键数据共享和制造资源优化配置，实现跨企业、跨地区、跨行业的研发协同、制造协同、供应协同，打造覆盖产品全生命周期的云化服务与协同服务，以数据价值网络推动产业链延伸与价值链升级
个性化定制	聚焦产品附加值较低、无法有效满足多样化市场需求等问题，通过工业互联网平台增强用户在产品全生命周期中的参与度，精准挖掘用户需求，并基于数据分析、模型库共享与供应商协同，实现模块化与个性化设计、柔性化生产、智能仓储和准时交付，实现高效率、零库存的生产模式
服务化延伸	聚焦传统制造竞争力下降、设备运维成本高、售后服务要求高等问题，基于工业互联网平台实现对产品的远程互联和数据分析，实现产品追溯、远程运维、分享制造、供应链金融、回收利用等服务模式的创新，推动传统制造向制造服务转变，从出售产品向“产品+服务”转变，拓展数字服务领域，重塑企业竞争力

四、业务再造：推动业务逻辑重塑与价值延伸

业务再造是制造业新模式、新业态的最终展现形式，涉及企业研发、生产、管理、服务等业务环节。**一是研发业务再造**。依托工业互联网平台创新传统产品研发设计方式，通过网络化协同实现高水平高效率的并行设计、敏捷设计和交互设计，提升企业研发质量和效率。**二是生产业务再造**。通过智能化生产改造，进一步实现机器代替人生产和柔性化生产，通过网络化协同推动设备、产线和工厂开展协同制造，通过个性化定制开展基于用户需求的产品服务。**三是管理业务再造**。运用数字技术和数字化管理模式，以数据驱动高效运营管理，推动管理组织由刚性结构向液态组织转变。**四是服务业务再造**。通过服务化延伸，推动企业原有的制造业务向价值链两端高附加值环节延伸，从以加工组装为主向“制造＋服务”转变，从单纯出售产品向出售“产品＋服务”转变。

第十四章
做通变量：生产运营管理新模式

当前，世界经济正处于提挡换速、转型升级的关键时期。新一代信息技术与制造业深度融合，正引发生产方式、组织模式和商业范式的深刻变革，推动数字化管理、平台化设计、智能化制造、网络化协同、个性化定制、服务化延伸等制造业新模式加速涌现，为制造业数字化、网络化、智能化转型注入新动能、新活力。

数字化管理

海尔、富士康、树根互联等企业在开展数字化转型的过程中，基于各类工业互联网平台打通核心数据链，实现覆盖生产制造、产品全生命周期及供应链的数据贯通，推动资产管理、运营管理、组织管理等方面的数字化管理创新，提升了企业的管理能力和效率。

一、数字化管理的新型特征

1. 数据：从附属产物到生产要素

在传统生产过程中，由于收集、存储、传输、分析等能力的限制，数据始终作为企业业务流程的附属产物而存在，其价值一直无法被深入挖掘。随着信息技术的飞速发展，识别、计量与管理海量数据的算法、算力不断完善，数据的价值被充分释放，逐渐成为企业重要的生产要素。企业可基于工业互联网平台开展数字化管理，打通研发、生产、管理、服务等环节，实现设备、车间、物流等数据的泛在采集，推动全生命周期、全要素、全产业链、全价值链的有效联接，形成状态感知、实时分析、科学决策、精准执行的数据流动闭环，辅助企业进行智能决策，显著提升企业风险的感知、预测、防范能力。

2. 管理：从业务驱动到数据驱动

传统的管理模式基于业务驱动，依赖个人的经验和直觉，节点间的信息分享不畅，分析的过程和结果往往难以有效复用，无法满足数字经济时代企业经营管理快速迭代创新的需要。数字化管理从业务的数字化监测、分析、模拟和计划入手，通过数据挖掘分析，结合虚拟仿真、AR/VR 等数字孪生技术，打造真实映射物理世界的数字孪生世界，持续将业务流程标准化、精细化、可视化，实现员工与业务的集中管控和资源的统筹配置，提升企业对关键资源管理的能力。

3. 组织：从刚性架构到液态架构

传统企业组织架构多为科层制，通过对权力的分级配置，保证了决策的可靠性、员工的控制力和业务的稳定性。然而，对外界变化反应不灵敏、机构设置逐渐冗杂、沟通交流烦琐等弊端使刚性架构难以适应当今商业运营的需要。数字化管理以数据流带动人才流、资金流、技术流自由流动，降低了人才、资金、知识等在部门间流转的门槛限制，形成合作性强、流动性强、主动性强的液态架构，打造全员共治、自组织、自适应的组织形态，既增强了协同创新的意愿与效果，又激发了组织和个体的创新和创造活力，提升了企业创新实践能力。

二、数字化管理的应用场景

1. 资产管理

一是管理可视化。基于工业互联网平台对零件、设备、产线等进行 3D 建模，建立数字孪生生产线，进行模型仿真并实时呈现生产全过程。**二是故障预测。**通过打造覆盖全生命周期的数据流，广泛收集设备信息，基于实时数据开展大型设备的故障预警、故障诊断和预测性防护等。**三是智能分析。**基于工业互联网平台，持续采集企业研发、生产、物流等生产经营数据，并结合知识图谱、专家系统等开展基于数据的辅助智能决策，驱动企业生产经营活动优化升级。

例如，通用电气公司聚焦航空发动机、燃气轮机、风机等重点设备，基于 Predix 工业互联网平台提供数据驱动的设备健康和故障预测、生产效率优化、排程优化等应用，有效解决了传统工业的质量、效率、能耗等问题。富士康基于BEACON工业互联网平台连接海量设备并在核心层（边缘层）和云端进行统一管理，仅在云网设备领域就使管理成本下降9%、每百万元营收制造费用降低11%。

2. 运营管理

一是成本控制。工业互联网平台打破了传统的工作模式，运用数字化工具优化了预算管理、备品管理、绩效管理等业务，提升了管理自动化、智能化水平，有效降低了企业运营成本。**二是资源优化。**工业互联网平台可以快速精准对接供给侧与需求侧的信息，推动集团内部企业及上下游企业数据、技术、人才等资源共享，提升资源配置能力。**三是精准营销。**工业互联网平台可以全方位收集客户数据，开展用户行为分析，精准描绘客户画像，挖掘潜在业务场景，精准提供个性化服务，提高用户满意度。

例如，寄云科技基于工业互联网平台打通企业运营和现场管理之间的隔阂，大幅降低了企业一体化管理的难度，助力彩虹集团特种玻璃事业部单条产线运营成本降低20%。

中国电信天翼云工业互联网平台融合了设备数据采集、工业PON、数据汇聚、大数据分析等云网融合优势，实现了智能燃气表和燃气调压站产线的数字化改造，汇聚关键设备的数据采集，能源、原辅料、用户燃气使用的实时数据和历史数据，形成需求驱动的燃气调度模型，助力飞奥燃气实现数字化运营管理。项目实施后，飞奥燃气表产线增效38%、万台故障率降低3%，燃气调压站产线增效43%，营业额增长30%，客户满意度提升96.3%。

3. 组织管理

一是自组织。工业互联网平台可以优化管理模式，根据业务需要动态分配任务、量化工作指标等，建立科学合理的赋权系统，在变化中寻求员工与企业共同生长的空间，建立平台化、“去中心化”的分布式组织架构。**二是零工模式。**工业互联网平台可以打破传统的用工方式，将企业改造为赋能平台，汇聚广大中小企业与第三方开发者，及时挖掘潜力型团队并予以资源支持，充分激发企业和员工的积极性、主动性和创造性。

例如，海尔集团基于COSMOPlat工业互联网平台打造“去中心化”的自治组织，持续组织架构改革，共培育了4000多个小微企业，2018年实现生态收入151亿元，加速管理扁平化、企业平台化、员工创客化。

三、数字化管理的落地路径

1. 夯实数据采集基础，加快设备业务协同上云

一是强化设备上云上链，加快重点设备和关键业务系统上云，提高数据流通速率。二是夯实设备互联基础，推进工业互联网的网络建设与优化，深化5G、时间敏感网络（Time Sensitive Networking，TSN）技术的应用，持续推进企业内外网络改造。三是深化企业数据中心建设，满足高带宽、大流量、高速率的访问应用需求。

2. 增强模型有效积累，推动工业知识沉淀复用

一是加快培育重点设备模型。针对高耗能设备、动力设备等建立设备寿命预测、运行参数模拟等模型，为构建数字孪生生产线提供数据支撑。二是加快培育关键业务模型。引入业务建模数字化工具，开发机理模型管理引擎，针对研发设计、生产制造、运维服务等环节提供数字化管理手段，为优化流程奠定良好的基础。

3. 强化解决方案培育，提升企业资源整合效率

一是打造资产管理解决方案。建设数字孪生生产线，围绕设备预测性维护、故障诊断等开发一批工业App，提高生产经营过程中的数据采集、分析和应用能力。二是打造运营管理解决方案。打破部门壁垒，加快数据、知识等跨部门流动，形成供应链管理、资产管理、库存管理等解决方案。三是打造组织管理解决方案。建设基于平台的员工赋能、赋权体系和绩效评价系统，构建按需调动、按劳分配的液态组织架构。

4. 完善数据应用生态，充分挖掘数据要素价值

一是研制推广数据管理标准，贯彻落实工业大数据发展指导意见，探索建立数据分级分类管理制度，开展数据管理能力成熟度模型（Data Management Capability Maturity Assessment Model，DCMM）贯标。二是提升数据安全保障，建立工业数据防护体系架构，打造线上线下相结合的安全体系，提升企业的工业数据防护能力。三是为员工开展数据应用和相关工具使用培训，培育一批数

据管理人才，提升企业内部的整体数据分析和使用效率。

平台化设计

商飞、云道智造、橙色云等企业积极探索流程优化和研发模式创新，基于工业互联网平台，汇聚人员、算法、模型、任务等设计资源，实现高水平、高效率的轻量化设计、并行设计、敏捷设计、交互设计和基于模型的设计，提升研发质量和效率。

一、平台化设计的新型特征

1. 用户：从旁观者到参与者

部分传统制造业企业缺少仿真设计、数字孪生等软件工具，产品的设计评价、装配校核和功能测试环节多基于实物而非数字化模型。由于存在研发周期长、环境要求高、技术上手难等问题，所以用户很难全程参与产品的研发设计。在平台化设计模式中，企业借助工业互联网平台开展交互设计，将用户需求可视化、模块化，用仿真软件“拖拉拽”的形式代替原有实物加工，降低操作难度，减少投入时间，让用户深度参与产品的设计流程，满足用户个性化定制需求。

2. 企业：从研发环节独立到全流程一体化

传统制造企业产品设计往往涵盖研发、生产、售后等多个环节，由于受到研发数据流通、研发侧重点不同等多种因素的影响，设计协同性不够，存在环节间脱节的现象，导致试错成本高、研发低效、产品质量极难得到保证。在平台化设计模式中，一方面，企业研发设计环节的模型可与生产、测试、销售、运维等多个环节共用，明确各个环节的设计需求，对产品的结构、外观、功能、性能、寿命等要素进行一体化设计，减少时间和资本投入，保障产品质量。另一方面，企业研发设计所需要的数据从生产、服务等多渠道反馈，推动产品全生命周期的信息共享，实现研发设计过程中数据的流转、集成和贯通，提高产品设计质量和研发效率。

3. 模式：从实验为主到虚拟仿真

传统制造业的研发模式是基于实物的反复实验测试，需要企业投入大量的资金、设备、人员、时间等，这将导致中小企业研发门槛高、难度大，产业整体创新效率和产品服务丰富度极大受限。平台化设计模式基于工业互联网平台在赛博空间构建起现实物理环境、产品或系统模型的映射，实时反映真实系统的运行状态，实现在虚拟空间对产品模型进行修改、测试、验证和分析，大幅减少迭代过程中物理样机的制造次数、时间及成本，帮助企业以更少的成本和更快的速度将创新技术推向市场。

二、平台化设计的应用场景

1. 研发模式协同

一是研发—研发协同。基于工业互联网平台构建模块化产品平台，将模块分为一级、二级、三级模块，每一级模块包含基本模块、必选模块和可选模块，通过模块的组合，实现多个研发主体间快捷、标准化进行研发设计，提高资源的利用率和零部件的通用率。二是研发—生产协同。基于工业互联网企业构建产品数据管理（Product Data Management，PDM）平台，集成产品方案设计、性能分析、制造加工、过程管理等多个环节，实现产品研发和制造过程的并行化，及时发现设计过程中存在的工艺问题，同时为产品后期服务提供支撑环境。三是研发—服务协同。基于工业互联网平台，提升研发设计全流程效率，实现设计供需的快捷对接、用户对方案的快捷反馈、设计人员基于反馈的快捷优化及管理层对方案的快速审核。

例如，金航数码科技有限责任公司和上海飞机设计研究院立足解决产品协同研发、模型传递、“数据孤岛”、规范体系、工业知识软件化等方面的问题，构建基于工业互联网、知识和数据驱动的复杂航空产品数字化协同建模与仿真的工业互联网平台，助力上海飞机设计研究院实现了数据线上流转率达 100%、研发任务人员工时缩减 30%、产品需求满足率达 100%。

2. 研发能力共享

一是云设计。基于工业互联网平台，企业在云端构建产品协同研发的工作环境，将数据、人才、模型、工具等研发设计资源在线汇集，形成研发资源在线共享、研发业务在线协同的新型研发体系。二是众包设计。基于工业互联网的众包平台汇聚分散的中小型设计团队及个体专业设计人员，需求方借助平台发布设计需求，通过自动匹配和悬赏等方式快速对接服务提供方。

例如，橙色云基于平台化设计的理念推出的橙色•云工业产品协同研发平台，集成设计资源、设计工具、交流工具、云端存储空间等，在云端汇集了来自全球的25万名工程师，线上累计发布需求超8000个，实现研发能力线上共享，助力中小企业开展自动化改造与数字化转型。

3. 研发生态构建

一是基于平台研发。企业基于平台采用众包市场的方式吸引开发者提供工业模型设计、工业机理梳理、工业App开发等服务，借助外部创新力量推动技术应用突破，加快技术在具体工业场景中从量变转向质变。二是开发者社区。基于工业互联网平台搭建开源社区，封装研发设计方案、行业知识和基础模型，并以微服务组件方式提供调用，为第三方开发者提供基础数据、开发工具、应用环境等支持。

例如，云道智造推出的Simdroid采用“仿真平台+仿真App”的第三代仿真软件系统架构，具备完善的图形交互式仿真开发环境，仿真App开发工程师通过简单的鼠标拖曳即可便捷地开发仿真App，实现了仿真技术的定制化、轻量化和自动化，大幅降低了仿真App的开发门槛，推动仿真技术普惠发展。

三、平台化设计的落地路径

1. 聚焦数据研发价值，完善数字基础设施建设

一是加快研发设施升级改造，结合工业互联网平台的普及趋势和企业的发展需求，全方位推动设计软件迭代优化，研发设备智能化升级，提高企业研发环节的数据采集能力。二是部署5G、TSN、SDN等新型网络设施，打造低时延、高可靠、广连接的工业网络体系，为在赛博空间构建产品虚拟孪生体和打造移动端研发App提供完备的网络支撑。三是建设云端研发数据中心，在云端汇聚各方主体研发数据资源，打造研发数据流通闭环，保证“设计—生产—服务”环节数据的连续性、一致性，以数据的流动高效串联起企业的各个部门。

2. 关注共性需求场景，深化新兴技术融合应用

一是遴选一批有代表性的研发设计需求场景，重点培育可复制、可推广的共性场景解决方案，实现产品零部件的标准化、研发生产流程的规范化。二是优化软件工具供给，引导企业加快研发覆盖产品全生命周期的仿真设计、数字孪生等设计软件工具，构建配套工作环境。三是加强大数据、人工智能等新一代信息技术与工业互联网平台的深度融合，探索图像识别、语义识别、聚类分析等技术应用，围绕用户设计需求，提供高质量、有温度、全流程的交互服务。

3. 围绕多方合作共赢，加速平台体系互联互通

一是确保设计、制造同步，基于工业互联网平台打通研发、生产和服务环节数据壁垒，在设计环节充分考量生产工艺、运维成本等产品全生命周期因素，降低试错成本。二是加强设计能力共享，推广云设计、众包设计等协同设计场景，加速闲置设备、技术和人才在云端汇聚，针对不同的需求高效匹配解决方案。三是促进设计生态协同，推动“产、教、研”一体化，鼓励相关高校、科研机构和企业共建工业互联网平台，分享设计资源，共同探索行业实践与设计技术结合路径。

智能化制造

富士康、徐工集团、商飞等企业在开展数字化转型的过程中，基于工业互联网平台实现了新一代信息技术与工业生产各个环节的深度融合渗透，全面提升设备、产线、服务的智能化水平，形成具有自感知、自学习、自决策、自执行、自适应等功能的新型生产方式。

一、智能化生产的新型特征

1. 设备智能化

企业传统的信息化架构是由机器、PLC/DCS[1]、SCADA、MES、ERP/MRP[2] 构成的五级架构，主要解决工业生产自动化问题。缺点是不能对设备运行状态进行实时分析

1 DCS（Distributed Control System，分散控制系统）。

2 MRP（Material Requirement Planning，物料需求计划）。

和处理，也没有实时反馈功能。机器设备可以调用工业互联网平台中的工业机理模型实现对设备运行状态的实时现场分析和决策，推动传统工业物联网技术从边缘控制向边缘计算演进。

2. 生产柔性化

传统生产线是专线专用的自动化产线，适用于大批量、少品种订单，在小批量、多品种订单上存在交货周期不稳定且偏长的问题。基于工业互联网平台全面感知、动态交互的特性，在生产线上密布传感器，对生产线上的每个加工配件自动识别，并将数据传送到工业互联网，调用工业机理模型，确定每个配件的生产路线和工序，从而实现混线生产，提升生产线敏捷和精准的反应能力。

3. 优化动态化

传统工业生产优化过程可以对企业上一周期的生产运转情况进行分析，制订优化方案，从而对下一周期的生产进行调整优化。通常情况下，离散工业以周、天为优化周期，流程工业以批次为优化周期。工业互联网平台作为连接“人、机、料、法、环”等全生产要素的重要载体，其全流程贯通的数据流可以完整、实时、动态地反映现实生产全过程，通过调用工业机理模型可实时分析工业生产运转情况，对生产进行实时调整优化，实现动态交互的生产优化。

二、智能化生产的应用场景

1. 智能设备

一是设备状态监测。工业互联网平台可以采集温度、电压、电流等数据，直观地展示设备的实时状态，实现设备全面、实时、精确的状态感知。**二是设备故障诊断**。利用大数据分析技术，可对设备工作日志、历史故障、运行轨迹、实时位置等海量数据进行挖掘分析，基于知识库和自学习机制建立故障智能诊断模型，实现设备故障精准定位。**三是预测性维护**。工业互联网平台可以分析预测设备关键部件的变化趋势、产品寿命和潜在风险，提前预判设备零部件的损坏时间，主动进行维护服务。

例如，安徽容知日新科技股份有限公司打造的集中化云智能诊断平台，作为石化行业设备预测性维护与设备完整性管理的重要支撑，打破了时间、空间、地域上的限制，打造了基于工业物联网、多源数据、云计算、AI 算法、故障知识体系的设备预测性维护系统，将设备运行的有效运行时间提升了 10% ～ 20%、使维护检修成本降低了 5% ～ 10%，显著降低了设备突发功能性故障的频次，减少了因设备故障引发的次生事故。该公司的云智能诊断平台已经接入石化行业数万台风机、泵、压缩机、挤出机、搅拌器等关键设备，助力中石化等行业龙头企业向预测性维护为基础的智能运维模式转变。

发那科 AI 热位移校正线切割机床，通过检测机器运行期间的环境温度或发热情况，结合机器学习技术，不需要人工干预，机器便可自动分析和校正温度变化引起的热位移，与传统做法相比，此做法使加工精度提高了 40%。

2. **智能产线**

离散行业企业基于工业互联网平台，打通了基于 CAD/CAE/CAM/PDM 的产品设计环节和基于 DCS/MES 的生产制造环节，打通了工业设备监控操作层和生产运营管控层的数据流通路径，实现了设计制造协同、生产管理优化、设备健康管理、产品增值服务、制造能力交易，提升了企业生产制造全过程、全产业链的精准化、柔性化、敏捷化水平。流程行业企业在实际生产前，会利用数字孪生技术对原材料配比和工艺流程进行全方位的模拟仿真，优化原材料配比参数和装置优化路径；在实际生产过程中，基于过程控制和制造执行系统对生产过程进行状态监测、故障诊断、预测预警、质量控制及节能减排管理，实现生产过程的集约高效、动态优化、安全可靠和绿色低碳。

例如，惠普公司利用西门子 Xcelerator 从生产和设计产生的数据中建立产品和性能的数字孪生，实现决策过程的闭环，从而持续优化产品设计和制造过程，使打印机的打印喷头冷却机的流速提升 22%，打印速度提高 15%，产品研发速度提升 75%，部件成本降低 34%。

商飞基于工业互联网平台结合 5G、射频、VR 等技术，构建基于数据驱动的产品、设备、工装、物流、人员、刀具量具等生产要素全过程管控，实现对生产环境、生产状态、复合材料等的全方位跟踪与优化，提升生产的智能运营管理水平，使零配件定位误差在 3 厘米以内，运营成本降低 20%，生产效率提高 20% 以上。

3. 智能服务

一是供应链风险管理。利用知识图谱技术，汇聚和分析影响供应链的各种关键风险因素，识别和预判供应链管理的风险点，自动提出降低供应链风险的建议以辅助决策，保障供应链稳定。**二是产品质量检测。**利用机器视觉和深度学习技术，构建具有学习能力的图像识别模型，并用海量产品照片来训练模型，逐步迭代和提高图像识别模型的认知能力，为工业流水线带来了精准度高、速度快、稳定性强的质检服务。**三是精准营销。**利用大数据用户画像，了解客户需求偏好、行为偏好、渠道偏好，在广告产品推送中直达目标客户，提供差异化营销服务，提升客户体验。**四是智慧物流。**利用深度学习和全局最优化技术，对物流的运输网络、仓储布局、运力排程、动态调度、道位排程等进行全局动态优化，实现车辆装载、运力资源、运输效率、仓储运作的最优化，提升物流运作效率，降低物流运作成本。

例如，日本 Macnica 公司与 VAIO 合作，构建供应链知识图谱，通过企业语义网实现供应链风险管理与零部件选型，提升供应链风险管理水平。

上汽安吉物流将人工智能技术应用到汽车物流供应链中，综合考虑客户需求、可调配轿运车数量、装载率、客户交货期、道位时间段、装载组合、最早可利用时间、拼车的先长后短、物流分公司的运输量比例、小型车后配载等，使上汽集团汽车物流每年降本增效 2% ～ 5%。

三、智能化生产的落地路径

1. 聚焦边缘数据，打造高效边云协同体系

一是在边缘数据采集方面，安装智能传感器、摄像头、三维扫描仪等数据采集工具，利用泛在感知技术，采集研发、生产、销售环节的多源设备、异构系统、运营环境、人员等数据，实现对企业运行状态的全面感知。二是在边缘数据分析方面，在重点装置和关键节点部署机器学习和深度学习算法，在边缘控制器上集成分析引擎，实现对装置的自动调整和优化，在模型、数据、服务 3 个方面实现边云协同。

2. 聚焦模型开发，强化机理模型供给能力

一是围绕工业设备，开发设备状态监测、设备故障分析、设备预测性维护、人

机智能协同等模型，提高设备智能管控水平。二是围绕生产制造，利用数字孪生、机器学习等技术，开发工艺优化、生产排程、设计制造协同、质量管控、节能降耗等模型，促进企业优化生产全过程。三是围绕企业服务，利用深度学习、知识图谱、机器识别等技术，开发供应链风险管理、产品智能质量检测、精准营销、智慧物流等模型，提高服务智能化水平。

3. 聚焦应用场景，深化解决方案应用推广

一是围绕设备管理，基于平台的数据沉淀和模型应用，制订设备状态监测、故障诊断、预测性维护、自主控制等解决方案，提高设备智能化管控水平。二是围绕企业生产，面向离散行业制订设计制造协同、生产管理优化、设备健康管理、产品增值服务、制造能力交易等解决方案；面向流程行业制订生产过程状态监测、故障诊断、预测预警、工艺优化、质量控制、节能减排等解决方案，实现生产全过程优化。三是围绕企业服务，制订供应链管理、产品质量检测、智慧物流、精准营销等解决方案，加速服务在线化、实时化、智能化升级。

网络化协同

航天云网、商飞、石化盈科等企业在开展数字化转型的过程中，依托工业互联网平台开展协同设计、协同制造、协同运维、供应链协同等业务，加速构建大配套、大协作的网络化协同体系，实现研发、制造、管理、运维的一体化协同。

一、网络化协同的新型特征

1. 数据：从“局部孤岛”到连通体系

在传统工业体系中，数据由各机构自主存放和维护，造成物理上的“数据孤岛”，而且数据逻辑相对孤立，沟通成本高，使用价值低。各类工业互联网平台利用大数据、物联网、人工智能等新一代信息技术将各生产要素、企业与企业、企业与社会连接起来，构建产品全生命周期的泛在连接，将各个生产环节和制造主体进行统筹运作，打通“数据孤岛”，形成数据连通体系，以数据的自由流动化解工业场景中的不确定性。

2. 资源：从价值链条到价值网络

传统制造业的价值链以产品为中心，围绕产品生产的各个环节，聚焦节约成本和发现新利润，优化已有的价值链，创造价值链新节点。随着工业互联网平台在垂直行业的深耕，其正在对企业价值链的各个环节进行渗透和改造，催生各种新型生产要素和创新业务模式，优化资源配置，变革经营价值系统与决策逻辑，使传统模式下的价值链条演变为以用户为中心的价值网络。

3. 业务：从串行推进向并行协同

传统制造业业务模式基于串行工程，生产活动在各部门之间有序进行，每个生产活动完成后再转向下一个环节，生产流程长、效率低、成本高。工业互联网平台汇聚各方资源，实现设计商、制造商、供应商、专业化生产企业的高度协同，推动设计、制造、供应链、服务各个环节的并行联动，形成跨地域、多专业、多学科高度融合的业务协同模式，从而降低了运营成本，提高了产品质量，提升了生产效率，缩短了产品生产周期。

4. 能力：从局部优化到全局优化

传统制造业运营模式聚焦原材料采购、设备工控、生产排产等局部环节的优化，各个环节之间缺乏联动，不易产生规模效应。依托工业互联网平台，推广网络化协同运营，聚焦供应链一体化优化、生产运营集成管控、资产全生命周期管理等主线，可提升企业全局协同优化、预测预警、安环管控等能力。

二、网络化协同的应用场景

1. 协同设计

一是基于模型的设计。面向需求分析、架构设计、方案设计、详细设计、仿真验证等场景，以统一模型、统一数据源进行信息传递，实现设计、制造、供应、运维的协同，缩短研发周期，提高研发效率。**二是集成产品研发（Integrated Product Development，IPD）。**将串行、单一管理模式扩展为广义研发领域多主体协同，围绕需求、架构设计、方案设计、详细设计、仿真验证等场景的一体化，形成跨地域、多专业、多学科高度融合的业务协同研发模式。

例如，华为在引入 IPD 3 年之后，高端产品上市时间从 70 个月缩短到 20 个月，中端产品从 50 个月缩短到 10 个月，低端产品缩短到 6 个月以下，研发费用占总收入的百分比从 12% 降到 6%，研发损失从 25% 降到 6%。

2. 协同制造

一是云制造。云制造依托工业互联网平台，整合部件生产厂、组装厂等生产资源，构建网络化制造系统。云制造将复杂产品的生产任务按照流程、工序、结构等特征，分解为部件生产、焊接、组装等进程，并依照工厂的人员、设备、产能等属性和市场需求合理配置生产任务，推动生产订单与产能高效匹配。**二是云排产**。云排产根据市场、厂区、库房的动态信息协同定制生产计划，及时调整生产所需的“人、机、料、法、环”等配套供给，保障按质、按量、按时交付产品。**三是共享制造**。共享制造借助工业互联网平台的双边连接作用，打破行业壁垒，打通行业信息不对称，实现制造业闲置设备、技术和人才的供求合理化、高效化匹配。

例如，西飞通过资源、信息、物料和人的高度互联，确保工艺流程的灵活性和资源的高效利用，成功将整机制造周期缩短到 15 个月左右。

3. 协同运维

一是人员和设备协同。依托工业互联网平台，采集、监测、分析产品全生命周期数据，分析运维需求，定制服务进程，动态调配人员和设备，实现服务能力跨部门、跨企业的调度和协同。**二是运维知识协同**。依托工业互联网平台，推动专家库、工具库、运维知识库、客户信息库等服务资源共享，规范运维流程，保证运维质量，实现“用户提出需求，集中供给服务”的新型服务模式，提升运维服务在线化、网络化、协同化水平。

例如，生意帮通过网络众包分包、精准供应链匹配、全生命周期品控等，为创客团队、外贸公司、工厂等提供高性价比的供应链解决方案，该方案涉及模具加工、五金加工、表面处理、成品采购等，有效缩短了工期、提高了效率、降低了成本，实现制造业委托外加工环节生产力的智能调度和统筹优化。

4. 供应链协同

一是精准化供应链。制造业企业依托工业互联网平台整合上下游资源，建立产供销各方的物流、信息流和资金流协同一体的运作体系，提供面向客户的库存管理、零部件管理、实时补货、物流配送等服务，实时响应客户的交付需求。**二是社会化供应链。**基于工业互联网平台的供应链协同管理不断向产业链上下游拓展，推动跨企业、跨地区、跨产业链的数据共享、信息互通、业务协同，实现社会化制造资源的动态优化配置。

例如，石化盈科依托工业互联网平台，对生产进度、质量、原油采购等进行监督和管控，提高供应链的反应速度、匹配精度和调运效率，降低原油采购成本，减少成品和在制品的库存，加快供应链反应速度。

三、网络化协同的落地路径

1. 夯实网络基础，提升技术支撑能力

一是加快信息网络基础建设，持续加强制造业与新一代信息技术融合发展，通过技术研究、测试验证、人才培养结合等方式，全方位地推动工业互联网创新应用。二是推动企业加快工业设备联网上云、业务系统云化迁移。加快各类场景云化软件的开发和应用，降低企业数字化门槛。三是推动数据分级分类管理，运用大数据技术挖掘数据的潜在价值，释放数据的新型要素红利。

2. 聚焦场景应用，提高解决方案供给能力

一是围绕基于模型的设计、集成产品研发等场景，优化信息的传输、操作和管理，减少人工试错的次数，优化制造工艺，降低生产错误率。二是围绕云制造、云排产、共享制造等协同制造场景，推动闲置设备、技术和人才的供求合理化与高效化匹配。三是围绕人和设备协同、运维知识协同等运维场景，汇聚共性服务需求，整合海量的社会服务资源，发展集约化、智能化、个性化的服务能力共享。四是围绕精准化供应链、社会化供应链等供应链协同场景，健全质量管理体系，提高产品追溯能力，保障产业链各个环节的精确管控和快速对接。

3. 加强跨界融合，构建协同生态体系

一是推动制造业企业与互联网企业跨界融合。整合制造业企业与工业互联网平台、电子商务平台共享技术、人才、管理、市场、资金、品牌、渠道等资源，实现工业全要素、全产业链、全价值链的网络化协同。二是推动大中小企业融合融通发展。鼓励工业互联网平台企业带动中小企业的核心业务向云端迁移，推

动研发、生产、管理、运维等环节的信息集成和业务协同，催生更多的新模式、新业态。

个性化定制

海尔、航天云网、红领等企业在开展数字化转型的过程中，基于工业互联网平台打通用户需求与研发设计之间的数据流，构建覆盖产品全生命周期的数据贯通体系，以数据自由流动带动企业内各部门人力、物力、财力等资源的协调配置，从而低成本、高效率、全方位地满足用户个性化、碎片化、多样化的需求。

一、个性化定制的新型特征

1. 用户中心化

用户中心化是个性化定制的本质。当前，企业价值链正加速由以产品为中心向以用户为中心转变。**一是用户地位由被动变主动。**在个性化定制新模式中，用户由被动接受标准化产品向主动主导产品供给转变，深度参与产品设计、制造和装配等环节，大幅提高消费的自由度。**二是出售产品由标准化变个性化。**以往制造业企业主要面向重点客户提供统一化、模块化的拳头产品，而长尾经济理论则启示制造业企业要同时兼顾具有个性化、定制化需求的用户，挖掘更广阔的市场空间。**三是服务边界由销售部门变企业全部门。**用户与制造业企业分离的边界点由前端销售部门不断向企业内部延伸，研发、生产、运维等部门以用户定制需求信息为依据，合理安排相关工作，全程响应用户需求。

2. 数据贯通化

数据贯通化是个性化定制的核心。企业基于工业互联网平台将用户定制数据贯通产品全生命周期，串联起研发、生产、运维等部门，为协调各类资源、开展个性化定制服务提供重要支撑。**一是数据准确贯通。**企业要准确获取用户对产品原材料、结构、外观和性能等方面的个性化需求，结合实际使用场景进行数据转化，准确贯通各个业务环节的定制数据，实现各业务部门的一致性、协调性、准确性。**二是数据实时贯通。**企业要保障用户定制数据和生产能力数据在研发、生产、运维等部门间的快速贯通，灵活配置制造资源，及时响应客户需求。**三是数据交互贯通**。企业要确保数据能在各部门之间自由流动，驱动各部门依据定制信息变动进行同步调整，提高企业整体的协作水平。

3. 生产柔性化

生产柔性化是个性化定制的关键。企业基于工业互联网平台整合用户多样化定制需求，提升研发设计、生产制造、原料供应等环节的快速响应和柔性切换能力，开展高精度、高可靠、高质量的个性化定制服务。**一是设计协同**。企业要准确识别用户需求，协调材料、结构、性能等设计部门，实时共享设计数据，制订个性化产品设计方案和生产计划，充分满足用户需求。**二是柔性制造**。企业要根据定制产品的加工要求，通过软件控制系统无缝切换刀具、工装（夹具、治具、检具）、传输设备等产线配置，确保各工序之间紧密衔接，高质量完成定制产品生产，提高企业生产效率。**三是敏捷供应链**。企业要汇聚和梳理用户定制信息，按产品结构拆分形成原材料需求清单，确定采购计划，减少原材料采购提前期，提高供应链协作水平，保障生产活动的原材料供应。

二、个性化定制的应用场景

1. 大批量、少品种定制

家电、服装、汽车等行业面向用户积极开展大批量、少品种个性化定制服务。企业为敏捷地响应用户的个性化需求，可基于工业互联网平台将碎片化、通俗化的需求信息加速转化为标准化、可执行的工艺语言，驱动研发、生产、运维等部门协调配置制造资源，开展智慧化营销、交互式设计、可视化生产、精准化服务等，实现制造资源与用户需求全方位、全生命周期地精准对接。

例如，海尔集团是家电行业开展个性化定制服务的领军企业，其中海尔沈阳电冰箱厂通过部署 COSMOPlat 工业互联网平台，将客户作为产品生态系统的核心，重塑客户关系，实现了整个价值链的“端到端”连接，使定制产品的不合格率降低 59%，定制产品按时交付达到 100%，直接劳动生产效率提高 28%，企业营业收入上涨 44%。

红领集团基于一体化的开放式互联网定制平台——RCMTM，只需要 5 分钟就可以采集人体 19 个部位的数据，依托数据库内 3000 亿个版型数据，可以快速查询到与客户身材相匹配的西装版型，使企业设计成本降低 90% 以上，生产成本仅比规模化生产高出 10%，生产周期缩短近 50%，接近零库存经营，经济效益提升数倍。

2. 小批量、多品种定制

航空、船舶等行业面向企业积极开展小批量、多品种的个性化定制服务。企业基于工业互联网平台推动重点产品数据库开放共享，准确梳理和分析企业对产品材料、结构、性能等方面的个性化需求，将复杂产品需求拆分为标准化、通用化、模块化的零部件和产线配置，提升高端产品模块化设计、柔性化制造、定制化服务能力。

例如，外高桥造船有限公司在豪华邮轮设计方面建立了全球大型协同设计平台，与国外设计公司开展全球化协同设计，并实现与船东之间的图纸送审协同，根据船东的反馈意见不断完善设计方案，实时响应船东的定制需求，使设计效率提高 30%。

3. “小作坊式”单件定制

面向模具、工艺品等加工精度高、交付周期短、定制水平高等用户需求，企业积极开展“小作坊式”单件定制服务。企业基于工业互联网平台可统筹建设线上服务中心，运营线下消费体验中心，明确用户定制需求，并将需求数据贯穿设计、生产、服务等产品全生命周期，自动生成 3D 打印等先进工艺代码参数，快速生产出结构复杂、工艺先进、功能完备的单件定制产品。

例如，共享装备股份有限公司 3D 打印智能成形工厂基于“云＋网＋厂”的新一代铸造智能工厂架构，连通铸造 3D 打印设备、AGV、桁架机器人等智能装备，并在行业云上实现业务集成，实现金属定制模具一次打印完成，成品率提高 20% ～ 30%，铸件生产周期缩短 50%，生产效率提高约 3 ～ 5 倍。

航天云网的 3D 打印云平台可为用户提供多工艺、多材料、多应用的一体化 3D 打印应用解决方案，实现产品快速迭代，缩短供需距离，减少设计制造沟通时间，使“所想即制造”变为可能，助力企业大幅缩短定制产品需求响应时间，提高客户的满意度。

三、个性化定制的落地路径

1. 聚焦业务协作，打造数据贯通体系

一是围绕需求数据贯通，依托工业互联网平台为用户搭建产品定制需求信息搜集渠道，准确反映用户意愿，协调各部门紧密围绕用户需求信息开展相关工作。二是围绕设计数据贯通，基于工业互联网平台推动定制产品设计数据与其他部门、用户之间的实时共享，根据用户反馈准确调整设计参数，并为其他部门提供重要的数据基础。三是围绕生产数据贯通，加强定制产品生产数据在工业互联网平台中的自由流动，方便用户实时查看生产进度，有利于加强各部门业务间的协调。

2. 围绕实时响应，完善边云协同体系

一是加强边缘计算应用。面向产品定制信息整理、生产制造、实际应用等环节，加快边缘计算功能模块与工业互联网平台的集成部署，提高数据采集质量，满足企业与客户之间的敏捷响应。二是部署高性能传输网络。为满足个性化定制新模式中全流程数据贯通的实时性、可靠性、敏捷性要求，需要加快内网改造升级和新型网络部署，为工业互联网平台的运行提供重要的网络保障。三是加强大数据中心建设。加速在工业互联网平台中建立面向需求数据、设计数据、生产数据、质量数据等的大数据中心，加强数据资源整合，推动数据跨领域流动，带动全局资源配置优化。

3. 深化技术融合，夯实应用技术基础

一是面向客户，加强 AR/VR 等新一代人机交互技术在工业互联网平台中的融合应用，降低客户参与个性化定制的门槛，通过产品可视化、互动性展示，准确采集定制产品信息，实现智慧化营销和精准化服务。二是面向生产，加强在工业互联网平台中集成 3D 扫描、3D 打印等先进制造技术的应用，增强生产制造柔性，低成本、短时间、高精度地满足客户的产品定制需求，提高客户的满意度。三是面向管理，加强人工智能、大数据等信息技术与工业互联网平台的融合应用，保障各部门实时响应客户需求，强化企业内各部门协调合作，加快业务流程重组，提高企业管理效率。

服务化延伸

海尔集团、三一集团、徐工集团等企业在开展数字化转型的过程中，基于工业互联网平台创新经营模式，开展设备服务、供应链服务、综合解决方案服务等延伸业务，加速从“卖产品”向“卖服务”转变，实现企业沿价值链向高附加值环节跃升。

一、服务化延伸的新型特征

1. 企业定位：从制造商向服务商转变

传统的制造业企业以生产制造为中心，聚焦制造环节，通过智能化改造和扩大规模的方式，提高产品生产能力，增强企业竞争力。随着市场竞争不断加剧，生产力大幅提升，供需关系发生转变，产品生产能力已经不再是企业提高市场占有率的唯一考量因素，客户往往更加关注企业基于产品提供的服务质量。制造业企业的定位逐渐从制造商向服务商转变，业务范围从单纯的生产加工向提供设备运营维护、支撑业务管理决策、满足客户多样化需求等服务环节延伸，增加产品附加价值，塑造企业综合优势。

2. 产品形态：从产品向产品服务系统转变

传统的制造业企业以产品供应为主营业务，围绕生产环节的技术创新、模式创新、管理创新不断提升产品质量和价值，通过售卖产品获取收益。随着生产力水平的提高，产品本身的价值差异缩减，市场需求从产品导向转变为产品服务系统导向，亟须制造业企业从传统单一的制造环节向两端延伸，开展专业服务活动。制造业企业逐渐从单一以卖产品为核心，转向以提供服务为业务的先进制造模式，将行为触角延伸至产品的整个生命周期，探索基于产品的增值服务和基于需求的服务，拓展业务范围，增加企业利益。

3. 商业模式：从短期交易到长期服务转变

制造业企业的商业模式大多是基于产品交易的“一锤子”买卖，企业盈利来源于订单量和成交额，对于后期运维服务的重视程度不高，用户体验感差。随着客户需求不断升级、产品附加值不断增加，单纯的生产制造和产品售卖的利润空间被压缩，企业亟须寻求新的盈利空间。制造业企业逐渐从“交钥匙工程”式的短期交易向长期运维服务转变，一方面拓展了企业的商业范围，增强了用户黏性，提升了企业的核心竞争力，另一方面形成基于产品全生命周期的数据流通闭环，促进企业在研发设计、生产制造、运营管理等环节优化升级。

二、服务化延伸的应用场景

1. 产品效能提升服务

一是设备健康管理。工业互联网平台汇聚生产设备的制造工艺、运行工况和状态数据等数据，不断沉淀、优化设备故障诊断、预测预警、健康管理等模型。**二是工业产品远程运维。**工业互联网平台采集整合产品设计、运行、环境等数据，提供故障诊断、故障预测、寿命预估等服务。**三是设备融资租赁。**依托工业互联网平台采集设备运行情况、实时工况等设备数据，整合企业生产经营等业务数据，建立客户经营、信用等大数据分析模型，开展信用与质量评级。

例如，上海电气集团基于星云智汇工业互联网平台开展发电机启停时间、故障报警、运行时间、利用效率等状态监控，通过大数据、人工智能进行电机预测性维护提示，为发电机维修提供科学依据，提前部署检修任务，减少非正常停机，实现预测成功率超过 65%，维护效率提升 70%，为维修人员提供了极大的便利。

2. 产业链条增值服务

一是现代供应链管理。依托工业互联网平台开发集中采购、供应商管理、柔性供应链、智能仓储、智慧物流等云化应用服务，可推动制造企业和供应链各主体、各环节的信息流、资金流、物流、商流对接无缝化、透明化、一体化，推动供应链企业业务流程的规范化、标准化。**二是分享制造。**围绕制造能力的集成整合、在线分享和优化配置，基于工业互联网平台开发部署制造能力在线发布、实时对接和精准计费等工业 App，可推动制造能力的可计量、可协同、可交易，面向全行业提供制造资源泛在连接、弹性供给、高效配置的服务。**三是互联网金融。**依托工业互联网平台采集产业集聚区内制造企业生产经营等业务数据，建立客户经营、信用等大数据分析模型，开发部署客户经营状况预测等工业 App，开展企业信用评级，估算企业坏账概率，指导银行做出贷款决策。

例如，潍柴为车辆加装 T-BOX，通过工业互联网平台与柴油发动机的电子控制单元配合，实现远程解锁车功能，当客户出现违约等情况时，可远程指导锁车处理，这样可有效降低贷款违约风险，为潍柴客户提供有效的金融业务支持。

3. 综合解决方案服务

一是智能工厂综合解决方案。机械、船舶、汽车等离散行业，应基于工业互联网平台提升制造单元、加工中心、生产线和车间的全面感知、设备互联、数据集成、智能管控水平，促进生产过程的精准化、柔性化、敏捷化。冶金、石化等流程行业，应基于工业互联网平台提升生产全过程中的工艺控制、状态监测、故障诊断、质量控制和节能减排的智能化水平，促进生产过程的集约高效、动态优化、安全可靠和绿色低碳。**二是创新创业综合解决方案。**基于工业互联网平台，整合企业内部及产业链上下游研发、制造、管理、商务、物流、孵化等创业创新资源，推动工业全要素的数字化改造、在线化汇聚和平台化共享，赋能企业内部或中小企业开展创业创新。

例如，海尔 COSMOPlat 工业互联网平台打造了大规模个性化定制工厂样板，将自身经验对外开放，面向全球、全行业提供用户全流程参与的大规模定制转型服务解决方案，实现跨行业、跨领域生态赋能，提供大规模定制社会化服务，助力企业转型升级。海尔 COSMOPlat 工业互联网平台推出了十五大互联工厂样板，复制到电子、纺织、机械、建材、交通、化工等 15 个行业、12 个区域和 20 个国家，为全球用户提供衣、食、住、行、康、养、医、教等全方位的美好生活体验。

三、服务化延伸的落地路径

1. 深化技术应用，打通数据流通壁垒

一是发布基于工业互联网平台的服务化延伸指南，为企业深度应用 5G、人工智能、扩展现实（Extended Reality，XR）等新一代信息技术提供指引，加快工业设备和工业企业上云。二是加快推进工业设备、数据接口、数据格式等标准化工作，消除工业零部件、生产线、产品的连接和数据传输之间的障碍。三是探索建立数据分级分类管理办法，持续开展数据管理能力成熟度模型贯彻标准，进一步释放数据潜能。

2. 加快平台培育，优化解决方案供给

一是引导和支持部分有条件的制造业企业向“全面解决方案”服务商转变，提升行业影响力。二是提高大中型头部企业的制造服务化水平，鼓励其以增加服务环节投入、再造业务流程等形式培育新的业务形态，培育一批专用和通用的工业 App。三是推动中小微企业发展服务外包，鼓励其“裂变”专业优势，而自身通过业务流程再造，发展成为轻资产的产品和综合服务提供商，向行业、大型企业提供专业化服务。

3. 强化示范引领，加快模式创新应用

一是围绕装备制造、家电制造、电子信息等领域培育一批服务型制造解决方案供应商，大力发展研发设计、供应链管理、融资租赁、信息增值等服务模式。二是推动现代制造服务业集群化发展，持续推进应用创新推广中心和工业互联网示范区建设，“以点带面”推动现代制造服务业发展。三是通过“深度行”、现场会等形式，推广典型案例，分享优秀经验，营造产业发展的良好氛围。

4. 优化公共服务，构建综合生态体系

一是建设制造业“双创”公共服务平台，不断丰富政策咨询、宣传推广、人才培养、企业诊断、投资融资、决策支撑等综合服务，促进制造业“双创”迈向更高水平、进入更深层次、达到更广范围。二是加强服务型人才队伍建设，支持大学和职业技术学院开设服务型制造专业或设置服务型制造课程，加大高端化、复合型人才的培养和引进力度。

第十五章
做实增量：工业数字经济新业态

随着制造业企业数字化转型进程不断深入，制造业业态创新向更广范围、更深层次、更高水平迁移，加速迈向万物互联、数据驱动、软件定义、平台支撑、智能主导的新阶段，有力拓展了制造业发展的新空间。

零工经济

海尔、东方国信、华为、阿里巴巴等企业在开展制造业数字化转型的过程中，依托工业互联网平台深化数字化转型，提供技术开源、“双创”孵化、服务众包等服务，优化劳动力资源配置，充分激发广大劳动者的积极性、主动性和创造性，正在容纳就业、鼓励创新、稳定经济等方面发挥着重要的作用。

一、零工经济的新型特征

1. 雇佣关系：从合同关系向合作关系转变

传统企业以科层制和职业经理人作为主要的组织形式，以合同作为载体明确企业与员工之间的关系。随着信息技术发展、产品迭代缩短和社会分工细化，越来越多的企业将流程工作拆分为小项目、小任务，并用自动化、外包等形式分段完成，有效增强了劳动者的灵活性，降低了企业的用工成本。工业互联网平台通过工业全要素、全产业链、全价值链的全面联接，推进了数据驱动的数字化管理，为劳动者打造了一个任务明确、量化考核、关系自由的工作平台。“平台＋零工经济”有利于打破工业时代以来形成的雇佣模式和工作方式，推动劳务关系从“企业—员工”向“平台—个人”转变，提高了劳动供求的匹配效率，助力更多的企业降低人力成本、更多的个体实现自身价值，实现“双赢”。

2. 交易内容：从体力交易为主向知识交易为主转变

零工模式历史悠久，传统零工经济以体力工种、零工散打、工资日结为主要特征，多存在于线下人力市场。随着我国知识经济和服务产业的发展，知识边界的拓展倒逼社会分工更加细化，为推动个人独立嵌入社会生产活动提供了可能。工业互联网平台通过推动技术原理、行业经验、基础工艺等知识的模块化、软件化，优化开发环境、研发工具、微服务组件等资源供给，为零工劳动者开展服务提供支撑。“平台 + 零工经济”有利于加快信息的有效传递，培育一批提供知识创造、应用开发、业务咨询等有偿服务的高质量劳动者，推动工业知识在更大的范围、更高的频次、更短的路径上创新、交易、传播。

3. 商业模式：从要素驱动体系到创新驱动生态转变

传统企业的发展模式以土地、资金、人力等要素驱动体系为主，随着我国经济发展需求的升级和人口红利的弱化，投资回报的边际效应逐级递减，企业内部思想固化、缺乏创新等问题日益突出，亟须发展创新驱动体系，提升企业核心竞争力，助力企业加快质量变革、效率变革、动力变革。工业互联网平台能够汇聚各方创新资源，帮助企业降低搜寻人力资源和研发技术的成本，提升开放式创新水平。“平台 + 零工经济”有利于企业汇聚创新要素资源，加快应用大数据分析、人工智能等技术，实现创新服务对接，通过外部链接打破创新边界的束缚，加快产业链和价值链重塑。

二、零工经济的应用场景

1. 面向第三方开发者的开源社区

一是开发资源支持。企业基于工业互联网平台搭建工业应用技术开源社区，封装工业技术原理、行业知识、基础模型并以微服务组件方式提供调用，为第三方开发者提供基础数据、开发工具、应用环境等支持。**二是供需服务对接。**企业基于工业互联网平台，采用众包市场的方式吸引开发者提供工业模型设计、工业机理梳理、工业 App 开发等服务，借助外部创新力量推动技术应用突破，加快技术在具体工业场景中从量变转向质变，形成以数据驱动、解耦式架构、全流程闭环反馈、快速响应为特征的新型工业技术体系。

例如，东方国信、华为、阿里巴巴等企业建设工业互联网开源社区，为第三方开发者提供云环境、机理模型、研发工具等资源，为开发更多面向用户的创造性应用提供支持。

2. 面向创客的制造业“双创”孵化平台

一是公共资源汇聚。企业基于工业互联网平台开展企业自我革命，提升组织创新层面的活力，广泛汇聚“政、产、学、研、用”等创新资源，打造面向内部创客的服务平台，助力企业自身持续开放创新边界。**二是内部创客孵化**。企业通过打造工业互联网平台市场，鼓励创客开展品牌、营销、IT、知识产权等内部服务和外部市场拓展，并选择有潜力的团体及时予以渠道、资金、技术、管理等孵化支持，实现“人人创客”的企业转型战略目标。

例如，海尔集团打造了面向创客开放的工业互联网平台，使创客们能在平台上整合全球一流资源，快速满足用户需求。目前，仅“海创汇”项目就已孵化创业项目超过 4000 个，总估值达到 800 亿元。

3. 面向中小企业的协同外包服务平台

一是资源协同共享。企业依托工业互联网平台采集、监测、分析产品制造的全生命周期数据，动态分配人员、设备等资源参与各个环节服务，开展分包、集中服务等新型服务模式。**二是项目协同管理**。企业基于工业互联网平台将大型计划分解成小环节、小任务，推动人、机器、业务、产品互通，以数据流带动技术流、人才流、资金流，充分利用外部中小企业的服务能力，提升项目协同管理水平。

例如，生意帮基于平台为超过 1.2 万家企业提供协同制造外发订单的总包分包服务，实现订单 3 天下料、3 个月产品小批量上架，缩短了小批量产品的生产周期，加强了制造行业资源的智能调度和统筹优化。

三、零工经济的落地路径

1. 提升零工经济机制保障

一是鼓励业态创新。引导各地工业和信息化主管部门在现有管理架构中增加适合“平台 + 零工经济”发展的税收、社保、劳动权益保障等内容，为新业态培育提供指引。**二是创新监管方式。**按照包容审慎要求，引入第三方信用服务机构参与个人信用建设与监管。**三是落实主体责任。**引导平台企业承担审查责任，在执行层面落实零工就业群体的合法权益，并及时为零工群体提供法律咨询、权益维护等支持。

2. 优化软件开发工具供给

一是优化数据支撑。引导企业加快重点设备和关键业务上云，打通“数据孤岛”，加速推动流程管理远程化、自动化。**二是优化工具供给。**引导企业助力开发基于移动技术和虚拟仿真的协作工具、开发环境等，减少重复性工作，为第三方开发者提供基础支持。**三是优化知识管理。**鼓励龙头企业打造面向工业互联网平台的第三方开发者的开源社区，开展在线问答、有偿咨询等业务，加快工业知识的沉淀复用。

3. 加强行业资源开放共享

一是推动研发资源开放。鼓励大企业基于平台开放设备器材、基础设施等研发资源，打造行业通用机理模型库与数据集。**二是推动制造资源开放。**持续推动工业互联网创新体验中心建设，加快建立工业互联网平台大数据管理、质量管理、标准管理等公共服务平台，为开展制造能力外包共享提供支持。**三是推动服务资源开放。**汇聚共性服务需求，整合海量社会服务资源，发展集约化、智能化、个性化的服务能力共享。

4. 完善产业融通发展生态

一是加强协同攻关。充分发挥联盟组织、行业协会的桥梁纽带作用，汇聚“政、产、学、研、用”各方资源，围绕标准制定、人才共享等领域推动成员单位达成共识，以众包等形式加强协同攻关。**二是加强产融合作。**引导建立工业互联网领域的产业基金，大力培育开发社区、人才交易平台等“零工经济”新载体，完善生态体系建设。**三是加强宣传推广。**通过对接会议、“深度行”等活动，推广“平台 + 零工经济”的典型做法，打破社会偏见，营造新业态发展良好的氛围。

共享制造

海尔、航天云网、智能云科等企业在开展数字化转型的过程中，基于工业互联网平台，通过推动所有权与使用权分离，以隐性服务能力的市场化实现闲置资源的高效配置，促使工业制造、创新、服务能力进行以效率为导向的按需分配。

一、共享制造的新型特征

1. 能力可计量

过去，制造、创新、服务能力是不可计量的，交易双方对于交易的时间、价格、产品形态、收益等内容缺乏量化统计工具，导致部分交易难以完成。相对于有形产品所有权的转让，基于有形产品服务能力的度量是较为复杂的。工业互联网平台作为工业全要素、全产业链、全价值链的数据枢纽，有利于打通研发、制造、服务等各个环节的“数据孤岛”，对制造、创新、服务的能力按照时间、产品、精度、数量等维度准确计量，使基于平台的能力交易成为可能。

2. 能力可协同

随着信息技术的快速发展，社会分工日趋细化。制造、创新、服务等能力分散在社会不同的主体之间，不同资源主体的信息在空间、时间等层面呈现出碎片化特征。一方面，市场上充斥着无数个交易主体的信息，闲置资源的空间分布是碎片化的。另一方面，资源可利用时间是动态变化的，充满不确定性。工业互联网平台作为沟通物理世界和虚拟数字世界的桥梁，有利于优化工业资源的配置效率，加快闲置资源的有效协同，实现分散资源的精准匹配，支撑构建协同化的生产制造和服务模式。

3. 能力可交易

能力的交易能否实现，取决于交易成本是否足够低。工业互联网平台的出现和应用，使搜寻成本、物流成本、制度成本、支付成本、信用成本都得到了降低。工业互联网平台作为企业数字化转型的重要支撑，以开放接入模式汇聚数据、人才、技术等生态资源，为资源要素整合提供载体，助力实现制造能力在线发布、制造资源弹性供给、供需信息实时对接、能力交易精准计费，促进了隐性服务的市场化，加速打造以软件定义、数据驱动、平台支撑、服务增值、智能主导为特征的新型制造体系。

二、共享制造的应用场景

1．制造能力共享

一是制造资源在线汇聚。大型企业基于工业互联网平台盘点、剥离、集成、整合闲置的制造能力，实现了生产加工、计量检测、测试认证、物流配送等制造资源的在线汇聚、计量和发布，提升了制造能力的集成整合水平。**二是制造资源弹性配置。**企业将生产设备接入工业互联网平台，按使用时间、价值或按工件数量等计费方式，面向全行业提供制造资源社会化共享服务，实现制造资源的泛在连接、弹性供给和高效配置，提升制造能力的集成整合、在线分享和优化配置水平。

例如，智能云科通过 iSESOL 平台将上万台 i5 机床接入云端，采用租赁方式，按使用时间、价值或按工件数量计费，有效降低了企业的一次性生产成本。基于航天云网 INDICS 平台，不同制造工厂之间可交易 14 个大类、66 个小类生产制造能力，12 个大类、139 个小类试验能力，3 个大类、30 个小类计量检测能力，实现不同所有者的制造能力在不同区域之间的协同共享，实现“人人皆可制造”。

2．创新能力共享

一是线上研发设计资源的共享。企业基于工业互联网平台将技术、经验、知识和最佳实践固化封装为工业互联网平台的工业机理模型和工业 App，实现开发工具、工业机理模型、工业 App 等研发设计资源的积累沉淀和广泛复用，形成研发需求在线发布、研发资源在线共享、研发业务在线协同的新型研发体系，降低工业创新门槛。**二是线下研发设计资源的共享。**企业基于工业互联网平台将分散、闲置的实验仪器、检测设备等线下研发资源汇聚起来，在线有偿、分时段、有序地开放和共享，提高线下研发资源的利用效率。

例如，海尔基于 COSMOPlat 工业互联网平台共享设计工具、工业机理模型等研发设计资源，研发设计人员可以直接调用，进行协同式的研发设计，平台的开发者超过 10 万人，链接用户 3.4 亿人，链接企业 50 多万家，形成多方参与、交互体验的研发设计生态。

3．服务能力共享

一是行业共性服务能力共享。大型制造企业基于工业互联网平台，根据物流仓储、产品检测、验货验厂、金融资本、方案咨询、检测认证等共性服务需求，整合海量的社会服务资源，探索发展集约化、智能化、个性化的服务能力共享。**二是孵化服务共享。**大型制造企业基于工业互联网平台发挥市场、品牌、渠道等优势，提供面向中小微企业的技术培训、品牌宣传、市场推广等孵化服务，增强中小微企业的市场竞争能力，形成大中小企业融合、融通的服务生态。

例如，荣事达基于工业互联网平台，围绕品牌、技术、制造、资金、市场、信息、人才、管理、文化等领域，为初创企业提供全方位的精准扶持孵化服务，其赋能服务的初创企业的存活率接近100%。

三、共享制造的落地路径

1. 加速企业上云，夯实共享基础

一是推动研发设计资源上云。以成本驱动为导向，引导企业加快研发设计工具、实验仪器、检测设备等研发资源的上云步伐，提升研发设计资源的在线集成整合与重构。**二是推动核心业务系统上云。**以集成应用为导向，引导企业将系统架构迁移到云端，打通共享制造涉及的各个环节，促进系统间的数据共享。**三是推动设备和产品上云。**以能力交易为导向，引导企业开展制造能力在线发布、供需信息实时对接等业务，实现跨企业的制造资源优化配置。

2. 聚焦模型开发，优化资源供给

一是围绕制造能力共享。开发生产加工、计量检测、测试认证、物流配送等制造能力的在线发布、实时对接和精准计费模型，促进制造能力优化配置。**二是围绕创新能力共享。**基于平台将技术、经验、知识和最佳实践封装为工业机理模型，实现研发设计资源的积累沉淀和广泛复用。**三是围绕服务能力共享。**开发投融资、方案咨询、检测认证、精准营销、智慧物流等模型，提升中小微企业的服务能力。

3. 构建共享机制，完善产业生态

一是鼓励大型企业创新机制。释放闲置资源，推动研发设计、制造能力、物流仓储、专业人才等重点领域开放共享，增加有效供给。**二是推动高等院校、科研院所构建科学有效的利益分配机制与资源调配机制。**推动科研仪器设备与

实验能力开放共享。**三是加强宣传推广**。通过“深度行”、现场会等活动，推广典型案例，引导利益相关方积极开放数据接口等资源，加快打造数据共享的产业生态。

现代供应链

海尔、徐工集团、南京钢铁等企业在开展数字化转型的过程中，依托工业互联网平台深化数字化转型，通过开展协同供应链、柔性供应链、智慧物流等业务，加速构建供应链上下游企业合作共赢的协同发展机制，降低企业经营和交易成本，全面提高产品和服务质量。

一、现代供应链的新型特征

1. 供应方式：从刚性供给向柔性供给转变

传统备品备件的管理模式一般按照计划推进，这虽然能够缓解一定的备件需求压力，但也对存储空间、物流调配、流转资金、备件管理等提出了较高的人力与物力要求。基于工业互联网平台打造现代供应链，有利于推动数据贯穿从设计到采购、制造、订单、物流等环节，根据需求动态调整供应计划，开展精细化备品、备件管理，整体把控库存量、订单完成率、物料及产品配送等情况，根据数据分析及时调节企业供求和供应策略，推动柔性供给，实现零库存。

2. 供应深度：从进度管控向质量管控转变

传统供应链侧重于生产、加工、仓储、运输、销售等环节的进度管控，关注提升订单管理、采购计划、产品交付等方面的管理能力和效率，但也存在数据流在质量管理层面断裂等痛点。基于工业互联网平台打造现代供应链，将有利于产品的全程管控链从物流、经销商扩展到制造企业、门店终端和用户，推动多维度产品信息入库，构建产品全生命周期质量追溯管理体系，实现供应全链条来源可查、去向可追、责任可究的全链条可追溯体系，保障产品质量，建立供应链各主体的信任机制。

3. 供应范围：从固定供应链向社会化供应链转变

固定供应链以产品为中心，聚焦选品、营销、定价、采购、补货、调拨、仓配等业务环节，按计划推动业务流程。现代供应链从产品导向过渡到用户导向，并以用户需求为中心辐射供应链的上下游企业、商家、服务商等。基于工业互联网平台打造现代供应链，有利于打破传统供应链分散割裂的“信息孤岛”，加速产业融合，深化社会分工，提高集成创新能力，建立供应链上下游企业合作共赢的协同发展机制，打通覆盖设计、生产、流通、消费、回收等环节的供应链路，实现全渠道、多主体信息共享和联动，推动供应链体系向个性化、集约化、社会化转变。

二、现代供应链的应用场景

1. 协同供应链

一是供应链物料流通协同。通过工业互联网平台可与上下游企业建立互通互联的数据通道，动态监测上游原材料供给情况，辅助原材料采购决策，搜集整理下游企业订单和产品定制信息，自动生成生产计划，对产品进行个性化加工和精准化配送。**二是社会化供应协同。**通过工业互联网平台整理订单信息和企业的基本信息，通过订单共享实现供需对接，吸引供应链上中下游多方主体基于工业互联网平台开展协同，提升供给侧协作能力和社会化水平。

例如，西飞积极推动现代供应链建设，基于平台按生产计划实时更新装配进度信息和配套缺件动态信息，将计划、库房、缺件结合起来，使航材备件月结库存时间由原来的 1 天压缩为不到 4 小时。

2. 柔性供应链

一是质量追溯。运用大数据技术可评测供应链不同节点的生产制造能力、质量保障能力、交付进度、合格率等指标，健全质量管理体系，完善质量追溯制度，实现对供应链各个环节产品质量的精确管控。**二是“零库存”模式。**基于工业互联网平台对接供应链和生产计划，可推动原材料供应、备品备件、生产计划、生产操作与市场需求的高度协同，增强上下游企业应对市场变化的反应速度和调整能力，实现原材料和半成品的“零库存”，降低企业资金成本。

例如，浪潮基于云洲工业互联网平台推出基于标识解析的质量码服务。通过深度应用质量码、区块链等技术实现“一物一码”，广泛汇聚设计、生产、流通、消费等全供应链的工业大数据，为企业提供数字化营销，以及订单牵引的全供应链协同、全价值场景应用，提供信用、贷款、保险等金融服务。再如，“复兴号”高铁上使用的生久锁具，在质量码的支撑下，通过“研发—生产—供应—销售及后服务”全流程赋码和扫码，既能在生产中实现数据连接与共享制造，又能在流通中实现供应商管理和供应链折叠，还能在消费中保证质量追溯与后服务延展。

3. 智慧物流

一是备品、备件标识管理。基于工业互联网平台连接备品、备件，运用标签化管理、智能化检索等手段实现备品、备件的监督、跟踪和协调。**二是智能化物流管理。**基于工业互联网平台对接制造企业、物流企业，开展物流信息发布、在线交易、智能分析等物流服务，提升分拣打包效率，降低库存周转天数和发货时间，形成成本低廉、响应敏捷、科学有序的现代物流体系。

例如，海尔 COSMOPlat-RRS 智慧物流平台通过优化管理，实现物流运输、库存管理、区域配送和用户配送的物流全价值链全流程可视化监控，保障物流运作全流程的安全管控，实现与用户的全流程信息交互闭环优化，降低物流成本，提高物流效率，提升用户体验和满意度。

三、现代供应链的落地路径

1. 夯实技术基础，提升供应链智能水平

一是深化新一代信息技术与供应链场景融合发展，整合现有物联网、传感网等技术资源，推动设备云化改造，加速产业数字化转型。二是引导企业协作构建统一的采购系统、物流系统、销售系统，实现全流程可追溯，促进供应链上下游企业协同生产。三是推进生产销售全流程的标准化建设，构建覆盖全产业生态的产供销对接信息系统，实现企业间信息互通，为全产业链密切合作、高效协同、无缝对接奠定基础。

2. 优化顶层设计，重构供应链体系结构

一是引导企业引入现代供应链理念，围绕研发设计、原料采购、生产加工、仓储物流、营销等环节布局产业生态，创新供应链规划。二是鼓励龙头企业将非

核心业务外包，通过各种协作生产形式，拓展原料集中采购、会展、协同销售等上下游业务，构建企业供应网络。三是鼓励中小企业在产业集群供应链分工中，专注某一项业务进行深化，形成供应链生态网络中“小而美”的一环。

3. **鼓励资源共享，推动供应链社会化变革**

一是通过共享基础设施和创新研发平台，发挥现代供应链的基础性作用，降低流通成本，建立稳定的合作关系。二是扩散企业间、产业间的大数据、信息化建设影响，推动社会范围内的数据共享和信息共享，实现区域间、城市间的互联互通。三是建立供应链信用和监管创新体系，促进公共数据资源互联互通，对接国家信用信息系统，强化对信用评级、信用记录、违法失信行为等信息的披露，防范社会化供应链风险。

4. **聚焦公共服务，完善供应链发展生态**

一是鼓励相关企业和专业机构加强供应链人才培训，创新供应链人才激励机制，加强人才流动与管理，吸引和聚集优秀供应链人才。二是推动供应链行业组织加强行业研究、数据统计、标准制（修）订和国际交流，提供供应链咨询、人才培训等服务。三是鼓励政府部门建设供应链创新与应用的政府监管、公共服务和信息共享平台，建立行业指数、经济运行、社会预警等指标体系。

工业电子商务

三一集团、欧冶云商、中航工业等企业在开展数字化转型的过程中，基于工业互联网平台和工业电子商务平台之间的互联互通，加强生产数据与业务数据、用户数据的精准对接，统筹各部门资源协调配置，推动交易对象从实体产品向制造能力迁移，加速商业模式从产品交易向用户交互迁移，支撑经济范式从规模经济向范围经济迁移。

一、工业电子商务的新型特征

1. **交易对象：从实体产品向制造能力迁移**

工业电子商务是电子商务服务从消费领域向工业领域延伸而出的简单形态，面向原材料、零部件、设备等标准化产品，为众多工业企业提供线上交易场所。工业电子商务正在以供应链为核心形成信息流、商流、物流、资金流等业务数据闭环，亟须加强与生产端数据全面对接，扩展服务范围，创新价值创造机制。而工业互联网平台作为工业全要素、全产业链、全价值链的连接中枢，可实时、准确地汇聚研发、生产、运维等核心制造能力，通过与工业电子商务数据互联互通，实现制造能力的在线发布、智能检索和精准对接，优化制造资源配置效率，提高产业链整体协作水平。

2. 商业模式：从产品交易向用户交互迁移

传统工业电子商务以及时性的产品交易为核心，容易导致商业模式单一、用户黏性较低、后市场服务体系不健全等问题。随着互联网、大数据、人工智能、5G 等新一代信息技术的不断突破和应用，经济社会步入万物互联时代，各类产品网联化、智能化发展水平不断提高，为获取产品全生命周期数据创造了有利的条件。工业互联网平台与工业电子商务平台融合、融通发展，有利于协调产业链各个环节，以用户为中心提供高质量、有温度、全流程的交互服务，提高用户满意度和忠诚度，打造供需双方协同互动、共创共赢的产业新生态，深刻重塑工业电子商务运行模式。

3. 经济范式：从规模经济向范围经济迁移

工业电子商务在各行业中的普及应用有效简化了营销层级，缩减了产品流通环节，打通了用户与企业直接沟通的渠道，可助力企业精准采集用户的定制需求。工业互联网平台在制造业各领域的快速渗透，可协同驱动设计、生产、仓储、物流等部门敏捷响应定制需求，推动生产方式由单一品种、大批量生产向大规模、多品种定制转变。在工业互联网平台和工业电子商务的共同作用下，制造业产品和服务的多样性将得到全面提升，高效满足用户个性化、差异化的定制需求，带动经济发展范式由规模经济向范围经济迁移，推动全社会范围内的资源无缝对接，为经济发展注入新动能。

二、工业电子商务的应用场景

1. 产业链级集采集销模式

各领域龙头企业依托供应商、渠道、客户等资源优势，基于工业电子商务平台和工业互联网平台互联互通，面向行业用户的采购和销售需求可提供在线交易、支付结算、物流配送等服务，推动产业链上下游企业订单、生产、库存等信息的精准对接，实现物资编码标准化、供应商管理一体化、采购需求协同化、采购流程规范化，确保企业间供应链协同和业务协同，提高产业链整体采购和销售的数字化、网络化、集约化水平。

例如，中国航空工业集团有限公司建立航空工业电子采购平台，针对不同类型的物资，支持开展超市化、集成化和专家化的网络采购。对于大宗物资，采用联合采购模式，由需求量大、议价能力强的单位牵头，其他需求单位共同参与价格及服务规范谈判，各单位均按需采购。截至目前，航空工业电子采购平台的注册采购企业超过300家，覆盖中国航空工业集团有限公司主要的三级企业，注册供应商超过2万家，累计交易金额超过1273亿元。

2. 行业级垂直工业电商模式

电商平台企业深刻把握工业电子商务在不同行业中的扩散规律和渗透趋势，加速与垂直行业工业互联网平台形成数据互联互通的协作体系，面向钢铁、汽车、电子等重点行业开展网上交易、加工配送、技术服务、支付结算、供应链金融、大数据分析等服务，进一步降低交易成本、优化产业结构、提升资源配置效率，提高特定行业电子商务社会化、专业化和“一站式”服务水平。

例如，欧冶云商平台集资讯、交易结算、物流仓储、加工配送、投融资、金融中介、技术与产业特色服务等功能为一体，积极促成与首钢、本钢、唐钢等企业深度对接，基于平台提供仓库动态查询、网络个性化交易、在线订单预售等服务，2019年钢材总交易量达2.35亿吨，同比增长95%。

3. 企业级工厂直销模式

服装、家具、家电等行业基于工业电子商务平台和工业互联网平台互联互通，实现终端用户与生产端企业直接对接，整合营销渠道，开展网络直销、社交电商等直销业务，面向用户提供销售报价、订单跟踪、物流查询、售后运维等综合服务，有效缩减产品流通环节，加快形成敏捷高效、动态感知、准确响应的网络直销体系，提升企业核心竞争力。

例如，三一集团自建“三一发发”电子商务平台，为终端用户提供线上与线下相结合、传统产品与新品相结合、产品与服务相结合的平台化服务体系，对新品、非热卖品等产品进行网络直销，实现厂家直抵终端，有效提升三一集团的品牌知名度，打破传统销售壁垒，填补市场空白，推动新品快速推广，拉动线下整体销售增长并有效拓展维修和保养业务新空间。

三、工业电子商务的落地路径

1. 完善数字基础设施建设

一是加快设施数字化改造。结合行业发展特点和工业电子商务应用趋势，全方位推动设备、产线等硬件设施数字化升级，提高企业生产、经营、运维等领域的数据采集能力。**二是优化网络传输性能。**加快部署5G等网络基础设施，确保生产端与营销端信息实现低时延、高可靠、高速率的传输，有效提升各部门对不确定性经营环境的应对能力。**三是建设云端大数据中心。**在云端汇聚生产、订单、物流等数据资源，破除数据流通堵点，激发数据资产活力，以数据的自由流动高效串联企业内的各个部门，实现资源配置的全局优化。

2. 深化新兴技术融合应用

一是深化物联网应用。提升产品智能网联水平，获取贯穿研发设计、生产制造、运维服务等产品全生命周期数据，深度挖掘电商业务创新点，拓展企业盈利渠道。**二是深化人工智能应用。**借助图像识别、语义识别、聚类分析等技术手段，对经营数据进行整理、分析、去噪，辅助商业决策优化，提高企业核心竞争力。**三是深化区块链应用。**推动产品生产、订单、质量等数据上链用链，打造一个可信、透明、可追溯的产品数据证据链，有力避免产品假冒伪劣、虚假交易、偷税漏税等问题。

3. 加速平台体系互联互通

一是加速信息对接。完善工业互联网平台与工业电子商务平台信息对接标准体系，推动研发、制造、供应等生产端信息与订单、资金、物流等营销端信息精准对接。**二是加速能力协同。**基于工业互联网平台间信息精准对接，带动制造能力和营销能力协同互补，优化传统业务流程和资源配置方式，塑造企业竞争优势。**三是加速业务协作。**基于工业互联网平台间信息对接和能力协同，打通企业市场需求与供给两侧内外数据流动，推动“研、产、供、销、服”等全流程业务协同开展，提高企业的运营效率。

产业链金融

三一集团、中联重科等企业在开展数字化转型的过程中，依托工业互联网平台打通“数据孤岛”，与金融机构合作开发金融产品，开展融资租赁、精准投保等业务，不断完善产业链金融生态，提高资金流转和使用效率。

一、产业链金融的新型特征

1. 服务主体：由金融机构向平台企业转变

传统的金融服务以银行、券商等金融机构为主体，通过获取企业基本财务信息进行企业风险评估，依据企业信用或项目收益提供相应的融资、贷款等服务，耗费高昂的人力和时间成本且受人为主观因素影响较大。随着信息技术的进步，闭合的传统金融体系逐渐走向开放的产业链生态模式，服务主体由金融机构向平台企业转变。工业互联网平台企业通过汇聚生产制造、物流运输、管理经营等海量数据，建立信用评估模型，针对不同企业给予评级，联合银行、投融资机构开展金融服务，降低了信息的不对称性，满足了金融信息需求，节省了决策时间。

2. 服务渠道：从线下业务到线上服务转变

传统金融模式下，大部分业务需要客户到金融机构网点进行实体操作，例如，客户必须亲自到银行或券商的营业网点办理有关的存取、买卖业务，受到时间、地点的约束。近年来，随着市场规模持续扩大，在政策完善、技术变革与市场竞争等多维因素驱动下，金融机构加快应用大数据、区块链、人工智能等新一代信息技术，在线提供个性化的产业链金融服务，业务创新实践不断加速，服务渠道持续拓展，工作重心从线下逐渐转移到线上。工业互联网平台作为全要素、全产业链、全价值链的枢纽，有利于平台企业与上下游供应商、经销商、金融机构等进行低成本、高效率的对接，通过网络完成相关业务流程，实现低门槛、高收益的线上资金融通、支付和投资，提高金融资源的使用效率。

3．服务对象：从单一企业到链群企业转变

传统的金融服务机构在信用评估时主要以借款人的收入标准为界定依据，往往更加青睐大型企业。此外，金融服务机构对中小微企业的信息获取成本较高，收益与成本不匹配，导致服务对象集中在大型企业，服务难以大规模扩张。随着大数据、人工智能和云计算等技术的广泛应用，金融风险甄别的成本持续下降，金融服务范围不断拓展，逐渐延伸至产业链上下游企业。工业互联网平台通过整合不同企业的金融需求，将核心企业、供应商、经销商与金融机构紧密地联系起来，打造覆盖产业链上下游的金融服务模式，为全产业链加速转型升级提供支持。

二、产业链金融的应用场景

1．融资租赁

一是智能化信用评级。基于工业互联网平台采集设备运行、生产环境、销售运输等数据，建立完善的客户经营、信用等大数据分析模型，降低企业信用评级成本。**二是数字化渠道对接。**基于工业互联网平台快速对接有购置生产设备等需求的企业承租人及有理财需求的自然人、金融机构和非金融机构，解决金融服务中信息不对称的问题，在更大范围内实现资金供需的对接匹配。**三是网络化资金流监控。**基于工业互联网平台，投放资金给设备供应商、施工单位等需求方，同时对资金的流通和使用进行合理监控，保障资金的高效利用。

例如，三一集团基于树根互联工业互联网平台，通过融资租赁或经营性租赁运营的设备超过50%，每年在外货款管理额超300亿元。

2．精准投保

一是拓展保险业务范围。鼓励保险机构针对核心企业上下游的风险特征，基于平台提供抵质押、纯信用等多种形式的保证保险业务，在风险可控的前提下为产业链上下游中小微企业获取融资提供征信服务。**二是开发保险创新产品。**根据设备的历史工时、设备的维修数据，以及对当前设备运行状况和时间的监测等信息，基于平台开发基于使用量而定保费的保险（Usage Based Insurance，UBI）、延保产品等新型保险产品，有针对性地提供保险服务。**三是优化设备投保服务。**鼓励保险公司基于平台对设备产品进行大数据分析，综合评估设备施工风险、产品健康状态，实现有针对性地投保和按需投保，拓展服务范围。

例如，久隆保险开发了基于物联网的设备开工不足损失保险、UBI 保险、设备延保等 10 余款创新型保险产品。依托物联网数据，以更精准的数据、更低的成本开展保险业务，使用 UBI 产品可以降低客户 20% 的保费支出。

三、产业链金融的落地路径

1. 夯实基础设施，加强安全保障能力

一是创新技术性监管工具。积极利用大数据、人工智能、云计算等技术，丰富金融监管手段，积极应对金融科技风险的复杂多变、产品的日新月异。**二是加强金融数据保护。**金融数据是数字经济时代的战略性资产，也是互联网金融公司的核心竞争力，在发展产业链金融的前提下加强对数据安全和隐私的保护。

2. 拓展商业模式，促进资金有序流动

一是鼓励制造企业上云上平台。依托工业互联网平台，汇聚产业链上下游优势资源，对接优质客户、供应商、经销商开展商业合作。**二是鼓励金融模式创新。**构建简单、便捷的沟通渠道，鼓励制造企业积极对接金融机构、保险公司、银行等，共同开发金融产品，提高金融服务能力。**三是布局产业链金融生态。**基于工业互联网平台，整合技术平台、风控平台和资产平台等众多资源，产生上下游的连接，形成产业金融生态圈。

3. 强化示范引领，创造良好的金融环境

一是引导地方开展试点。鼓励金融机构、平台企业、大型制造企业合作，大力发展融资租赁、精准投保等金融模式，并按照地方实际情况给予部分财政支持。**二是发展块状经济。**基于各地自身资源优势和产业特色，推进先进制造业集群上云、上平台，培育在线产业集群，形成集聚效应和规模效应，孵化可复制、可推广的金融类解决方案。**三是加强宣传推广。**通过“深度行”、现场会等形式，推广典型案例，分享优秀经验，营造产业链金融发展的良好氛围。

行业篇

数字转型

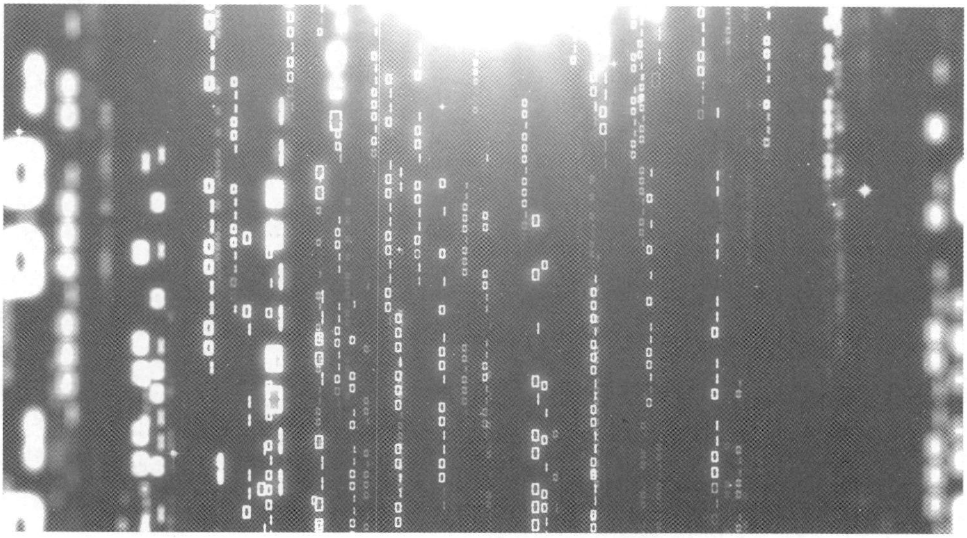

当前，以新一代信息技术与实体经济深度融合为本质特征的第四次工业革命正在兴起，千行百业正在积极开展数字化转型实践。我国制造业门类齐全、独立完整、规模巨大，各行业正因地制宜，紧密结合基础条件和市场需求，加速探索各具特色、成效显著的数字化转型路径。

第十六章 重点行业数字化转型实践方法论

第四次工业革命正在席卷全球，推动人类从以“原子”为砖瓦的物理世界迈进以“比特”为建材的赛博空间，引发生产力和生产关系协同变革，全方位地加速重点行业数字化转型，支撑生产方式、企业形态和商业模式的系统化升级。

本质内涵：数据驱动+软件定义+平台支撑

重点行业数字化是互联网、大数据、人工智能、区块链等新一代信息技术与实体经济的融合趋势，它推动产业基础高级化、产业链现代化，打造以数据驱动、软件定义、平台支撑为特征的制造业新体系，加快实体经济数字化、网络化、智能化转型升级。

一、数据驱动：数据成为新型生产要素

随着供应端、生产端、销售端等产业链上下游全要素数据化进程的持续加快，在土地、资本、劳动力等传统生产要素之外，催生了数据这一新的生产要素。数据驱动通过对海量数据进行分析、集成和应用，能够以数据自动流动化解复杂产业系统的不确定性，从而提升技术流、资金流、人才流、物资流的协同水平和集成能力，不断提高数字经济全要素生产效率。

二、软件定义：软件重构产业运行体系

软件作为一种新型的生产工具，本质上通过打造“状态感知—实时分析—科学决策—精准执行”的数据闭环，构建全行业数据自由流动的通用规则体系，重塑生产、

流通、分配、消费活动，改善经济运行机制、社会生活方式和国家治理能力，推动企业形态、管理范式、商业模式的快速迭代、持续优化和效率提升，促进社会资源的全局优化。

三、平台支撑：平台加速产业生态演进

平台作为提供信息汇聚、产品交易和知识交易的互联网信息服务载体，有利于推动技术、资金、人才等要素资源的整合汇聚，基于新一代信息技术构建起连接产业各参与方的虚拟空间，加速专业化的按劳分配体系向平台化价值网络演变，推动平台化的产业生态体系持续演进完善，支撑经济形态从工业经济向数字经济迈进。

转型重点：生产方式优化+企业形态变革+商业模式创新

重点行业数字化转型具有全方位、系统性、深层次的特征，主要作用于生产方式、企业形态和商业模式，全面优化企业资源配置方式，塑造新型竞争优势，强化企业发展活力。

一、生产方式优化：从规模化生产向定制化生产转变

在传统企业的生产过程中，机械化生产方式逐渐被自动化生产方式取代，这将进一步把人类从繁重的体力劳动中解放出来。随着经济社会各领域数字化转型的不断深化，这种刚性生产方式不再能很好地适应供应链下游企业个性化、碎片化和差异化的需求，不再能很好地加速向柔性生产方式转变，不再能很好地高效支撑企业敏捷响应市场需求变化。而标准化集中性的生产方式向规模化定制生产方式转变，则可以打破个性与效率的矛盾，有效提升用户的满意度。

二、企业形态变革：从科层制架构向柔性液态式转变

新一代信息技术构建形成泛在、及时、准确的信息交互方式，大幅降低信息、评价、决策、监督、违约等交易成本，从而引发产业组织形态、流程、机制和主体的深刻变化。随着新一代信息技术持续赋能企业数字化转型，企业业务流

程互联和响应速度加快，形成了生态型组织、液态型组织、零工型组织等新型组织架构，为企业加速业务升级提供了有力的支持。

三、商业模式创新：从规模经济向范围经济转变

在工业经济发展中，企业主要强调单一产品生产规模扩大，从而使产品的平均成本逐步下降，这是一种追求单一产品成本弱增长的规模经济模式。而在数字经济背景下，企业开展数字化转型，可以有效简化营销层级，缩减产品流通环节，打通用户与企业直接沟通的渠道，以需求数据驱动设计、生产、仓储、物流等部门敏捷协作，全面提升产品和服务的多样性，推动商业模式由规模经济向范围经济迁移，带动全社会范围内资源无缝对接，为经济发展注入新动能。

落地路径：基于DNA双螺旋模型的实施步骤

为引导制造业开展数字化转型，本小节参考 DNA 双螺旋模型，提出了包含“三大视角、九大维度”的实施步骤，其中，价值重构是起点，技术支撑是工具，业务落地是关键，以价值重构为主线，坚持技术支撑和业务落地双轮驱动，实现技术和业务双向迭代。基于 DNA 双螺旋模型的实施步骤如图 16-1 所示。

一、价值重构是起点：连接维 + 效益维 + 生态维

企业在开展数字化转型的过程中，首先要从连接维、效益维、生态维 3 个维度衡量转型带来的各种价值。从连接维看，企业要通过工业互联网等平台实现工业全要素、全价值链和全产业链的连接、解耦和重构。从效益维看，企业要根据自身基础和行业特征，明确提质、增效、节本、降耗等不同的目标。从生态维看，企业要与关键技术提供商、合同业务合作商、解决方案服务商等生态伙伴建立良好的合作关系，共同培育新技术、新产品、新模式和新业态，打造充满活力的生态格局。

二、技术支撑是工具：架构维 + 数据维 + 应用维

技术支撑是企业开展数字化转型的重要工具。从架构维看，企业要建设涵盖

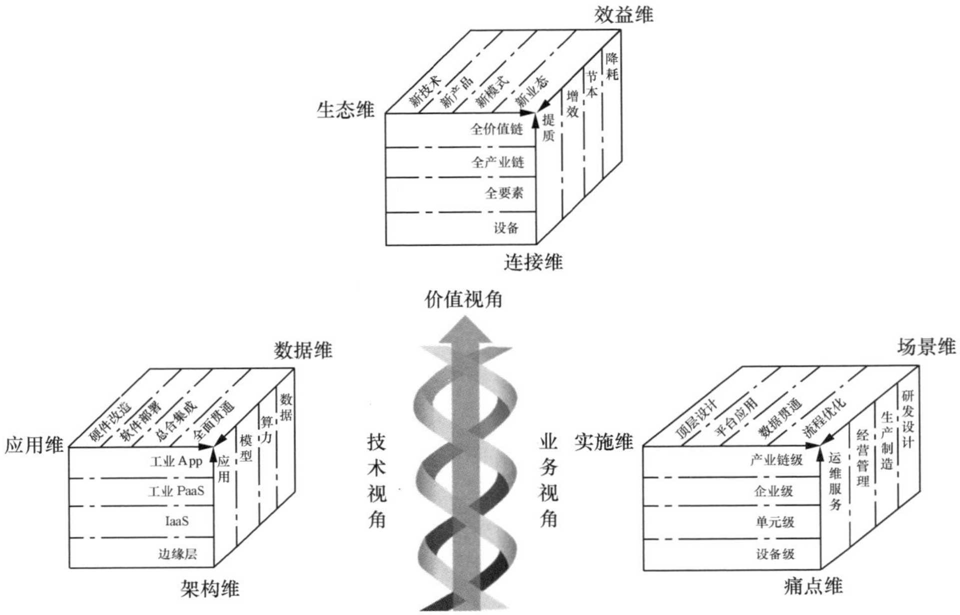

图 16-1　基于 DNA 双螺旋模型的实施步骤

边缘层、IaaS、工业 PaaS、工业 App 等功能层级的工业互联网平台，全面满足企业数字化转型的各项技术需求。从数据维看，企业要搭建“数据 + 算力 + 模型 + 应用”的数据应用体系，提供描述、诊断、预测、决策等不同应用深度的服务。从应用维看，企业要逐步推进硬件改造、软件部署、综合集成和全面贯通的整体解决方案，实现企业各项业务流程的互联互通。

三、业务落地是关键：痛点维 + 场景维 + 实施维

业务落地是企业开展数字化转型的重中之重，也是迈向转型成功的“最后一公里”。从痛点维看，企业要全面梳理在设备级、单元级、企业级、产业链级等不同层次存在的痛点问题，明确数字化转型的重点需求。从场景维看，企业要对研发设计、生产制造、经营管理、运维服务等具体场景进行数字化改造和迭代优化。从实施维看，企业要按照“顶层设计—平台应用—数据贯通—流程优化”的步骤，协调人力、资金、物料等各种资源，实现整体的数字化转型。

第十七章
原材料行业：由“黑箱”生产向智能生产转变

原材料行业是我国国民经济的重要基础领域，生产过程较为复杂，机理模型“黑箱运行”较为常见，易产生生产成本高、环保污染重、资源消耗大等突出问题。我国相关企业在敏锐认识到这些问题的基础上，正在加快数字化转型步伐，推动原材料行业由“黑箱”生产向智能生产转变，从而有效提高全要素生产率。

钢铁行业数字化转型之路

钢铁行业作为我国重要的原材料流程制造行业，具备生产流程长、生产工艺复杂、供应链冗长等典型特征，如今面临设备维护成本高、工业知识隐形程度高、下游需求日益个性化、环保压力增大等挑战，亟须围绕设备管理、生产管控、供应链管理、环保管理等方面开展数字化转型。工业互联网平台在钢铁行业数字化转型的过程中具有重要作用，可有效推动我国钢铁行业关键生产设备管理、生产工艺全过程管控、全产业链协同，以及能耗管理向数字化、网络化、智能化转型升级，深化钢铁行业供给侧结构性改革，开创钢铁行业高质量发展新局面，实现我国从钢铁大国向钢铁强国的转变。

一、钢铁行业数字化转型趋势

1. 设备管理由传统维护向智能维护转变

钢铁企业通常部署有高炉等众多高价值设备，以往只能采取事后维护或者基于主观经验判断和固定失效周期的定期维护，很难准确识别设备故障并维修，容易造成产线停滞和生产安全等重大问题。随着智能传感器和通信技术的兴起，实时监测高炉等设备的温度、压力、流量等各种工况数据成为现实，基于此，可实现设备故障的自感知、自分析和自决策，做好设备的预测性维护，减少维护成本，提高设备的可靠性，并保障生产的通畅运转。

2. 生产工艺由“黑箱”式向透明化转变

钢铁行业是典型的长流程行业，生产环节众多，生产工艺复杂，对工艺知识的依赖程度很高。很长一段时间，钢铁企业的冶炼工艺、冶炼配方、设备维护、经营管理等环节想要正常运转，只能依靠隐形程度很高的人工经验，这容易造成工人技术水平参差不齐和产品质量波动。随着信息技术在钢铁企业的深度渗透，隐形的生产经验被挖掘、提炼，并封装为显性化的软件模型，从而实现生产工艺透明化，更有效地指导实际生产，提高生产效率和安全水平。

3. 供应链体系由局部协同向全局协同转变

库存一直是钢铁行业的一大管理痛点，这主要源于对上下游产业的信息盲区，并且家电、汽车等下游产业对钢材的需求日益个性化，加大了钢铁企业做出科学高效采购和销售决策的难度。钢铁行业传统的供应链只能靠契约合同保障，“信息孤岛”问题突出，物料信息难以在供应链中实现跨环节的自由流通，增加了企业的运营成本。钢铁企业可将 ERP、SCM 等信息系统集成用于整合供应链，构建上下游信息流通渠道，结合产品需求、原料供给和产能配置，及时调整生产计划，提高产能利用率，减少库存积压，保障订单稳定到期兑现。

4. 环保管理由粗放型向清洁型转变

作为我国支柱产业的钢铁行业也是高耗能、高污染、高排放的代表性行业，在国家大力治理环境污染时，钢铁行业面临的环保成本急剧上升。钢铁行业亟须转变发展理念，提升环保管理水平，加快由以前单纯追求产量扩张的粗放型生产方式向追求优质低碳的清洁型生产方式转变。而物联网、大数据、人工智能等新技术的出现，可以帮助钢铁企业实时采集、监测、分析各个生产环节的能耗和排污情况，集中企业资源对重点环节进行工艺优化或设备升级，提高企业清洁型发展水平。

二、钢铁行业数字化转型的重要场景

1. 设备全生命周期管理

钢铁行业工业互联网平台可以实时采集高炉等高价值设备的运行数据，结合设备故障诊断模型，自动预警设备故障并确定最优设备维护方案，实现设备预测性维护。设备全生命周期管理包括4项工作。**一是设备状态监测。**钢铁企业通过工业互联网平台实时采集高炉等设备工作温度、工作环境、应力分布等状态数据，并做可视化处理，增强设备状态监测的可靠程度。**二是设备故障诊断。**综合利用采集的设备数据，结合设备故障诊断模型，对设备故障进行分析和预警，避免设备故障引发的生产停滞和安全问题。**三是设备维护仿真。**根据设备故障位置和重要性，利用工业互联网平台在赛博空间中进行维护方案仿真模拟，选出可靠的维护方案，保障企业正常生产。**四是设备创新设计。**将高炉等生产设备运行监测数据反馈至设备生产商，结合性能需求和应用环境，全方位模拟设备运行状态，确定最佳的设备生产方案，形成良性的设备迭代优化闭环。

例如，宝钢集团面向钢铁行业设备远程运维建立了工业互联网平台，促进设备维修实现从被动处理到主动管控、从单一数据专项分析到大数据综合分析、从基于经验的预防性维修到基于数据的预测性维修、从单纯反馈设备状态到提供整体解决方案的4个转变，为企业带来了显著的经济效益，使设备运维成本降低5%、检修作业效率提升10%、设备整体效率提升5%、备件使用效率提升10%，并每年至少为企业带来基于平台增加的社会市场技术服务费2000万元。宝钢集团技术远程设备运维平台架构如图17-1所示。

2. 透明化生产

钢铁行业工业互联网平台可将生产工艺、生产过程管控、产品质量管理等领域涉及的工业知识显性化为工业机理模型，并结合实际采集数据，实现智能化生产。透明化生化包括3项工作。**一是生产工艺优化。**工业互联网平台可应用人工智能等，在赛博空间对钢铁的工艺配方、工艺流程等方面进行全方位、超逼真的模拟仿真，得到产品最佳生产的工艺方案，缩短产品上市周期。**二是生产过程管控。**工业互联网平台可将生产过程中涉及的工艺知识、工业经验等技术要素封装并显性化为可调用的机理模型，结合采集的设备、环境、材料等参数，确定最优的加工计划，提升生产效率。**三是产品质量管控。**通过在工业互联网平台部署生产质量分析模型，可采用机器视觉等技术，采集和分析产品全过程质量数据，持续迭代优化闭环控制体系，实现全流程产品质量跟踪及自动控制，提升产品质量控制精度。

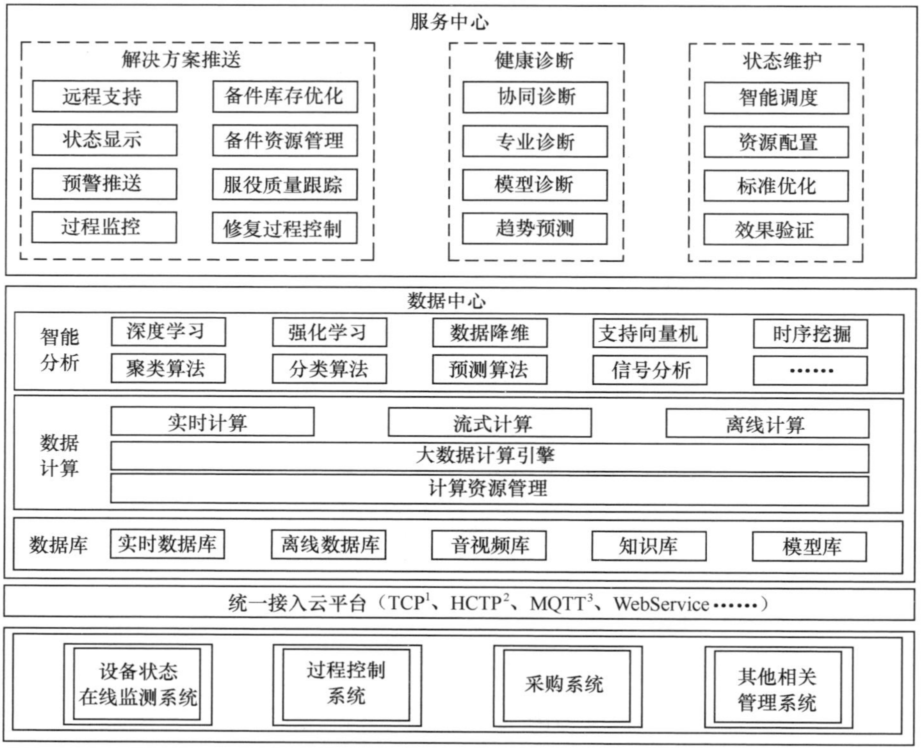

注：1．TCP（Transmission Control Protocol，传输控制协议）。

2．HCTP（Hubble Cross-chain Transaction Protocol，哈勃跨链交易协议）。

3．MQTT（Message Queuing Telemetry Transport，消息队列遥测传输）。

图 17-1　宝钢集团技术远程设备运维平台架构

例如，东方国信利用在机理模型和大数据分析领域积累的技术优势，开发了适用于炼铁行业的工业互联网平台，在工艺优化、生产管控和质量管理等环节为钢铁企业实现了降本增效的经济目标。酒钢集团在运行炼铁平台后，铁水质量提高了 20%，单座高炉每年成本降低了 2400 万元，冶炼效率提升了 10%。

3. 上下游生产协同

钢铁行业工业互联网平台可汇聚整理产业链物料信息和产能信息，结合下游实际需求和企业生产能力，制订科学的生产计划，满足零库存运营要求，实现供应链协同。上下游生产协同包括 2 项工作。**一是产业链物料流通协同。**通过工业互联网平台可与上下游企业建立互联互通的数据通道，动态监测上游原材料供给情况，辅助原材料采购决策；搜集整理下游企业订单和产品定制信息，自动生成生产计划，对产品进行个性化加工和精准化配送。**二是社会范围生产能力协同。**通过工业互联网平台整理订单信息和其他钢铁企业的基本信息，动态匹配产品性能要求和钢厂的生产工艺水平，通过订单共享实现产能共享，提高钢铁行业产能利用率。

例如，南京钢铁积极适应下游个性化需求，通过构建面向供应链管理的制造云平台，提供“JIT[1]+C2M[2] 模型的定制服务”，寻找“个性化定制”和“大规模生产”之间的最佳平衡点，使企业设计成材率提高 0.15%、每吨产品附加值提升近百元，整票合同兑现率提升至 98.94%，用户满意度提升至 94.26%。

4. 绿色化生产

钢铁行业的能耗和环保问题日益突出，钢铁企业可采集各个生产环节的能源消耗和污染物排放数据，找出问题严重的环节，并进行工艺优化和设备升级，降低能耗成本和环保成本，实现清洁低碳的绿色化生产。绿色化生产包括 2 项工作。**一是节能降耗。**贯穿钢铁企业整个生产过程的工业互联网平台，通过建设能源管控中心，实现能源生产、能源消耗数据的自动实时采集、集中监视，并基于数据进行能源的智能管理、供需平衡与预测优化，生成高效的能源利用方案，减少能耗成本。**二是治污减排。**钢铁企业可以在各个工艺设备的排污口设置智能监测传感器，将实时采集的排污数据传输至工业互联网平台，综合分析钢铁企业在生产过程中排放有毒有害物质的情况，确定工艺优化和设备升级方案，减少对生态环境的污染和破坏。

例如，酒钢集团是我国西部地区最大的钢铁联合企业，其原燃料的质量差

1 JIT（Just In Time，准时生产）。

2 C2M（Customer to Manufacturer，用户直达制造）。

且质量波动幅度大，主要依赖自产，高炉类型多样化，因反应器“黑箱”特性，其能耗成本和环保成本一直居高不下。在启用了东方国信 Cloudiip 工业互联网平台后，酒钢集团单座高炉每年减少碳排放 20000 吨。东方国信预计整个钢铁行业在推行 Cloudiip 平台后，每年成本将降低 100 亿元，每年碳排放量也将降低 1000 万吨。

三、钢铁行业数字化转型的落地路径

1. 聚焦数据流通质量，打造高效边云协同体系

一是增设智能传感器。通过在设备、车间等区域部署热成像仪、压力传感器、振动传感器、轨迹识别传感器等具备边缘计算能力的智能终端，可提前过滤无用的冗余数据，精准采集数据。二是完善数据解析体系。面向钢铁企业中的关系数据、时序数据、文档数据、地理空间数据等海量的异构数据，建立高效的数据解析体系，统一数据格式，实现数据跨领域流通。三是建立大数据共享中心。在云端汇聚设备、生产、供应链等数据资源，根据实际业务需求，通过跨领域数据的互相调用，激发数据资产活力，以数据的全局自由流动带动资源配置的全局优化。

2. 围绕工艺流程优化，提高机理模型供给能力

一是围绕设备管理，开发钢铁行业设备状态监测类模型、设备故障分析类模型、设备维护类模型等，提高设备资产管理水平。二是围绕产线管理，开发钢铁行业物料管理类模型、质量管控类模型、生产工艺优化类模型、生产配方优化类模型、全流程排程优化模型、节能降耗类模型等，优化生产过程管控能力。三是围绕企业经营管理，开发钢铁行业供应链管理模型、订单管理模型、财务管理模型等，构建高效的供应链协同体系。四是开发模型综合管理平台，汇聚机理模型资源，实现模型的标签化管理、智能化搜索和精准化调用。

3. 坚持行业痛点导向，完善特定场景解决方案

一是围绕设备全生命周期管理，梳理钢铁行业各个机械设备在状态监测、故障分析、维护作业等环节的痛点，针对特定问题，综合调用机理模型，形成特定设备专用的预测性维护方案。二是围绕智能化生产，挖掘钢铁行业在工艺设计、流程排程、质量管理等环节的痛点，按需调用机理模型，形成特定场景的解决方案。三是围绕供应链协同，分析钢铁行业传统的供应链中信

息流通堵点和供需错配问题，结合企业硬件设施和运营环境，构建供应链管理解决方案。四是围绕绿色化生产，整合钢铁行业在能耗和排污方面粗放型管理的问题，明确环保监测、分析等环节的痛点，集成机理模型，形成提高环保管理水平的解决方案。

4. 重视平台安全防护，建立高度可靠安全系统

一是夯实设施安全。围绕钢铁行业生产设备、服务器、主机等基础硬件设施的安全接入，部署网络安全协议和容灾备份系统。二是强化数据安全。明确钢铁行业设备数据、生产数据、供应链数据在收集、存储、处理、转移、删除等环节的安全保护要求，通过应用数据安全模型强化防窃密、防篡改、数据备份等安全防护措施。三是建立安全管理体系。围绕钢铁行业工业互联网平台安全监督检查、风险评估、数据保护等方面建立健全的安全管理制度，强化自检查、自纠正的安全管理闭环。

煤炭行业数字化转型之路

煤炭行业为我国社会经济发展提供了60%以上的基础能源保障，是国家工业的支柱性产业，具有工艺流程复杂、故障风险较高、资本设备密集、生产条件多变等特征，面临着生产风险高、环境污染大、设备管理难等行业痛点，亟须加快基于工业互联网平台的数字化转型步伐，全面提升生产挖掘、综合管理、销售运输、生态保护等环节的数字化水平。华为、榆北煤业、蒙草集团等企业以安全生产、无人生产为切入点，积极开展工业互联网平台等解决方案探索，推动煤炭产业围绕生产无人化、管理集成化、运输联网化、环保数字化等方向加速数字化转型。

一、煤炭行业数字化转型趋势

1. 挖掘开采：由人机并用向无人生产转变

煤炭产业长期面临瓦斯积聚、矿井涌水、地质灾害等突发情况，具有较大的生产风险。随着开采技术的革新特别是新一代信息技术的运用，井下机器人、智能传输机等智能设备的使用显著减少了人力使用需求，机器视觉、深度学习等

技术提高了设备的执行率与准确率，使无人生产、少人巡视、远程操作成为可能，这有利于煤炭企业减少用人成本，提高运营利润。

2. 矿山管理：由人工向虚拟集成转变

煤矿管理涵盖采煤、掘进、运输、提升、排水、通风等复杂流程，需要解决矿机、矿车、矿工等大量系统综合协调问题，管理要求高、范围广、难度大。当前，部分煤炭企业信息化和智能化水平仍然较低，部分流程还处于纸质单据时代。通过数字孪生、虚拟现实等技术打造虚拟矿山，将直观展现矿山的地形环境、地表地物、井下矿道等情况，还原煤矿的复杂环境和生产状态，为生产工艺优化、远程系统管理、应急救援指挥等提供有效的支撑。

3. 煤炭运输：由被动排队向智慧运输转变

一方面，传统煤炭运输物流成本较高，相较运输成本平均在 0.15 元 /（吨 • 千米）的快递电商行业，煤炭行业运输成本高达 0.3 元 / 吨（吨 • 千米）。另一方面，部分煤炭物流园区缺乏场站管理，车辆混乱无序。通过集成窄带物联网（Narrow Band Internet of Things，NB-IoT）、RFID、GPS、智能识别等技术，为汽车搭载智能模块，动态监测矿车运载、排队等情况，有利于提升排队管控、分流调度、称车过磅、装载卸料的智能化、自动化水平，有效减少偷煤换煤、以次充好、车队拥挤等事件发生，节约运输成本，提高运输效率。

4. 生态修复：由宏观设计向数据驱动转变

煤炭厂区一般位于气候干旱、降水量少、生态环境脆弱的地点，煤炭开采带来的环境污染和生态破坏问题日益突出。生态修复不仅能重建被退化的生态系统，还能开拓广阔的产业化空间。有研究认为，生态修复在未来将成为和旅游产业并驾齐驱的世界十大产业之一。通过综合运用大数据、人工智能等新一代信息技术，有利于梳理总结生态修复经验，动态调整修复方案，由粗犷式修复向数据驱动的精细化、科学化生态修复转变。

二、煤炭行业数字化转型的重要场景

1. 智能安全生产

依托工业互联网平台动态采集边缘侧数据，结合井下机器人、智能传输机等设备，利用机器视觉、深度学习等技术实现无人生产或少人生产，切实提高煤炭安全生产能力。智能安全生产包括3项工作。**一是智能自主生产**。企业可依托工业互联网平台，通过“边缘数据+云端分析”实现采煤机、传输带、化煤机等设备的自动识别、自主判断和自动运行。**二是故障辅助诊断**。结合机器视觉技术对皮带、煤仓、电机等易出现故障的设备进行自动巡检，帮助维修人员及时调整设备状态。**三是风险预警管理**。实时采集空气成分、设备振动程度等数据，结合瓦斯浓度、设备寿命等模型分析，实现煤矿事故风险提前预警，提高事故灾害防控能力。

例如，华为依托华为云构建“煤矿大脑”，以“云+边+端”一体化方式打造“全感知—全链接—全智能”的智慧煤矿，风险实时识别率达98%，煤矿有效工时提高10%，设备运维成本下降65%。

2. 矿山综合管理

工业互联网平台结合AR/VR、虚拟仿真等构建数字矿山，在数字孪生空间实现对物理矿山映射，为挖掘设备、运输设备、能源设备的使用、维护、修理、升级等提供辅助决策与操作支持。矿上综合管理包括3项工作。**一是少人值守**。基于工业互联网平台围绕堆煤管理、人员巡检等场景提供在线监管服务，及时干预、纠正问题，进而提升煤矿管理水平。**二是集成控制**。依托工业互联网平台集成工作面视频监控、远程集中控制等，打破“数据孤岛”，提升信息共享层次，提高管理层决策效率。**三是辅助决策**。结合AR/VR等进行应急模拟体验与特殊工种培训，基于3D矿山仿真模拟建立应急救援方案库，根据具体情况自动生成救援方案。

例如，榆北煤业搭建智慧矿山系统，对煤炭开采，运输，销售，设备维修，备品、备件，人力资源管理等在内的各种需求做出智能响应与快速决策，1秒能够完成一次矿区人员位置信息的刷新，25毫秒可以远程启动矿区任何一台设备，3秒可以对所有矿区生产系统完成全面巡检。

3. 煤炭智慧运销

煤炭智慧运销聚焦准点、安全、廉价等煤炭运输需求，工业互联网平台汇聚车队数据，推动运营管理精细化、销售运输一体化、运输安全可控化，打造煤炭智慧供应链。煤炭智慧运销包括3项工作。**一是车队动态管理。**基于工业互联网平台加快车辆上云，根据园区装载、排队、交通等实际情况动态调整运输部署，打造煤炭精准运力池。**二是销售运输协同。**建立运输价格数据库，结合煤炭产品个性化需求对运输方式进行运价比对，最大限度地保证运输效益、减少运输成本。**三是智能辅助驾驶。**依托机器视觉、深度学习等技术自动甄别疲劳驾驶、超速、车道偏离等危险场景并对司机进行及时提醒，降低运输事故率。

例如，G7物联网公司依托平台动态监控故障事故、司机行为等事件，每5分钟更新一次风险判别，推动企业运输效率提升5倍，运输成本下降10%，安全指数提升2倍。

4. 生态资源保护

工业互联网平台作为大数据管理、决策与研究载体，集成无人机、三维虚拟仿真、多维度数值模型分析及现场实时监测等技术，能够为开展生态修复提供技术系统支持。生态资源保护包括3项工作。**一是解决方案储备。**利用工业互联网平台可存储巨量的水、土、气、草、畜等生态基础信息，收录各地乡土植物种类资质信息，自动生成生态恢复组合库，丰富生态恢复方案。**二是辅助个性定制。**通过平台收集地区历史生态数据资料，追溯原生植物、分析搭配群落、探寻演变规律，因地制宜实施决策辅助。**三是生态实时监控。**基于工业互联网平台汇聚监测点信息，汇总分析环境土壤的pH值、光、湿度、气压等生态数据，支撑精准、实时地监测指挥。

例如，蒙草集团打造矿山生态大数据平台，已动态监测3000万个有效信息点，存储500多万字的标准说明，实现生态数据指挥“一张图”，科学管理“一张网”，精准服务“一平台”，有效支撑矿山修复构建。

三、煤炭行业数字化转型的落地路径

1. 加速设备上云，夯实数据采集基础

一是以“三机一架”为突破口，推动重点设备上云，加快基于数据驱动的产品设计优化，推动共性技术、关键技术的协同攻关。二是依托工业互联网平台打通业务环节间数据连接，构建实时、透明的煤矿采、掘、机、运、通、洗、

选等数据链条，实现煤矿生产全流程智能化运行。三是依托工业互联网平台连接产业链上下游各个环节点，以价格指数、交易数据为核心提供加快商业模式创新。

2. 聚焦产业协同，强化重点模型积累

一是针对液压锚杆钻车、破碎机、皮带机、煤矿机器人等设备开发寿命预测、故障诊断等模型，加强设备管控效率。二是优化皮带空载、轨道安全行车、探放水作业等场景模型，提高识别准确率。三是围绕无人矿车驾驶、供应链协同等跨学科、跨企业领域建立模型。

3. 加强攻关突破，优化解决方案供给

一是基于工业互联网平台探索推动应急救援、安全监测、风险预警等安全领域解决方案推广应用，深化 GPS、视觉感知等技术应用，提高企业核心竞争力。二是开发智能开采、资产管理、能源管理、员工管理等集成服务解决方案。三是总结可复制、可推广的煤炭工业互联网开发模式、技术路径、管理经验等，向类似企业进行推广应用。

4. 注重绿色安全，树立煤炭智能品牌

一是依托工业互联网平台加快充填开采、保水开采等绿色开采技术应用，积极推进绿色矿山建设。二是对照数据管理能力成熟度模型开展贯标，制订数据分类分级管理标准，加强数据安全保障。三是举办“深度行”、现场会等宣传推广活动，铸造企业品牌，提高企业影响力。

石化行业数字化转型之路

石化行业是资产密集型行业，具有设备价值高、工艺复杂、产业链长、危险性高、环保压力大的行业特征，面临设备管理不透明、工艺知识传承难、产业链上下游协同水平不高、安全生产压力大等行业痛点，亟须加快基于工业互联网平台的数字化转型步伐，全面提升设备管理、生产管理、供应链管理、安全管理、节能降耗等环节的数字化水平。恒逸石化、恒力石化、石化盈科、中油瑞飞等企业以设备智能管控、生产协同优化为切入点，加速推动石化行业向全流程智能化方向加速转型。

一、石化行业数字化转型趋势

1. 设备管理：从“黑箱”管理向健康管理转变

石化行业的生产设备具有危险性，一旦设备在运行过程中出现异常高温、高压、设备腐蚀泄漏的情况，就会引发火灾或者爆炸事故发生，造成人员伤亡。过去，企业很难及时了解设备的情况，只能定期派人检查和维护，浪费了大量的人力与物力。在工业互联网平台应用的大背景下，基于传感器、自适应感知、精确控制与执行等数据采集技术的管理机制，实现了设备全生命周期的实时态势感知、远程故障诊断和预测性维护。

2. 知识管理：从纸质封存向模型封存转变

我国石化行业经过几十年的发展，积累了大量的工艺技术、实践经验和专家知识。它们大多在少数专家手中，碎片化现象严重，知识传播以线下培训为主，受到时间和空间的诸多限制。在工业互联网平台应用的大背景下，聚焦炼化生产的工艺优化、质量管控、节能降耗场景，推动石化工艺知识以机理模型、业务模型、算法模型的形式共享、复用、传播，大幅降低石化知识创新的门槛。

3. 供应链管理：从企业内向企业间协同转变

我国石化行业的原油和天然气进口依存度高。在国际原油价格大幅波动，供应链成本压力持续发酵的大背景下，我国石化行业需要提高供应链整体的敏捷性和灵活性，对市场变化快速做出反应，及时调整，统筹安排开采、外购、运输、生产和销售。因而，以工业互联网平台为连接枢纽，实现上游原油供应企业、中游炼化生产企业、下游产品分销企业之间的供应链协同成为大势所趋。

4. 安全管理：从人工巡检向智能巡检转变

中国油气运输管线长度约为 7 万千米，跨度大、范围广，部分管线处于地形地貌复杂、自然环境恶劣、环境敏感的区域，输送介质危险性大。石油炼化生产的原料和产品大多是高温高压、易燃易爆的有毒危险品，规模庞大，一旦发生微小的事故就有可能造成灾难性危害。常规人工巡检速度慢、成本高、效率低、受自然和地理条件制约大。但在工业互联网的大背景下，利用传感器、AR 眼镜、无人机、智能机器人等工具，能大幅增强巡检的实时性、精准性和可视性，提高巡检效率。

二、石化行业数字化转型的重要场景

1. 设备管理

一是设备状态检测。通过对物理设备的几何形状、功能、历史运行数据、实时监测数据进行数字孪生建模，实时监测设备各个部件的运行情况。**二是远程故障诊断。**将设备的历史故障与维修数据、实时工况数据和故障诊断知识库相连，利用机器学习和知识图谱技术实现设备的故障检测、判断与定位。**三是预测性维护。**构建设备数字孪生体，实时采集各项内在性能参数，预判设备零部件的损坏时间，主动、及时甚至提前进行维护服务。

例如，中石油青海油田对10万台油气水井和3000余座场站的采油设备的运行数据进行自动采集，远程实时监测设备运行状态，实现了边远油田派遣人数和人工成本大幅下降的目标。

中油瑞飞工业互联网平台对中石油海外油田设备提供了跨国油田远程技术支持服务，结合专家远程诊断和工人维修指导，实现了50%以上的问题不需要设备服务商到场解决。

燕山石化建立了调节阀故障模型，通过对炼化装置流量控制阀进行数据分析和诊断，实现了对控制阀的预测性维护，降低无效维修50%以上，创造的直接经济效益近5000万元。

2. 炼化生产

一是工艺优化。在实际炼化生产前，对原油原料、工艺流程、炼化设备进行数字孪生建模，对工艺配方、工艺流程等进行模拟仿真，优化原料配比参数和装置优化路径，得出最优的炼化生产方案。**二是质量管控。**实时采集和分析油品炼化全流程的质量数据，对各项质量指标进行在线动态分析和预测预警，实现炼化全流程质量跟踪及自动控制。**三是节能降耗。**通过对关键耗能设备和高耗能加工流程的数据采集，结合大数据、人工智能算法和专家知识库，分析耗能的关键因素，找出能耗最低的工艺参数来指导实际生产，提高关键耗能设备的维护精度。

例如，中石油云南石化对开工原油的炼化工艺流程进行模拟分析，明确各项操作参数，从而指导生产操作，实现了常减压装置1次开车成功，制氢联合装置核心设备投产1次成功。

中石化九江石化在炼化生产过程中，对各项质量指标进行实时监测和动态分析，实现了油品炼化质量的大幅提升，1吨原油出成品油率提高到82%，产出率提升了7个百分点。

3. 物料流通管理

一是企业内部供应链协同。实时采集和分析供应链运行情况，识别资源配置低效的环节，提出改进方案，提高企业内部资源配置效率。**二是企业间的供应链协同。**以工业互联网平台为连接枢纽，打通石化行业供应链上游原油供应、中游炼化生产、下游产品销售各个环节，优化全产业链资源配置。

例如，中石化镇海炼化将原油采购、资源配置、装置运行、产品结构、销售物流等进行全流程建模，系统分析供应链协同的重点、难点和优化潜力点，测算了各类优化方案637个，累计创造效益为3.9亿元。

新冠肺炎疫情期间，基于石化盈科ProMACE工业互联网平台，镇海炼化、恒力石化进行生产动态优化调整，提高防疫所需原材料的供给能力，同时与口罩、防护服生产企业实时对接、协同排产，实现了供应链上下游医卫用品资源配置的动态优化，提升了产业链的协同效率。

4. 安全巡检

一是生产安全监控。实时采集炼化生产过程中的各类安全数据，结合安全生产监控模型，对生产异常状态和安全风险实时报警。**二是管道智能巡检。**在油气管道内外利用传感器、智能阴极保护测试桩、管道巡检机器人、无人机等数据采集工具，以及连接地理、气象等环境数据，实现管道内外运行状态的全面感知和实时监测，对管道异常状况（例如泄漏）快速定位。

例如，中石化茂名石化基于工业互联网平台汇聚厂区内外的安全信息，结合安全风险诊断模型，实现了异常状态和安全风险的实时报警，发现并解决了1800多项生产异常问题，避免了多起突发事件。

基于ProMACE工业互联网平台，石化盈科在中石化西北油田开发了原油管线泄漏视频智能识别应用，通过训练卷积神经网络，实现对视频数据的实时分析处理，巡检视频识别效率提高 70% 以上。

三、石化行业数字化转型的落地路径

1. 加强底层数据分析，促进边云协同

一是边缘数据采集方面，安装传感器、无人机、摄像头、三维扫描仪等数据采集工具，利用泛在感知技术，采集油田地质勘探、钻井、开采、运输、炼化、销售领域的多源设备、异构系统、运营环境、人员等数据，实现对油田、运输管道、炼化工厂运行状态的全面感知。二是边缘数据分析方面，在原油开采装置、炼化重点装置、运输管道关键节点部署机器学习和深度学习算法，在边缘控制器上集成分析引擎，实现对装置的自动调整和优化。在设备管理、质量管控、智能巡检场景下，可以考虑将云端的机器学习模型和深度学习模型部署在边缘设备端，在模型、数据、服务 3 个方面实现边云协同。

2. 梳理炼化工艺知识，研发工业模型

一是面向设备管理，重点研发炼化重点装置的运行状态监测模型、远程故障诊断模型和预测性维护模型。二是面向炼化生产，重点研发炼化工艺流程模拟优化模型、聚合物反应模型、换热网络优化模型、公用工程系统优化模型、能量系统优化模型，以及生产质量管控模型。三是面向供应链管理，重点研发原油进口供应链扰动缓解模型、供应链柔性作业模型、供应链均衡协调模型、成本和风险平衡模型、计划和调度模型等。四是面向安全管理，研发基于多源安全数据融合的火灾爆炸事故风险预警模型、高危设备监测和故障预警模型、危险源监测和预警模型、应急资源管理模型，以及安全应急调度模型。

3. 研发行业解决方案，推广典型应用

一是打造设备管理解决方案。重点研发和推广炼化重点装置的状态监测、远程故障诊断、预测性维护解决方案，提升炼化装置管理水平。二是打造炼化生产解决方案。重点研发炼化生产装置流程模拟、智能化验室、运营管理优化、生产质量管控等解决方案，实现炼化生产优化。三是打造供应链协同类解决方案。重点研发石化企业内部的供应链协同解决方案和企业间的供应链协同解决方案，

实现石化供应链全流程的优化、资源合理利用以及价值的优化。四是打造安全管理类解决方案。重点研发炼化生产安全监管解决方案、管线泄漏动态监测、钻孔破坏点精确定位、应急指挥解决方案，实现对炼化生产风险提前报警，对油气长输管道泄漏的实时检测和准确定位。

第十八章
装备制造行业：由集中生产向协同生产转变

装备制造行业是国之重器，涉及航空航天、船舶、轨道交通、工程机械、汽车等众多门类，多采用大规模集中生产模式，不同企业之间的协作水平有待提升。我国部分装备制造龙头企业正在加速开展数字化转型，深刻变革生产方式和合作模式，全面打造跨地区、跨时区的协同生产体系。

航空航天行业数字化转型之路

航空航天行业具有长周期、多种类、小批量、高可靠的行业特征，面临数据源差异大、模型适配性不足、管理调度效率低下、故障预测能力欠缺等问题，亟须加快基于工业互联网平台的数字化转型步伐，全面提升研发设计、生产制造、供应链管理、运营维护等环节的数字化水平。通用电气、欧特克、劳斯莱斯、商飞、西飞等国内外企业正以网络化协同为切入点，基于工业互联网平台开展设计、制造、管理、服务的一体化转型。

一、航空航天行业数字化转型趋势

1. 研发设计由串行异构向并行协同转变

传统航空航天行业研发设计二维、三维辅助软件混用，在工具、模型、数据、API、操作规范等方面差异较大，研发设计流程冗长复杂，研发成本较高。随着业内基于模型的研发设计模式的应用推广，将三维模型作为唯一数据源进行几何、工艺、质量和管理等属性标注，有利于统一标准，解决数据差异问题，打破研发设计的空间、时间、组织限制，降低跨专业、跨部门、跨企业协同的研发设计门槛。

2. **生产制造由以数映物向数物融合转变**

在传统生产制造过程中，将研发设计模型转化为生产制造模型需消耗大量的人力与物力，零部件加工主要以常规加工为主，生产质量管控成本较高。在从图纸到实物的转化过程中，因缺乏三维空间信息，生产制造过程过度依赖操作工人的理解、经验和技能水平。数字孪生技术在生产制造环节的应用，将助力企业依据统一模型、统一数据源进行制造，解决从 CAD 到 CAM 的集成问题，实现生产过程可预测、可调整、可追溯，降低生产成本。

3. **生产管理由单点对接向动态调整转变**

相较传统离散行业，航空航天行业对材料供应和资源调配都具有极高的要求，既要求尽量采用灵活的零部件管理来降低运营成本，又要求保证交付的速度。传统数据交换模式以单点管理为主，缺乏节点间统筹管理，无法适应复杂场景下的动态调整需求。工业互联网聚焦人、传感器、生产设备和云端等节点的互联互通，打通研发、生产、管理等环节“数据孤岛”，可有效构建大协作、大配套的生产管理体系。

4. **运维服务由定期维护向视情维护转变**

传统运维以基于经验和规律的定期检修为主，不同零件、组件在制造工艺、故障类型和生命周期等方面差异巨大，维护成本高昂。在飞机维修领域引入大数据、人工智能等新一代信息技术，有利于开展故障溯源、辅助设计和工艺改进，提高设备描述、仿真诊断、预测维护的精密度和准确率，达到自适应、自感知、自决策的效果。

二、航空航天行业数字化转型的重要场景

1. **基于模型的设计**

企业依托工业互联网平台开展基于模型的设计，以三维统一数据源作为唯一依据，缩短研发周期，提高效率。基于模型的设计包括 4 项工作。**一是信息交互。**优化信息的传输、操作和管理，大幅减少由理解差异产生歧义的问题。**二是工艺审查。**分析可制造性、可装配性和结构合理性。**三是工艺规划。**规划零部件装配顺序和运动路径。**四是工艺编制。**计算关键部件工艺容差，合理分配资源。

例如，波音公司构建全球化的研发体系，波音 777 项目实现了全球 238 个

设计构建团队（Design Build Team，DBT），总成员 8000 余人协同研发，减少了 90% 的设计更改，设计周期缩短了一半。

在“运 –20”飞机研制中，我国首次建设异地协同设计、制造和管理信息平台，开创一航商飞、一飞院两地，4 个主机厂，19 家国外供应商协同研制的模式。

2. 基于赛博物理系统的智能制造

结合信息物理系统、AR/VR 等技术推动数据源、模型的统一，加快数据有效流通，构建基于工业互联网平台的异地多厂协同制造体系。基于赛博物理系统的智能制造包括 3 项工作。**一是分布式生产**。将整机组装厂、零部件生产厂等资源整合，以信息管理为整个制造网络系统提供行动依据。**二是个性化生产**。针对不同型号的飞机制造需求，制订个性化的组装方案。**三是柔性化生产**。根据市场、厂区、库房的动态信息，及时调整生产所需的“人、机、料、法、环”等配套供给。

例如，我国在“新飞豹”飞机的研制中，全面采用数字样机技术，实现全机 51897 个零件、43 万个标准件、487 个关键件的三维数模直接用于数字化生产。

3. 基于大数据分析的供应链管理

企业借助工业互联网平台对供应链信息进行收集、整合、优化，通过数据分析，及时发现仓储物流、产品质量、制造工艺等方面的问题，提高供应链调整能力，保障产品质量。基于大数据分析的供应链管理包括 2 项工作。**一是物流管理**。通过业务需求，动态调整备品备件预计划，改善供应链库存状况、降低系统库存总成本、提高准时交付率。**二是质量管理**。运用大数据技术评测生产制造能力、质量保障能力、交付进度、合格率等指标，健全质量管理体系，完善质量追溯制度，实现对各个环节产品质量的精确管控。

例如，一航商飞构建基于工业云的飞机研制系统平台，推动全球近 150 家一级供应商之间进行数据交互，实现基于统一数据源的设计、制造、供应一体化协同。

4. 基于故障预测与健康管理的运营维护

基于故障预测与健康管理的运营维护建立了航空产品故障和维护维修的数据库，支持多部门、多专业协同进行运营维护。基于故障预测与健康管理的运营维护包括 3 项工作。**一是状态实时监测**。航空航天企业通过工业互联网平台实时采集发动机、飞行器等设备的工作温度、工作环境和应力分布等状态数据，并进行可视化呈现，保障设备状态监测可靠性。**二是故障诊断预测。**对历史积累的海量数据进行高效处理，生成运维模型，诊断产品在不同使用条件下出现故障的概率和时间。**三是维修辅助决策。**基于故障预测结果，辅助制订维修方案，远程指导工程师现场执行，减少人工操作错误产生的返工，有效避免信息传递缺失的问题。

例如，西飞运用数字技术，对飞机和航空产品的使用性能、功耗、能耗等进行过程监控，并根据运行数据的分析，预先制订的改进方案，及时更换老化零部件，进行健康维护与维修，提高航空产品服务的安全性和数据采集的多样性。

GE 基于 Predix 平台，开发了用于检测飞行器叶片故障隐患的人工智能超差处理算法，能够实现自动抓取数据，自动生成维护报告，识别率和报错率分别在 95% 和 97% 以上，有效提升了设备管理效率。

三、航空航天行业数字化转型的落地路径

1. 统一技术架构接口规范，保障数据融通

一是规范数据类型。以基于 MBD 的三维模型作为设计、制造、管理、维护的唯一依据，推动信息传递媒介由二维向三维转变。二是夯实数据基础。对于高价值、高可靠、高能耗设备，实时采集其全生命周期数据，提升采集数据深度、广度和精度，并运用大数据分析开展关联性研究。三是建设通用设计 CAD 软件标准零件库、技术注释库和材料库。对 CAD 建模软件进行二次开发，建立企业基于 MBD 的全三维设计支持系统。

2. 突破全生命周期机理模型，推动数物融合

一是突破设计仿真、工艺流程、装配流程等研发设计模型，助力研发设计数据自由流动。二是突破工业机理、业务流程、生产质量等生产制造模型，加快工业知识沉淀。三是突破业务流程、供应链管理等生产管理模型，推动供需两侧互联互通。四是突破故障诊断、故障预测、零部件寿命预测等运营维护模型，提高运营维护精度。

3. 构建多层次体系化平台，实现数据分级分类

一是推动供应链上公有云。鼓励主机厂商建立公有云，促进供应商业务流程

的规范化、标准化，与主机厂实现计划、技术、采购和质量的协同。二是推动集团内设计流程上私有云。推动集团内研发设计部门和系统级供应商依托私有云开展协同研发，以三维统一数据源消除数据传递过程中的不确定性。三是推动企业生产制造上专有云。引导整机组装厂、零部件生产厂借助专有云对生产工艺、设备运行、产品质量等数据进行存储、分析，实现生产制造过程协同管控，提高产品质量稳定性。

船舶行业数字化转型之路

船舶行业属于劳动密集、资金密集、技术密集的离散制造业，具备零件数量多、生命周期长、资本投入大、技术要求高等典型特征，正面临接单难、交船难、融资难等问题。江南造船、黄埔文冲、沪东中华等企业以网络化协同和服务化延伸为切入点，基于工业互联网平台，从设计协同化、制造智能化、管理精益化、融资在线化、产品服务化等方向进行数字化转型。

一、船舶行业数字化转型趋势

1. 研发设计由独立设计向无缝设计转变

船舶行业研发设计环节复杂，涉及数十个专业分工。传统船舶行业使用独立的设计模式，在设计环节联通、跨专业对接、设计模型变更等方面存在数据交流不畅、企业协同水平不足等问题。随着业内无缝设计模式的应用推广，基于模型的设计理念使用唯一数据源进行的属性标注，有利于统一标准，解决数据差异问题，打破研发设计的空间、时间、组织限制，降低跨专业、跨部门、跨企业协同的研发设计门槛。

2. 生产制造由数字化向智能化转变

船舶构造复杂精密，大型豪华游轮零件数量超过 2500 万个，包括钢材预处理、零件加工、装配焊接、试验下水等诸多环节，对制造工艺、工序的要求较高。在传统船舶生产制造过程中，零部件加工需要大量人力，不利于保障产品质量的稳定性，整体质量管控成本较高。数字孪生技术的发展应用，将助力船舶企业依据统一模型、统一数据源进行生产制造，解决从CAD到CAM的集成问题，实现生产过程的可预测、可调整、可追溯，有效提高产品质量，加强用户体验，增加企业收益。

3. 供应链管理由重经验向重需求转变

在传统船舶产业链管理体系中，船舶配套、船舶建造、货物生产运输、航运市场等环节的运营都是独立的、单向的。企业之间无法实现信息共享，各企业依据经验制订供应链计划，导致产业链供需双方信息不对称，无法针对需求进行动态调整，缺乏供应链成本优化及纳期有效控制。工业互联网聚焦人、传感器、生产设备和库房、物流等节点的互联互通，打破数据、知识、能力、成本等的束缚，推动供需双方相关数据互联互通，以信息流加速物流、资金流、技术流有效流动，加快由经验导向到需求导向的模式转变，推动船舶制造企业向价值链、产业链高端跃升。

4. 发展模式由卖产品向卖配套服务转变

目前，全球船舶运力和制造能力存在过剩现象，造船市场需求出现结构性不足、散货船等常规船型需求乏力、高技术船舶和海洋工程高端装备需求旺盛、传统船舶制造业依靠生产要素投入和廉价劳动力转化的盈利模式难以为继的问题。工业互联网在船舶行业的应用推广，有利于提升船舶制造整体配套服务水平，打造“船舶+智能系统+配套服务”的整体产品方案，提高用户黏性，构建技术迭代升级、用户体验友好的新型船舶工业服务体系。

二、船舶行业数字化转型的重要场景

1. 基于三维模型的协同设计

一是数字孪生仿真。船舶企业可通过在工业互联网平台部署CAE、CAD等功能模块，在赛博空间对船舶模型进行碰撞仿真、结构仿真、流体仿真等测试，降低样品试制成本，并缩短产品研发周期。**二是并行协同设计。**船舶企业可应用工业互联网平台集成船舶的外观、结构、性能、电器分布等数据，实现各项设计工作跨部门、跨企业、跨区域同步进行，保障设计方案的协调与适配，提高研发效率。**三是工艺设计优化。**船舶企业利用工艺设计仿真等功能模块，在数字空间模拟船舶零部件的加工、船舶部件的焊接与组装等制造过程，减少人工试错的次数，优化制造工艺，降低生产错误率。**四是基于三维模型的可视化检验**。船舶企业基于工业互联网平台，建立面向船东、船检的在线检验平台，基于可移动、旋转的三维数字孪生模型，直观展示船舶检验数据，提高船舶检验的实时性，保障产品质量。**五是船舶工业建设的数字化设计**。在船厂数字化、网络化、智能化升级改造的项目中，经过布局规划、仿真，验证船厂的生产能力，优化车间物流和设备配置。

例如，中船江南造船、中船黄埔文冲基于达索三维体验平台，实现了大型航标船、支线集装箱船等产品的生产设计全流程、全专业、全三维交付，设计差错率大幅降低，提升产品的制造质量。

沪东中华使用自主研发的船舶产品设计（Ship Product Design，SPD）系统，支持船舶机电全专业设计建模及工艺完整性定义，通过在计算机上虚拟造船，融合各专业并行开工，降低船体建造过程中的错误率。

黄埔文冲构建了基于工业互联网的云检测平台，实现了基于船体三维模型的焊缝设计、生产、检验信息在线查询与展示，确保相关方在全球任何地点都能实时掌握船舶焊接工作的状态。

中船九院开发船厂工艺敏捷设计咨询系统，通过开发一系列高效的工艺计算、船厂方案参数化布局、工艺仿真验证，以及设计成果发布等工具软件，持续不断地进行设计迭代以达到船厂客户的需求。

2. 船舶先进制造模式

一是关键生产环节的装备自动化，依托工业互联网平台控制智能机器人开展型钢上料、自动切割、智能焊接、材料输送等，缩短生产周期，提高生产效率，降低人工成本。**二是造船厂域生产要素的泛在互联**。在造船企业大尺度离散生产场地与车间范围内，部署基于北斗、RFID 等技术的多层次、多粒度的定位系统，建立面向切割、焊接、吊装、驳运等核心装备的状态采集与控制网络，实现造船全流程核心生产要素的泛在互联。**三是基于边缘计算的关键工艺敏捷管控体系**。在切割、焊接等造船核心工艺环节，组建车间层级边缘智能管控网络，建立造船离散作业环境下的人、机、件融合统一，实现近装备端的敏捷质量监督、缺陷预警与节能管控。**四是基于数字孪生车间的智能管控**。建立零件加工、分段制造、船台船坞等三维数字模型，构建生产工位、生产线及生产车间逻辑模型，实现基于物联网的核心生产要素状态监控及作业状态管控，以及基于实时状态数据的生产过程动态分析、决策与调度。

例如，依托工业互联网平台，中船黄埔文冲建立了基于北斗的厂域物流装备定位及管控网络，结合车间制造执行系统，建立了面向船体分段作业的数字孪生车间，实现了生产作业的精细化管理。

沪东中华、黄埔文冲等建立数控焊机管控边缘网络，推动焊机联网，实现了焊接指令及工艺在线下发、作业跟踪与自适应启停控制，有效提高了焊接的质量，降低了能耗。

中船第十一研究所依托工业互联网平台研发工艺规划、车间管控、吊装仿真等软件，积极投身船厂生产线联网改造，实现关键工位国产化替代，与船厂一起打造数字化车间。

中船信息致力于研制新型工业互联网 App，打造智能制造 SaaS 云服务，为船厂及供应链上下游提供设备接入、生产协同、设备管理、能耗管理、安全预警等智能化服务，帮助企业低成本上云、上平台。

3. 供应链精益管理

一是供应链管理。船舶企业通过工业互联网平台进行船舶配套资材、供应商、资材配送等精益化管理，保障供应链配套均衡、有序，有效提高物流周转效率。**二是供应链金融。**船舶企业通过工业互联网平台进行融资租赁，将资产由流动性较差的固定资产向流动性最强的现金资产转变，改善企业现金流，降低企业融资成本，优化公司资本结构。

例如，中船黄埔文冲搭建标识解析船舶行业二级节点，推动供应链上下游开展基于工业互联网平台的外协外购产品一码协同制造、配送、入库，从而减少配送人员，降低成本，提高物流效率。

中远海运通过布局供应链金融，借助大数据分析把控风险，利用区块链技术创造可信环境，有效降低企业融资成本。

4. 船舶智能运维

一是船舶节能运营。将智能检测设备连接到工业互联网平台，实现了能耗查询、分析、统计、管理等功能，减少了海运碳排放量，降低了船舶的运营成本。**二是航路智能规划。**搭建船岸、船船信息传递网络链路，实现了船岸、船船之间大数据的互通与共享，实现了开阔水域辅助驾驶，提高了船舶航行安全。**三是设备预测维护。**实时获取关键设备的状态参数和健康状态，使用大数据技术预测状态发展趋势和剩余寿命，并采用合理的维修或维护保障措施。

例如，中船集团打造智能船舶运行与维护系统（Smart-Vessel Operation Maintenance System，SOMS），实现航线优化决策、设备健康预警、船舶能效管理等功能，应用该系统的智能船与传统船型相比，推进效率提高约 3%，日均油耗降低约 4%。

三、船舶行业数字化转型的落地路径

1. 夯实技术基础，建设数据流动快车道

一是推动新一代信息技术应用，加快大数据、虚拟仿真、系统协同、人工智能等技术协同，打破数据仅在本地计算机、局域网流动的范围限制。二是加大船舶智能制造总体技术、工艺设计、智能管控、智能决策等技术的研发投入力度，聚焦数据的搜集、积累并加快相关知识转化，指导产品生产制造。三是加快船舶行业知识沉淀、封装、固化，打造数字中台，构建船舶行业工业软件支撑体系，通过加快数据自由流动有效解决行业问题。

2. 推动边云协同，突破生产现场数据瓶颈

一是核心产线智能改造，依托边缘智能计算、大数据分析，实现云对边智能控制，缩短核心零部件制造周期，有效降低不良品率，提升生产效率。二是生产计划动态调整，实时监控现场状态参数，在工业互联网平台综合分析场地、设备、人员等数据，制订负荷均衡的作业计划。三是生产模式组织优化，借助大数据、人工智能等技术，保障制造流程的精益化、实时化和生产节拍的有序、流畅，降低制造成本。

3. 优化供应链配套，提高上下游信息共享水平

一是依托工业互联网平台加强上下游企业生产需求计划的对接，减少交期提前或拖期现象。二是建立云端数字化库存管理机制，逐步推广“需求拉动计划、仓储动态调整”的自由型库存控制模式。三是布局基于工业互联网平台的供应

链金融，着力解决垫资、交付延期、订单取消等因素引起的资金链断裂问题。

轨道交通行业数字化转型之路

轨道交通行业具有安全性能要求高、集约化管理、供应链系统相对独立、产品种类多、专业化程度高的行业特征，面临资源调配效率低下、车辆运维困难、客户需求不断提高等痛点，亟须加快基于工业互联网平台的数字化转型步伐，提升企业综合实力。中车四方、中车株机、中车浦镇等企业正以车辆远程运维为切入点，加速推动轨道车辆向研发设计数字化、生产制造柔性化、产业链管理一体化、车辆运维智能化等方向转型。

一、轨道交通行业数字化转型趋势

1. 研发设计从实验验证向平台仿真转变

轨道车辆行业传统研发设计是基于实地实验验证的，每一种新的零部件都需要经过大量的实际线路试验检测、数据提取、统计分析来确定它的安全性、可靠性，其间耗费大量的人力、物力、财力，且效率较低。基于工业互联网平台构建虚拟仿真环境，在赛博空间构建轨道车辆数字孪生体，通过工况设置、参数输入等方式进行虚拟仿真，不断迭代优化，将持续推动产品研发完善，缩短研发周期，降低研发成本。

2. 生产制造从大批量向柔性化转变

近年来，我国轨道车辆行业正处于快速发展时期，国内的需求量猛增、订单量巨大，轨道车辆供应商规模持续扩大、供给能力不断提升。但是随着市场趋向饱和，地铁等多样性城市轨道交通的兴起，轨道车辆的产业需求逐渐升级，倒逼轨道车辆供应商积极寻求转型，从单纯的车辆制造商逐渐转变为基于车辆制造的服务商，探索车辆制造车间智能化改造，加速向柔性化生产的方式转变。

3. 业务管理从以人为主向精益化转变

轨道车辆行业传统的管理模式以人为主，具有变动性大、作业管理混乱、管理无法落地且追溯性差等弊端，管理效率较低。基于工业互联网平台对业务流程进行实时把控，有利于打通部门之间、人机之间、设备之间的数据壁垒，实现节拍式拉动、看板式管理、流水化作业、标准化工位等精益化管理模式，推动生产制造透明化、部门合作协同化、资源调配高效化，节约管理成本、提高管理效率。

4. 设备运维从定时维修向按需维修转变

轨道交通行业的车辆设备安全性能要求高，必须严格保障车辆运行过程中的健康水平。传统的高速铁路车辆运维建立了一套按照里程数维修的制度，每当车辆运行达到标准里程数，必须进行健康水平检测，大大增加了运维的时间成本、经济成本。基于工业互联网平台在线采集车辆运行的实时数据信息，经过算法统计和模型分析，有利于发现车辆运行过程中的健康状态和存在的问题，便于安排维修计划，保障车辆运行效率。

二、轨道交通行业数字化转型的重要场景

1. 研发设计仿真

轨道交通行业基于工业互联网平台搭建虚拟仿真平台，构建车辆数字孪生体，在线上虚拟空间中进行工况模拟，可以实现研发设计迭代式优化。研发设计仿真包括 3 项工作。**一是建立仿真模型**。通过赛博空间和物理空间的映射，构建车辆系统虚拟模型，可用来展示车辆系统实时状态。**二是进行工况模拟**。设立不同的线路，输入工况参数，进行虚拟空间实验，确定数字孪生体的车辆性能，可为物理实体提供参照。**三是进行设计优化**。依托虚拟仿真得到的大量数据，经过统计分析，可以促进研发设计环节迭代更新。

例如，中车株洲机车使用 ESI 集团的 IC.IDO 3D 仿真分析平台进行实时优化设计，为客户提供 1∶1 3D 虚拟样机审查设计并实时传达修改，节省了大量的开发时间和成本；中车四方基于工业互联网平台协同仿真，提升了资源利用率和研发仿真验证效率。

2. 生产制造协同

基于工业互联网平台全要素、全产业链、全价值链的联接能力，打通人与机器之间、机器与机器之间、产线与产线之间的信息壁垒，实现生产过程最大化

的协同平衡。**一是人机协同。**工业互联网平台可对机器设备进行远程监测、指挥、维护，实现人机协同作业。**二是设备协同。**工业互联网平台可采集生产过程中的数据信息，通过大数据分析优化，对生产线进行智能化改造，实现生产设备最优布局，让设备发挥最大效能。**三是产线协同。**基于工业互联网平台数据的计算分析、智能决策，可统一调配生产要素，推动跨产线协同制造。

例如，中车株机基于轨道交通行业的工业互联网平台，建设转向智能制造车间，实现人员、AGV、物料、产线数字化对接，解决了智能制造产线之间的协作问题。11 条子生产线可达到最大化的协同平衡，转向架的构架、车轮和车轴 3 条生产线之间的相互等待时间基本为零。同时，基于平台开展柔性化生产，使小批量试制与大批量投产同步进行，推动人员成本减少 50%，生产效率提升 30.1%。

3. 产业链综合管理

轨道交通作为一个综合性产业，其产业链十分丰富，基于工业互联网平台实现产业链的有效管理，促进轨道交通行业资源配置优化、服务能力提升。产业链综合管理包括 3 项工作。**一是供应链管理。**建立供应商关系维护、对接、交流平台，严密把控市场动向，确保零部件高效供应，保障生产维修需求。**二是制造链管理。**加强生产制造过程的实时监测、数据采集、智能分析，提高生产车间的洞察力。**三是服务链管理。**建立客户对接平台，积极交流，根据客户不断升级的需求推出个性化产品，提高企业服务能力，塑造综合竞争力。

例如，中车信息技术有限公司结合中国中车供应链产业升级需求，优化整合中车电商平台和中车供应链采购管理资源，建设“中车购”供应链电子商务协同平台，加强供应链管理。截至 2020 年年底，中车四方通过中车购平台累计发送订单 119741 个，供应商确认订单 84096 个，线上发货单 172392 个，预制发票 35170 张，开票金额 40.91 亿元。

4. 设备健康管理

设备健康管理基于工业互联网平台对轨道车辆设备进行深刻洞察、设备故障精准预测、事故风险有效评估，按需安排维修计划。设备健康管理包括 3 项工作。**一是状态监测。**通过传感器等感知设备，采集车辆运行过程中的状态数据，实时进行状态监测，确保车辆安全运行。**二是建模仿真。**利用虚拟仿真平台，进行不同工况的状态模拟，从而不断优化车辆性能。**三是大数据分析**。对工作日志、历史故障、运行轨迹、实时位置等海量数据进行挖掘分析，判断可能出现故障的时间和部位，实现预测性维护。

例如，中车株机使用先进的联网技术和传感器技术，搭建数据采集和分析平台，及时了解机车的健康参数，确保车辆在安全可控的状态下运行。

中车四方和国信会视合作，基于工业互联网平台建设了轨道交通装备智能运维平台，实现了列车状态数据的实时采集和处理，对列车状态进行监控和故障快速告警，降低了列车运维成本，保障了列车的健康安全运行。

三、轨道交通行业数字化转型的落地路径

1. 进行生产车间改造，提高生产效率

一是依托工业互联网平台，对车间全要素进行连接，实现生产数据可视化、生产过程透明化的制造全过程动态管控。二是基于大数据分析，对生产车间资源进行智能化调配，实现产线协同，提高生产资源利用率。三是基于工业互联网平台，结合5G、人工智能、大数据等新一代信息技术，对车间进行智能化改造，提高生产制造数字化水平。

2. 开发智能业务系统，增强管理水平

一是生产安全管理，对生产车间进行实时监测，对历史数据进行统计分析，对应参照，排查安全隐患，提供安全报警服务。二是质量管理，利用传感器、摄像头等设备，对各工序进行质量数据采集，进行数据分析，完善不合格品处理、质量分析、售后质量信息处置等工作。三是业务管理，开发基于平台的一体化管理系统，打通供应商、服务商、经销商等合作伙伴间的信息壁垒，提高管理效率，降低管理成本。

3. 提供车辆远程运维，确保运行安全

一是建立实时状态感知系统，利用各种传感器探测、采集车辆运行过程中的参数信息，将收集的数据进行有效转换和传输。二是建立车辆实时监控系统，结合数字孪生技术，直观展示线上所有运行列车的速度、状态、运营等参数，有效提高车辆的统筹、调度、管理效率。三是建立故障预警系统，依据历史数据

建立各参数变化与故障损伤的概率模型，结合当前车辆运行参数，进行健康状态判断、趋势分析与异常情况自动报警，降低运维成本。

工程机械行业数字化转型之路

工程机械行业具有设备产品多样、生产过程离散、供应链复杂的行业特征，面临设备价值增值水平不高、供应链资源调配效率低下、金融生态不完善等行业痛点，亟须加快基于工业互联网平台的数字化转型步伐，全面提升研发设计、生产制造、供应链管理、远程运维、客户服务等环节的数字化水平。徐工集团、三一重工、中联重科等国内企业和 Uptake 等国外企业以远程运维为切入点，日本小松以智慧施工为切入点，加速推动工程机械行业向设备维护智能化、综合解决方案“交钥匙化”的方向加速转型。

一、工程机械行业数字化转型趋势

1. 设备维护按需化

传统以预防为主的定期维修无法有效处理潜在或突发的异常故障，也会产生诸多不必要的拆卸和安装，造成过高的设备维护维修费用和额外的磨合损耗，甚至导致新的故障。基于工业互联网平台，在线采集设备性能、状态参数等数据信息，经过一系列的统计算法和分析，可以及时查看设备运行过程中的健康状态，发现存在的问题，按需求进行设备维护，节省人力物力，保障设备运行效率。

2. 备件管理精益化

传统的仓储模式能够缓解一定的备件需求压力，但是相应地产生了存储空间、物流调配、流转资金等高昂的仓储成本，还需要进行备件管理，耗费人力与物力。运用物联网、云计算、大数据等新一代信息技术，加强供应链管理，能够提高备件流通效率，快速响应生产和维修需求，即时调配、按需调配、智能调配，从而提高了生产和维修效率，节省现金流。

3. 产融结合在线化

由于工程机械设备单价高、行业金融体系不完善等原因，下游中小企业往往存在资金短缺的问题，所以严重制约了行业生态的发展。依托工业互联网平台进行设备连接、数据采集、统计分析，可以实现制造设备运行过程透明化，有利于金融机构做出实时评估，控制金融风险，在线提供快速融资、贷款服务。

4. 解决方案服务化

我国工程机械行业的技术、产能、效率近几年获得了飞速发展，为应对越发紧缩的市场环境，响应用户端需求的升级变化，工程机械行业正呈现制造业服务化的趋势，即从产品制造商向解决方案提供商转变，从单纯的生产加工向提供设备运营维护、支撑业务管理决策、满足个性化定制需求等服务环节延伸，增加产品附加价值，塑造企业的综合优势。

二、工程机械行业数字化转型的重要场景

1. 设备预测性维护

工程机械行业基于工业互联网平台的建模仿真、数据分析、评估诊断能力，有效评估设备健康水平，实现预测性维护。设备预测性维护包括 3 项工作。**一是设备状态监测。**实时采集温度、电压、电流等数据，提高设备状态洞察力，避免机械设备突发故障。**二是设备建模仿真。**构建设备数字孪生体，通过输入参数、工况等数据，进行模拟仿真，优化维护方案。**三是设备故障诊断。**对设备工作日志、历史故障、运行轨迹、实时位置等海量数据进行挖掘分析，判断可能出现故障的时间和部位，安排维修计划。

例如，卡特彼勒基于 Uptake 开发的设备联网和分析系统，采集设备的各类数据信息，联网监控，分析预测设备可能发生的故障，实现了 300 多万台运转设备的统一管控。

2. 备品、备件管理

备品、备件管理一直以来是工程机械行业不可忽视的重要部分，基于数字技术，工程机械行业可以有效促进企业备品、备件管理迈向智能化。备品、备件管理包括 3 项工作。**一是备品、备件标识管理。**以物联网技术连接备品、备件，运用标签化管理、智能化检索等手段实现备品、备件的监督、跟踪和协调。**二是备品、备件部门协同。**基于工业互联网平台，打通各部门信息壁垒，推动跨部门协作，促进备品、

备件高效流通。**三是备品、备件供应链管理。**建立零部件供应商对接交流平台，在保障生产和维修需求的前提下，实时、定量采购，降低库存量，节约现金流。

例如，徐工集团基于汉云工业互联网平台，实现备品备件的计划、采购、库存、供销、追溯功能一体化，通过大数据分析持续优化备品、备件管理体系，打破生产商和分销商的“信息孤岛”，分拣效率提升了 8%，仓库利用率提升了 6%，备件库存率降低了 8%，库存周转率提高了 5%。

3. 智慧施工

工程机械行业正从设备本身的解决方案向现场的解决方案转变，将机器和工人连接，优化施工方案，辅助操作施工，实现智慧施工。智慧施工包括 3 项工作。**一是现场施工数据采集。**通过传感器、无人机、三维扫描仪等方式对施工对象、施工场景、外在环境等因素进行高精度感知，掌握现场施工状态。**二是施工方案模拟仿真。**建立虚实映射的数字孪生体，设立不同的施工条件，进行工况模拟迭代，不断优化施工方案。**三是施工现场指挥调度。**建立反馈响应系统，根据设备动态变化，实时修正、调整施工方案并指挥现场施工。

例如，小松提出并实施 Smart Construction，即智能施工解决方案。通过“无人机 + 边缘盒子 + 小松云”，聚焦高精度测量、设计图和测量图对比、小松云模拟确定施工计划、施工可视化等环节，实现建筑工程状态感知、实施分析、科学决策、精准执行的闭环，从而实现远程操作服务。

4. 科技金融

基于工业互联网平台实现工程机械设备的深刻洞察、设备故障精准预测、事故风险有效评估，可促进基于平台的产融模式创新。**一是在线贷款。**银行、金融机构通过线上平台监测施工队作业情况、承包商贷款情况和经营情况，有针对性地提供贷款、融资等服务。**二是融资租赁。**工程机械企业依托独立运作、与银行合作、与融资公司合作等方式，开展租赁业务，加快资金的流通，降低融资成本，缓解资金压力，帮助中小企业迅速做大规模。**三是精准投保。**保险公司依托工业互联网平台对机械设备进行监测、管理，综合评估工程机械设备的施工风险，从而实现有针对性地开展投保、按需投保、精准投保等保险服务。

例如，北京银行无锡分行正是以物联网、人工智能、区块链等技术为支撑，开发了企业全生命周期监管金融服务系统，通过实时采集企业生产开工、原料、成品等数据，结合工商、税务等政府数据，建模还原企业全生命周期的运营状况，辅助开展客观的贷后管理，及时调整企业授信额度和信用评分。

三、工程机械行业数字化转型的落地路径

1. 关注数据采集，扩展信息获取渠道

一是加强施工现场数据采集，通过传感器、无人机，摄像头、三维扫描仪等感知设备，采集现场施工环境和施工对象信息。二是加强设备端数据采集，基于工业互联网平台采集和整合工程机械设备的设计数据、运行数据、运维档案、地理位置等，实现对机械设备的深刻洞察。三是加强客户端数据采集，采集客户需求、反馈等数据信息，形成对市场的理解和认识。

2. 紧扣模型开发，提高模型供给能力

一是面向业务运营管理，构建资源调度模型、安全管理模型、供应链管理模型等，实现管理优化。二是面向设备远程运维，构建状态监测模型、预测预警模型、健康评估模型、故障诊断模型等，实现机械设备智能化运维。三是面向生产制造，构建加工工艺模型、质量管控模型、组装装配模型等，提高生产质量和效率。

3. 聚焦解决方案，开发推广典型应用

一是设备智能运维解决方案，基于平台的数据沉淀和模型应用，开发部署运行监测与分析工业 App，提供智能运维解决方案。二是现场施工解决方案，实时监控现场施工设备的运行状态，基于工业互联网平台大数据分析能力，提供现场施工解决方案。三是供应链管理解决方案，依托工业互联网平台提供集中采购、供应商管理、柔性供应链、智能仓储、智慧物流等云化应用服务。

4. 深化服务能力，加强企业综合实力

一是进行反馈式设计，发挥机械设备在制造和使用过程中获得的数据、经验和智慧，返回到产品设计中，促进产品设计迭代式创新。二是进行柔性化生产改造，对产品先按照功能划分再进行模块化设计，内部实现零部件的标准化、通用化，采用多功能机械手，实现多品种生产组装的快速切换。三是开展精益化管理，有效整合备品备件、机械设备、生产线、供应链、客户端信息，优化管理模式，

提高产业链协同能力。

5. **拓展商业模式，加快数字转型步伐**

一是实施平台化战略，搭建工业互联网平台，汇聚产业链上下游优势资源，对接优质客户、供应商、经销商开展商业合作。二是开展服务型制造，探索基于产品研发设计的增值服务、基于产品效能提升的增值服务、基于产品交易便捷化的增值服务、基于产品集成整合的增值服务及从基于产品的服务到基于需求的服务。三是开展产业链金融创新，积极对接金融机构、保险公司、银行等，共同开发金融产品，提高金融服务能力。

汽车行业数字化转型之路

汽车行业是典型的大型离散行业，具有供应链高度分散、生产工艺复杂、产品结构精密等特征，面临研发设计周期长、供应链管理低效、下游需求碎片化、服务要求高端化等行业痛点，亟须加快基于工业互联网平台的数字化转型步伐，全面提升研发设计、生产制造、产供销管理、经营模式等环节的数字化水平。海尔、上汽、北汽等企业以网络化协同设计和规模化定制生产为切入点，加速推动汽车行业向协同化、定制化、柔性化方向转型。

一、汽车行业数字化转型趋势

1. **研发设计由独立分散向网络协同转变**

汽车的研发设计通常包括车形外观、结构强度、内饰摆放、电器布置等方面，涉及众多专业领域，采用传统的烟囱化设计业务系统，难以实现各方面设计的协调性，容易导致后期较高的设计修改率。虚拟仿真和云协作平台等技术的出现，可以保障各设计部门基于唯一虚拟模型进行设计开发，实现成员间“点对点”的信息交流，提高研发设计协同化水平，缩短产品上市周期。

2. **生产制造由批量生产向规模化定制生产转变**

我国汽车产品同质化问题严重、市场竞争激烈，诸多车企呈现销售下滑等趋势，并且下游消费者需求日渐碎片化，使传统的大批量、少品种生产模式难以适应市场变化，加大了车企的生存压力。随着大数据等新兴技术的应用，车企可以全方位获取消费者的需求数据，结合企业生产能力和产线转换能力，动态调整生产计划，实现规模化定制生产，提高企业竞争优势和消费者满意程度。

3. 产供销管理由“信息孤岛”向全局协同转变

传统车企需要与众多零配件供应商和汽车经销商进行沟通协调，保障汽车产品从生产到销售过程的通畅运行，而以往汽车产业链的“信息孤岛”问题严重，大大增加了车企对产供销链条的管理成本。通过建立数据流动渠道，打通汽车行业产供销端的信息管理通道，为企业在产业链各个环节制订科学的采购和销售决策提供有力的，通过保障物料信息在产业链全链条中的自由流动，带动物料资源自由流通，实现产供销端的高效协同。

4. 盈利模式由单一销售向全方位服务转变

传统汽车行业只能依靠销售汽车进行盈利，盈利渠道单一，容易受市场环境影响，韧性较差。而随着汽车产品高度智能化和通信技术的快速发展，汽车企业可以更容易获取围绕人、车、城市生成的娱乐数据、车机数据、驾驶行为数据、电商数据及场景化数据等重要数据资产，并用于汽车精准投保、预测性维护、智能营销、出行服务等新兴业务场景，有力拓宽了车企盈利渠道。

二、汽车行业数字化转型的重要场景

1. 研发设计协同

一是模拟仿真。汽车企业可通过在工业互联网平台部署CAE等功能模块，在赛博空间对汽车模型进行碰撞仿真、结构仿真和流体仿真等测试，降低样品试制成本，并缩短产品研发周期。**二是设计数据交互。**汽车企业可应用工业互联网平台集成汽车的外观、结构、性能、电器分布等数据，实现各项设计工作跨部门、跨企业、跨区域的同步进行，保障设计方案的协调与适配，提高研发效率。**三是工艺设计优化。**利用工艺流程仿真等功能模块，全方位、超逼真地模拟汽车加工、焊接、涂装、整装等工序，确定最优工艺方案，保障产品质量。

例如，长安汽车在美洲、欧洲、亚洲等地建立了研发中心，通过建立以三维数字化设计和全球协同设计为核心的汽车产品智能化研发云平台，与海外设计中心进行24小时全天候产品联合开发，实现了跨部门、跨企业、跨区域的产品协同设计，使产品研发周期从36个月缩短至24个月。

2. 规模化定制生产

一是用户深度参与。汽车行业搭建的工业互联网平台可以为消费者参与定制生产提供入口，协调研发部门、生产部门和采销部门根据客户定制信息，确定生产方案，实现以客户为中心的定制生产模式。**二是全流程排产。**汽车行业可通过工业互联网平台建立客户定制产品物料清单，并结合生产能力和时间要求，自动生成高效且可执行的生产计划。**三是柔性化生产。**汽车行业可以利用工业互联网平台，依据定制产品生产方案，及时切换产线布局，协调指挥AGV满足不同产线的物料需求，实现规模化定制生产。

例如，上汽大通开发了包括“我行MAXUS大数据平台”在内的7个数字化平台，为用户参与、用户制造提供接口，整合和匹配用户的多样化汽车配置，统一调配各生产车间协作，实现在线选配、日历订车、订单跟踪等智能定制功能，支撑实现规模化定制生产模式，助力产品上市周期减少35%，产品交付期缩短20%以上，加工及产线切换时间缩短30%，并达到99.8%的配置精确度。

3. 产供销协同

一是“进销存”精准管理。汽车行业通过工业互联网平台可建立贯穿全产业链的沟通渠道，实时监测上游原材料供给情况和下游产品需求信息，根据精益管理要求，动态调整企业库存策略，在保障企业正常运转的基础上，实现“进销存”精准管理。**二是质量追溯体系。**汽车企业可基于工业互联网平台，采集汽车零配件和生产工艺信息，进行标签化处理，对产品进行全生命周期的质量管理，准确识别质量问题，并进行溯源管理，找到质量问题环节，提高产品质量保障水平。上汽大通“我行MAXUS大数据平台”如图18-1所示。

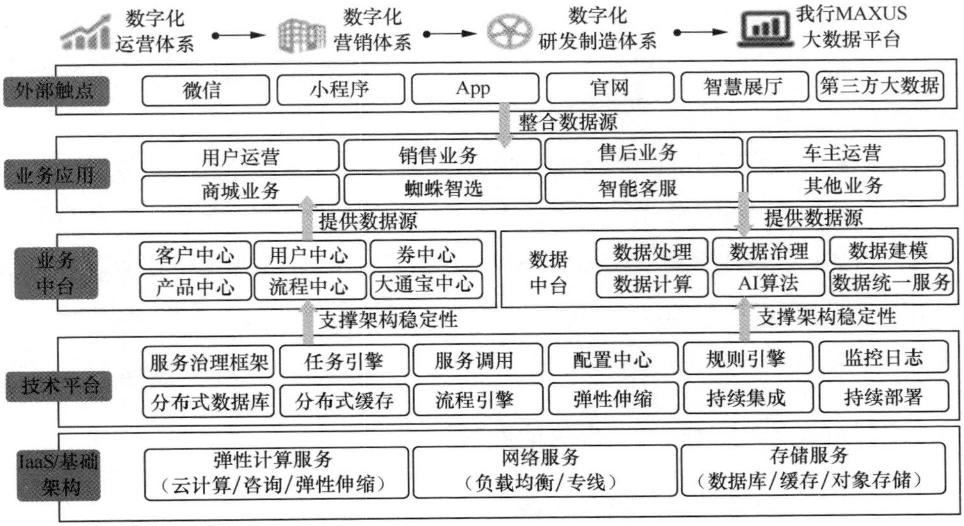

图 18-1　上汽大通“我行 MAXUS 大数据平台”

例如，广西汽车集团通过工业互联网大数据平台搜集销售、生产、采购、物流各个环节的数据，搭建了企业全流信息化平台，实现了“供应商供货—工厂生产—客户配送”的全程数字化，达成了产供销端的协同化，使物流作业效率平均提高 35%，单据错误率降低 85%，数据及时性提高 50%。

4. *后市场精准运维*

一是预测性维护。汽车企业基于工业互联网平台实时采集生产设备参数设置、应力分布等状态数据，可利用故障诊断大数据分析模型，实现设备故障预警，通过实施预测性维护方案，减少非计划停机时间。**二是智能营销**。汽车行业可将工业互联网平台数据接口扩展至社会范围内的大数据体系，精准识别客户信息，完整刻画客户肖像，通过智能汽车等终端进行个性化推送，提升营销水平。**三是个性化保养**。汽车行业工业互联网平台可结合车联网实现与客户的互联互通，采集客户驾驶习惯、车况数据等信息，通过故障预警分析模型，为客户提供个性化保养方案，优化客户服务体验。**四是出行服务**。汽车行业工业互联网平台可通过实时监测汽车产品，动态匹配客户用车需求，简化汽车租赁流程，为客户提供完整的出行解决方案，打造高质量出行服务生态体系。

例如，一汽基于工业互联网平台实时监测总装车间电机设备状态，通过对总装电机的预测性维护，有效避免因非计划停机造成的损失，经济效益得到显著提升，总装电机故障预测准确率提高至 90% 以上，预测周期提前 7 ～ 90 天，非计划停机时间减少 10% ～ 20%，电机维护成本可节约 5% ～ 15%。

北汽福田汽车基于 iTink 云平台通过车联网实现与客户的互联，为客户提供预测性维修保养和车队管理等高端服务，并通过打通与其他行业数据体系的流通渠道，形成包含汽车金融、ETC 管理等围绕客户 360° 的生态服务体系，采取打标签的方式，精准用户画像，并依据大数据标签精准推送，进行有针对性的服务，使回客率提高 20% 以上。

三、汽车行业数字化转型的落地路径

1．深化数据应用，完善数据流通体系

一是完善数据解析体系。针对汽车行业设备运行状态信息、实时的工艺参数信息、产品质量信息、生产计划信息等大量异构数据，建立高效的数据解析体系，释放数据资产活力。二是建立大数据共享中心，在云端汇聚汽车行业全要素、全价值链、全产业链等数据资源，激发数据规模效应，以数据自由流动带动资源配置的全局优化。三是深化数据挖掘。积极探索与保险、银行等大数据平台间的沟通与协作，实现数据跨领域的自由流动，为汽车行业的新模式新业态提供数据支撑。

2．聚焦生产过程，强化机理模型供给

一是围绕个性化定制，开发完善用户信息反馈模型、方案选择模型、产品可视化模型等，降低用户参与定制的门槛，并提高用户参与的积极性。二是围绕柔性化生产，开发完善产线监测模型、AGV 调用模型、生产排程模型等，满足企业根据客户定制信息高效开展混线生产的需求。三是围绕工艺质量管理，开发完善质量缺陷检测模型、质量溯源模型、工艺优化模型等，保障生产流水线中的产品质量。四是开发模型综合管理平台，汇聚机理模型资源，实现模型的标签化管理、智能化搜索和精准化调用。

3．围绕行业痛点，推广解决方案普及

一是围绕企业生产管理，梳理汽车行业在研发设计、生产制造环节中的痛

点问题，综合利用机理模型，形成特定场景解决方案。二是围绕企业经营管理，挖掘汽车行业在供应链和销售渠道中的信息流通堵点和供需错配问题，结合硬件设施和运营环境，构建企业经营解决方案。三是围绕企业服务化延伸，整合汽车行业在智能营销、预测性维护、出行服务、汽车金融等方面的痛点，按需调用机理模型，形成支撑新模式、新业态的解决方案。四是围绕安全防护，分析汽车行业在生产制造、实际驾驶、运营维护等领域的安全需求，集成机理模型，实现安全感知、安全决策等功能，保障企业生产安全和客户驾驶安全。